일제강점기 울산 방어진 사람들의 삶과 문화

일제강점기 울산 방어진 사람들의 삶과 문화

1판 1쇄 인쇄 2011년 08월 10일
1판 1쇄 발행 2011년 08월 20일

편저자 단국대학교 동양학연구소
펴낸이 서채윤
펴낸곳 채륜
책임편집 최훈민
표지·본문디자인 Design窓 (66605700@hanmail.net)

등록 2007년 6월 25일(제25100-2007-000025호)
주소 서울 광진구 군자동 229
대표전화 02-6080-8778 | **팩스** 02-6080-0707
E-mail chaeryunbook@naver.com
Homepage www.chaeryun.com

책값은 뒤표지에 있습니다.
ISBN 978-89-93799-42-2 93380

이 저서는 2008년 정부(교육과학기술부)의 재원으로 한국학술진흥재단의 지원을 받아 수행한 연구임.
(KRF-2008-005-J02201)

일제강점기
울산 방어진 사람들의
삶과 문화

단국대학교 동양학연구소 편

채륜
CHAE RYUN

'문화전통'이란 과거 문화유산의 정체성을 밝히는 데 초점을 둔 '전통문화'와는 그 의미를 달리한다. 문화전통은 전통문화를 지속적으로 향유하면서도 새로 유입된 외래문화를 주체적으로 수용하여 자기화하는 과정 속에서 형성되는 것이다.

오랜 역사를 거쳐 형성된 우리의 문화전통은 개화기 이후 서구의 충격과 동아시아 국제 질서의 재편 과정에서 큰 혼란을 겪었고, 이어 일제강점기라는 민족적 시련에 의해 새로운 국면을 맞이하게 되었다. 특히 일제강점기 우리의 문화전통은 내적 발전의 역량이 억압된 채 점차 일방적 수용 및 왜곡의 양상으로 '변용'되었다. 그러나 그 가운데에서도 우리의 문화전통을 지키고자 하는 노력은 일부에서 계속되었다. 즉 조선후기에도 이미 한민족의 문화적 정체성을 찾기 위한 선각자들의 노력이 있었으며, 이를 계승하여 일제강점기에도 일제의 우리 민족의 문화전통에 대한 왜곡에 대항하여 한국 문화전통을 찾고 널리 알리기 위한 노력이 있었다.

이러한 지식인들의 의도적인 노력 이외에도 문화의 각 층위와 요소마다 배어 있는 전통적 면모들은 한민족의 일상생활에서 면면히 '지속'되었다. 나아가 근대화의 명목하에 이루어진 서구화가 극도에 달한 오늘의 우리 문화 역시, 그 내면을 조금만 깊이 있게 살펴보면 그

것이 전통과 무관하지 않음을 쉽게 확인할 수 있다.

변화와 왜곡이 가장 극심했던 개화기에서 일제강점기까지의 한국 문화전통의 지속과 변용의 양상을 면밀하게 조사·연구하는 작업은 오늘날 우리 문화전통의 정체성과 지향점을 모색함에 있어 구체적인 정보를 제공할 수 있을 것이다. 한국의 개화기 민속 문화에 대한 연구는 극히 미흡하고, 일제강점기에 대한 연구 역시 해방과 함께 단절된 면이 있다는 점에서 이 시기 한국 사회 전반에 걸친 문화전통의 실상 파악은 매우 긴요하다.

본 연구소는 그동안 '동양학총서'를 간행하여 한국학 연구자들과 동양학 연구자들의 연구에 실질적인 자료를 제공하여 왔다. 이번에 간행하는 『일제강점기 울산 방어진 사람들의 삶과 문화』 역시 이러한 작업의 일환에서 이루어진 것이다. 본 연구서에서는 일제강점기 일본인의 대표적인 이민부락이었던 울산 방어진 지역에 살던 사람들의 생활을 통해 근대화와 서구화의 물결 속에서 삶을 영위하던 한국인들의 삶이 어떠한 변화 속에서 새로운 문화전통을 창출해 나갔는지를 밝혀내고자 하였다.

본 연구서의 발간에 즈음하여 〈개화기에서 일제강점기까지 한국 문화전통의 지속과 변용〉의 연구책임을 맡아 주신 강재철 교수님과 공동연구원으로 과제를 이끌어 주신 최인학, 송재용 교수에게 연구소를 대표하여 감사의 말씀을 전한다. 또한 연구 과제의 수행을 위해 열성을 다해 준 김난주, 서종원, 이영수 연구교수와 박상진, 김태환, 이연경 연구원에게도 감사의 마음을 전한다. 아울러 본 연구소의 연구 과제와 도서의 발간 취지에 공감하여 옥고를 건네주신 필자 여러

분께 진심으로 감사의 말씀을 전한다.

　동양학연구소에서는 지난 3년간 중점연구소 과제인 〈개화기에서 일제강점기까지 한국 문화전통의 지속과 변용〉의 2단계 과정을 수행하면서 총 8권의 자료집과 학술총서를 발간하였다. 이후 지속적으로 이어질 개화기에서 일제강점기 한국 문화전통의 지속과 변용 양상을 다각도로 조명하는 연구를 통해 관련 학문 분야에 구체적인 기여를 할 수 있기를 기대하면서 지원을 아끼지 않은 한국연구재단 관계자와 이 책의 출판을 맡아 준 '채륜' 관계자 여러분께도 감사의 마음을 드린다.

2011년 7월
단국대학교 동양학연구소장 서영수

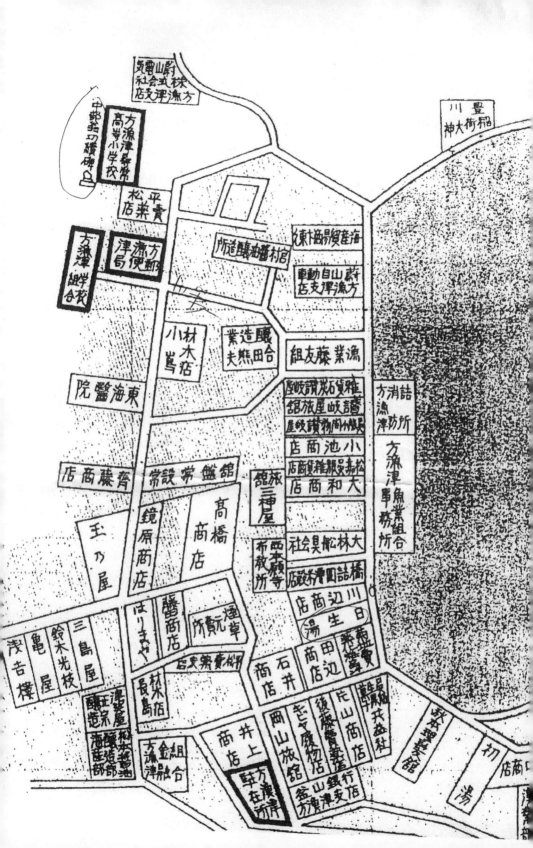

"울산 방어진 사람들의 삶과 문화" 연구의 의의

송재용_ 단국대학교 교수

　개화기부터 일제강점기에 이르는 시기는 서구 문물의 도입과 식민지로의 편입으로 인해 우리 사회 전체가 근대적 전환과 문화적 억압·굴절의 과정을 충격적으로 경험했던 때이다. 특히 식민지 지배 권력은 전대의 삶의 양식을 폭력적으로 해체하면서 근대적 생활양식으로의 변화를 물리적으로 강제하였다. 이러한 현상에 근거하여 우리의 근대적 삶은 전적으로 외부로부터 이식된 제도와 문물에 의해 구축되었다는 주장이 암묵적으로 받아들여졌다. 이러한 주장에 대한 반동으로 근대는 우리 민족의 자생적 동력에 의한 내재적 발전의 결과로 구축되었다는 반론이 강력하게 제기되기도 하였다. 요컨대 강제된 서구적 근대화와 식민지의 경험은 우리 문화의 정체성에 대한 근거 없는 열등감과 과장된 옹호라는 양가적 태도를 동시에 불러일으켰던 것이다. 그러나 일상적 생활양식은 외적 강제에 의해 단번에 교체될 수 있는 것이 아니다. 기층의 생활은 정치·경제적 변화의 진행과는 층위를 달리하는, 장기적으로 지속되는 문화전통의 토양을 바탕으로 교섭과 통합의 복합적인 과정을 거치면서 전환되는 것이라고 할 수 있기 때문이다.

　문화전통이란 문화의 전승 주체가 재래의 전통문화를 향유하면서 새로 유입된 외래문화를 주체적으로 수용하는 자기화 과정에서 성립되는 것으로, 이 과정에서 다양한 지속과 변용의 양상을 보이게 되는 것을 말한다.[1] 문화전통의 지속과 변용을 연구함에 있어 전대로부터

---

1 강재철, 「개화기에서 일제강점기까지 한국 관계 민속 문헌 자료의 연구 방향과 의의」, 『한국

'잔존'한 전통 문화유산을 규명하는 일에 초점을 맞추는 것이 아니라, 외부 문화와의 접촉 과정에서 혼성 변이되면서 중층적으로 축적되는 제반 현상들에 관심을 기울이고자 하는 것이다.[2] 그동안 한국 문화 연구에 있어서의 전통은 대개 근대 문화나 서구 문화의 타자의 자리에서 발견되어 왔다. 이에 따라 재래의 것, 고유한 것이 '잔존'되는 현상에 관심을 기울여 온 것이 사실이다. 그러나 이러한 방어적·고립적·배타적 시각에 입각한 전통에 대한 소극적인 해석은 결과적으로 민족의 정체성을 정태적이고 고정된 것으로 파악하게 만든다는 한계를 지닌다. 전통에 대한 본질주의적 관점은 전통에 대한 이해를 협소하고 경직된 것으로 한정시킨다는 점에서 재고해 볼 필요가 있다.

오랜 역사를 거쳐 형성된 우리의 문화전통은 개화기 이후 '서양의 충격'과 동아시아 국제질서의 재편 과정에서 큰 혼란을 겪었고, 이어 일제강점기라는 민족적 시련에 의해 새로운 국면을 맞이하게 된다. 특히 일제강점기 우리의 문화전통은 내적 발전의 역량이 억압된 채 일제에 의해 점차 일방적 수용 및 왜곡의 양상으로 '변용'되었다. 이런 과정에서 최남선, 이능화, 손진태, 송석하, 임석재 등 일부 선각자들에 의해 우리의 문화전통을 지키고자 하는 노력이 지속적으로 전개되었다. 이들은 일제가 한민족의 문화전통을 왜곡하는 데 대항하여 우리의 문화적 정체성을 찾고, 한국 문화전통을 널리 알리기 위해 노력하였다. 이러한 지식인의 의도적인 노력 이외에도 문화의 각 층위

문화전통의 자료와 해석』(단국대학교출판부, 2007), 13쪽.

2 이 글에서 '전통문화'라는 용어를 지양하고 '문화전통'이라는 개념을 사용하는 것도 이 때문이다.

와 요소마다 배어 있는 전통적 면모들은 한민족의 일상생활에서 면면히 '지속'되었다. 나아가 근대화의 명목하에 이루어진 서구화가 만연된 오늘의 한국 문화 역시, 그 내면을 조금만 깊이 들여다보면 우리의 문화 전승 주체들이 과거부터 지켜온 전통과 무관하지 않음을 쉽게 확인할 수 있다. 이렇게 볼 때 변화와 왜곡이 가장 극심했던 일제강점기의 한국 문화전통의 지속과 변용의 양상을 면밀하게 조사·연구하는 작업은 현재 우리가 가지고 있는 문화의 정체성을 규명하고 나아가 미래적 전망을 모색하는 데 있어 구체적인 정보를 제공해 준다는 점에서 의미가 크다고 하겠다.

『일제강점기 울산 방어진 사람들의 삶과 문화』는 본 연구소의 한국연구재단 중점과제인 〈개화기에서 일제강점기까지 한국 문화전통의 지속과 변용〉의 일환으로 기획된 것이다. 울산광역시 동구 방어동은 대표적인 일제강점기 일본인 이민부락으로 우리에게는 방어진으로 더 잘 알려진 지역이다. 방어진은 일제강점기에 부산·통영과 함께 3대 어항의 하나로, 1920~30년대만 하더라도 일본인 가옥이 500여 가구가 넘을 정도로 많은 일본인들이 머물던 곳이다. 물론 당시 방어진에 일본인들만 거주했던 것은 아니다. 외지에서 들어온 조선인들도 상당히 많았다고 한다. 이로 인해서 당시 방어진에는 한일 양국의 다양한 문화가 공존하게 된다.

울산 방어진은 비교적 일제강점기의 모습을 잘 간직하고 있을 뿐만 아니라, 지역에 거주하는 주민들 가운데는 당시의 모습을 생생하게 기억하는 분들이 아직도 생존해 계신다. 그래서 본 연구소의 중점과제 제1 세부과제인 '놀이문화'에 국한하지 않고, 좀 더 포괄적인 시각에서 울산 방어진에 접근해야 할 필요성을 느꼈다. 즉 '놀이문화의 지속과 변용'을 넘어 '일제강점기 일본인 이민부락의 문화변용의 지속과 변화의 실태'를 파악하고자 하는 목적을 갖고 이 지역과 관련된 글과 구술자료 및 사진자료 등을 수집하게 되었다.

이들 글 및 자료 등을 바탕으로 엮은 『일제강점기 울산 방어진 사람들의 삶과 문화』는 기존의 연구 성과물들이 대부분 연구자들을 위해 기획, 집필되었던 것과 달리 일반 대중을 위한 교양 도서로 기획되었다. 특히 본서는 울산 지역에서 활동하고 있는 향토사가와 전문 연구자들의 기존 연구를 포함시켜 보다 현장성을 강조하였다. 아울러 개화기에서 일제강점기까지 지속되고 변용되었던 한국 문화전통 일반에 관한 기존의 외부 전문가의 글과 현지답사를 통해 채록된 구술 자료, 그리고 동구문화원과 일본인 구술자가 제공한 사진 자료 등을 함께 엮었다. 현지조사는 국내의 경우 2010년 10월 19일(화)~21일(목), 2010년 11월 20일(토)~22일(월), 2011년 1월 16일(일)~18일(화) 등 모두 3차례에 걸쳐 2박 3일씩 실시하였다. 그리고 일본의 경우 2011년 7월 10일(일)~12일(화)까지 비젠시 히나세를 방문하여 방어진에 거주했던 일본인들이 일본으로 돌아가 정착한 마을에 대한 현지 조사와 비젠시청 직원의 도움으로 히나세종합지소에서 일본인 구술자를 만나 인터뷰를 실시하였다. 이때 채록한 구술 자료와 동구문화원, 그리고 일본인 구술자가 제공한 사진 자료는 부록으로 수록한다.

2.

본서에 수록된 필자들의 글을 간단히 소개하면 다음과 같다.

장세동의 「방어동方魚洞 지명유래」[3]는 방어진의 고유 지명 유래들을 올바르게 해석하고 잘 다듬어서 주민들에게 문화의 뿌리를 바르게 알려 주고자 하는 의도로 쓴 것이다. 방어진魴魚津이란 지명이 처음으로 등장한 것은 조선 예종 1년(1469)에 만들어진 『경상도속찬지리지慶尙道續撰地理誌』이다. 그리고 성종成宗 2년(1471)에 신숙주가 지은 『해동제국기海東諸國記』에 삽입된 「염포지도」와 현종顯宗 13년(1672) 때 『울산호적대장』에서도 방어진이라는 지명을 확인할 수 있다. 이후 정조 때는 방어진리魴魚津里였으며, 고종 32년(1895) 5월 21일 칙령 제98호 '지방제도개정에 관한 건'이 공포되면서 방어동方魚洞과 화잠동花岑洞으로 구분된다. 이때 '방어魴魚'가 '방어方魚'로 바뀐다. 일제강점기엔 이곳에 일본인들이 몰려와서 방어진만을 동해의 수산기지의 항으로 건설하고 인구가 증가하자, 1934년에 동면을 방어진읍으로 승격시킨다. 1962년에 울산이 시로 승격되면서 방어진이 방어동이 되었으며, 1997년 7월 15일에 울산광역시로 승격되어 오늘에 이르렀다.

방어동의 자연마을로는 동진, 서진, 남진, 북진, 내진, 중진, 상진, 화진, 문재, 화암 마을 등이 있다. 이 글에 실린 지명 유래담은 1차적으로 선학들의 연구서를 참고하였으되, 필자 나름대로 주민들을 면담하고 문헌을 참고하여 새로운 내용을 첨가한 것이다. 예를 들면 오

---

3 장세동, 『울산 동구 지명과 문화이야기』(울산동구문화원, 2007).

늘날의 행정지명인 '성끝'은 '섬목끝'의 왜곡이라는 것이다. 섬목끝은 '섬목'이 되는 곳으로, 이곳 사람들은 '서무끝'이라고 불러왔다. '서무 끝'은 '서목끝[島項末]'이 변한 말로, 섬과 뭍 간에 낮은 능성이 이어 져서 썰물 때에 주민들이 걸어서 섬으로 건너가서 낚시도 하고 수산 물도 채취했다. 길이나 능선이 가늘고 길게 이어지는 곳을 목[項]이라 고 하는데, '섬목, 물목' 등이 그것이다. 이곳은 섬목의 끝이 되는 곳이 기에 '성끝'이 아닌 '섬목끝'으로 바로잡아야 한다는 것이다. 그리고 복 지불의 경우, 복어가 많이 잡혀서 붙여진 이름이라는 기존의 유래에 대해 이의를 제기하면서, 산의 고어인 '붇山'과 '마루'인 '지旨'의 결합으 로 본다. 즉 '붇지>북지>복지'로 음전音轉된 것으로, '산 아래 개안'의 뜻으로 해석하고 있다. 이처럼 「방어동方魚洞 지명유래」는 지명이 어떤 변화과정을 거쳐 지금의 이름으로 고착하게 되었는지 등을 충실하게 구명하여 정리한 것으로, 방어진의 정체성을 밝히는 데 일조하리라 생각된다.

여박동의 「일제의 식민정책과 조선어업이주」[4]는 일본인의 조선해 朝鮮海 어업 관계, 어업 식민정책과 어민 이주상황에 관한 연구이다. 이 연구는 근대 한일 간의 어업 관계에 대하여 특히 일본 어민의 조선 내 이주어촌 건설이라는 역사적 사실에 초점을 맞추고, 이주어촌의 형 성과정을 중심으로 당시의 한일 어업 관계의 실상을 고찰하였는바 이는 이주어촌이 갖는 식민지 지배 기제상의 구실을 파악하고 그 역 사적 의미를 음미해보는 작업이라 하겠다.

---

4 여박동, 『일제의 조선어업지배와 이주어촌 형성』(보고사, 2002).

제국의회가 처음 열린 1890년 2월에서 1945년 8월까지 중의원의 의정활동 중 한국과 관련되는 식민이나 이민에 관한 입법안, 건의안, 질의안 등의 내용을 분석하여 보면, 식민정책이나 이민정책의 기본 발상이 국내적으로 일본국토의 협애, 폭발적인 인구 증가, 자원의 부족 등에 바탕을 두고 있으며, 국외적으로는 미국을 위시하여 캐나다, 호주 등지에서의 일본인 이민의 배척 분위기 고조와 밀접한 관련을 맺고 있다는 것이다.

일 어민의 조선해 이주어촌의 형성이 초기에는 주로 조선해 통어시通漁時의 어업근거지를 중심으로 이루어졌다면, 이주정착어업으로의 전환기에는 주요 어업근거지나 전략적 요충지를 중심으로 지방정부나 어업단체 등의 보조와 적극적인 지원 하에 계획적으로 형성되었다. 이러한 이주어촌에 대해 요시다吉田는 '보조이주어촌補助移住漁村'과 '자유이주어촌自由移住漁村'이라는 용어를 사용하여 구분하였다. 보조이주어촌은 지방자치단체나 수산단체 등이 계획적으로 건설한 이주촌이며, 자유이주어촌은 어민의 임의로 입지하여 발생한 이주촌을 말한다는 것이다. 그런데 이 글에서는 자유이주어촌을 이주어민의 자력으로 어촌을 성립시켰다는 점에서 '자조이주어촌自助移住漁村'으로 지칭하여 사용하고 있다.

여박동은 이 연구를 통해 조선해 이주어촌의 형성은 조선해 출어[5]

"울산 방어진 사람들의 삶과 문화" 연구의 의의

---

5 조선해 출어는 일본거주 어민의 조선해 어로행위로서 밀어와 통어를 통합한 개념이다. 밀어(密漁)는 일본인 어업자의 불법적인 어로행위를 말하며, 통어는 적법적인 어로행위로서 일본에 어로의 본거를 두고 여기에 맞추어 일정기간 동안 조선해에 와서 어로를 하는 것을 말한다.(위의 책, 19~20쪽)

를 통하여 우선 자조이주어촌의 형성이 자연스럽게 추진되었다는 사실을 확인할 수 있었다고 한다. 출어에 있어 중요한 사항으로, 어로를 위하여 필요한 입지 조건을 두루 갖춘 근거지를 중심으로 하여 출어민의 자유의사와 자력에 의한 임의의 자조적인 이주어촌이 먼저 형성되기 시작하였던 것이다. 부산의 목도와 거제도, 거문도의 거문리, 고흥의 나로도, 여수, 해남의 어란진, 울산의 방어진이 그 대표적인 경우였다. 이렇게 형성된 자조이주어촌은 통어자의 어업근거지로서의 구실을 하였다. 결론적으로 이 연구는 일제의 식민정책을 이주어촌형성이라는 관점에서 파악하고 있다. 일본이라는 국가집단의 야욕적이고 폭력적인 침략주의가 근대 한일 간의 어업관계에 있어, 일본 어민의 일방통행적인 조선해 어업의 침략과 식민지적 수탈 지배로 나타나게 되었다고 보는 것이 이 연구의 기본적인 인식의 틀이고, 또한 연구의 결론적인 이해의 틀이기도 하다.

한석근의 「울산蔚山 방어진方魚津 어항漁港의 형성과정形成過程」[6]은 빈농빈어貧農貧漁의 조용한 어촌이었던 방어진이 일본 오카야마현의 히나세[日生] 어민들이 이주하면서 산업화·도시화되는 과정을 살펴본 것이다. 방어진은 이리사촌[入佐村], 부산과 함께 남한의 삼대 어업의 근거지로 고등어와 삼치, 방어 어업으로 유명한 곳이다. 방어진 포구가 어항으로 변모하기 시작한 것은 1897년경부터로 히나세 출신 어민과 히비촌 출신 어민들이 출어를 시작하면서부터이다. 이러한 방어

---

6 한석근, 「울산(蔚山) 방어진(方魚津) 어항(漁港)의 형성과정(形成過程)」, 『동구문화 3집』 (2007).

진은 일본 각 지역에서 이주해 온 자조적인 이주어민에 의해서 자조 이주어촌으로 번성하게 되는데, 특히 오카야마현의 히나세와 가가와현의 오다[小田]출신들이 주류를 이룬 것으로 보인다. 그것은 오카야마현의 히나세정[日生町]에 방어진에서 태어나 성장한 사람들이 이곳을 그리워하여 방어진회를 결성해서 정기적으로 1년에 한 차례씩 왕래하는 것에서 알 수 있다.

　1909년 방어진에 일본인 이주어촌 30호가 건축되었으며, 이때부터 시작된 방어진 이주정책으로 이주민들이 해마다 증가하게 된다. 1912년에는 일본인회가 조직되었고, 이후 교육기관과 관공서가 세워질 만큼 번성하여 울산읍과 동격인 방어진읍으로까지 발전하게 된다. 당시 울산군에 있었던 일본인 집단지로는 울산 본부, 언양, 장생포, 신암리(서생면 소재), 세죽리(대현면 소재), 정자(강동면 소재지) 등인데, 그 중에서 방어진이 최대의 일본인 거주지였다.

　방어진 어촌의 주거지형성을 살펴보면, 현재도 구시가지인 방어동 내方魚洞內의 주택구조는 예나 지금이나 별반 달라진 것이 없다고 한다. 다만 건물의 변형과 도로의 개보수로 그 형태가 조금씩 변형되거나 새롭게 개설 보수된 정도이다. 당시에는 어업조합을 중심으로 30m 가량의 넓은 도로가 남북으로 뚫려 있었는데, 이 도로를 중심으로 청루가 골목마다 자리 잡고 있었다. 이 청루는 고등어, 삼치, 정어리가 풍어일 때는 불야성을 이루었다고 한다. 당시 세워진 주택 지구를 보면, 구어업조합을 중심으로 남진, 서진 중진 등에 밀집해 있었으며, 외곽 지역인 동진, 북진, 상진은 후기에 주택이 생겨난 곳이다.

　방어진은 일찍부터 이곳을 어업의 전진기지로 삼았던 일본인들의 풍부한 어로작업에서 얻어지는 생산적 소득을 바탕으로 경제적 부흥을 이루었으나, 일본의 패망과 함께 일본인들이 자국으로 철수하면서 쇠퇴하였다.

이현호의 「일제시대 이주어촌 '방어진'과 지역사회의 동향」[7]은 방어진에 형성되었던 일본인 사회와 주변 조선인 어촌 및 촌락과의 관계를 통해 어촌과 지역사회가 어떠한 관계를 형성하고 변화하였는지를 살펴본 것이다. 이를 통해 울산 지역의 근대 역사뿐만 아니라, 우리나라 어업사 및 도시사 그리고 일제강점기 사회상에 대한 이해를 높이고자 하였다. 방어진은 일본인들에 의해 건설된 전형적인 식민지적 이주어촌이다. 처음에는 자유이주어촌으로 시작해서 보조이주어촌이 더해졌다가 다시 자유이주어촌으로 발전한다. 방어진이 이주어촌으로 형성하고 변화하는데 가장 큰 영향을 미친 것은 방어진 앞바다의 어업자원이었다.

일본인 어업자들이 방어진을 어업근거지로 삼게 된 것은 만내의 수심이 깊고 넓어 선박의 출입이 용이한 지형적 특징뿐만 아니라 방어진 앞바다가 삼치·방어·고등어와 같은 어종이 풍부한 어장이라는 사실이 알려졌기 때문이었다. 1897년 강산현岡山縣 화기군和氣郡 일생촌日生村의 어민 40여 명이 방어진 근해에 삼치어업을 목적으로 출어를 했다. 삼치유망이 조류에 의해 떠내려가, 난을 피한 것이 계기가 되어 일본인 통어자의 방어진 내항이 시작되었다.

---

7 이현호, 「일제시대 이주어촌 '방어진'과 지역사회의 동향」, 『역사와 세계』 33집(효원사학회, 2008).

이주어촌 방어진의 발달 과정에서 주요한 역할을 한 것은 일본인 사회를 대표하는 2명의 인물, 합전영길合田榮吉과 중부기차랑中部幾大朗이다. 특히 중부기차랑은 방어진을 마치 자기 소유의 회사인 임겸상점林兼商店의 작은 소도시처럼 만들었다. 그리고 일본인 사회가 방어진에 뿌리를 내릴 수 있도록 한 방어진 축항(방파제 축성)도 주요한 계기가 되었다.

한편, 방어진 중심의 사회경제적 집중 현상, 즉 면사무소의 이전과 공립보통학교의 이전 문제, 식민지 간접 지배기구인 면협의원 선출, 어업조합의 방어진으로의 이전과 관선이사제를 통한 통제 등은 일제에 의한 근대 변동의 과정에서 지역사회의 세력 변화를 일으켰다. 다시 말해 전통적인 중심지 역할을 맡았던 지역이 쇠퇴해 버리고 일본인들이 건설한 식민지 이주어촌이 지역사회의 중심지로 성장하게 된 것이다. 이러한 방어진이 1940년대 무렵부터 쇠퇴하게 되는데, 정어리로 대표되는 연근해 수산자원의 변동과 태평양전쟁 발발 후 어항 관련 물자의 징발, 그리고 해방 직후 일본인들이 어선과 각종 어로기구들을 가지고 귀국한 것 등을 그 원인으로 꼽을 수 있다.

서종원의 「근대 시기 방어진 아동들의 생활과 놀이문화」는 현지조사를 통해서 얻은 구전 자료를 중심으로 일제강점기 이민부락의 하나였던 방어진 지역 아동들의 놀이문화를 정리한 것이다. 방어진 지역은 일찍부터 학계의 주목을 받았던 곳으로, 주로 어업과 관련된 식민정책과 이주어촌의 형성 등 사회 전반에 걸친 연구가 진행되고 있으며 현재 일정한 연구 성과를 거두고 있다. 사회 전반에 걸친 문제에 대한 연구를 진행하다 보니 개별적인 사회 구성원에 대한 연구는 미흡한 편이다. 이 연구는 일제강점기 또 다른 계층의 하나인 아동들의 삶과 문화를 재조명하고자 하는 의도에서 기술된 것이다. 이를 위해 필자는 오늘날 울산광역시 동구에 속한 방어진 지역을 2010년 10월 19일 이후 세 차례에 걸쳐 방문하여 현지 조사를 진행하였다. 조사 과정에서 당시의 생활상을 엿볼 수 있는 문헌 자료도 확보하였다. 이 글의 전반부는 아동들의 생활모습을 1) 가정생활, 2) 학교생활, 3) 일본 아동들과의 관계 속에서 살펴보았고, 후반부는 방어진에서 행해졌던 아동의 놀이문화를 중심으로 1) 전통적 놀이, 2) 외부에서 도입된 놀이로 구분하여 고찰하였다.

울산 방어진 아동들의 생활과 놀이문화를 개략적으로 살펴본 결과, 1930~40년대 아동들의 삶은 오늘날과 비교해 볼 때 매우 궁핍했던 것으로 보인다. 이것은 당시 우리나라를 지배하고 있던 일제의 전쟁 준비와 무관하지 않을 것 같다는 결론에 이른다.

방어진 아동들의 놀이문화는 전통적인 놀이와 외부에서 유입된 놀이가 공존한다. 당시 외부에서 유입된 놀이를 정확하게 규정할 수는 없으나, 일본 아동들과의 교류와 학교 교육을 통해 전에는 즐겨하지 않았던 놀이를 즐기게 된다. 그리고 이 시기에는 남녀를 구분하지 않고 놀던 놀이들이 많이 생겨났다. 즉 학교 수업 시간에 운동장에서 했던 피구, 깡통을 발로 차면서 놀던 하블러시(깡통차기) 등이 모두 남녀가 함께 즐길 수 있었던 놀이였다. 외부에서 유입된 놀이와 함께 민속놀이들도 이 시기에 많이 행해졌는데, 남자 아동들의 연날리기, 여자 아동들의 널뛰기 등이 그 대표적이다. 울산 방어진 지역의 아동놀이의 내용을 다른 지역에도 적용시킬 수 있을지에 대해서는 정확히 알 수 없으나, 당시의 시대적 배경으로 보아 크게 다르지 않을 것으로 생각된다. 이 연구는 현지 조사를 통해 얻어진 구술 자료를 통해서 일제강점기 울산 방어진의 아동놀이를 재구한 점에서 당시의 모습을 총체적으로 보여주기에는 한계가 있는 것으로 보인다. 하지만 그동안 학계에서 주목하지 않았던 아동의 놀이문화를 현장 조사를 통해 연구하였다는 점에서 나름대로 의의가 있다고 하겠다.

3.

일제강점기를 거치면서 우리의 수많은 전통이 사라지고 왜곡되는 시련도 겪었지만, 한편으로는 우리의 전통을 굳건히 지키면서 외래문화를 수용하면서 새로운 문화전통을 형성해 가기도 한다. 위의 다섯 편의 글 및 자료들은 일제강점기 울산 방어진의 사회상을 통해 우리의 문화전통을 엿볼 수 있는 것으로, 일본인이 이주하여 마을을 형성함으로써 당시 우리의 지역사회에 어떠한 영향을 미치게 되었는지를 살펴볼 수 있는 작업의 소산물이라 할 수 있다. 일제강점기 일본인 이주정책이 오늘날 우리의 생활문화와 어떻게 맞닿아 있고 어떻게 작용하고 있는지 그 현재적 의미를 파악하는 데에도 힘을 기울였다. 그리고 사진 자료와 구술 자료, 그리고 일제강점기에 방어진 지역에서 거주하였던 일본인의 기억이 담긴 일차 자료를 통해 보다 다양한 관점에서 당시의 방어진의 생활 모습을 엿볼 수 있도록 하였다. 특히 넓은 의미에서 본서에 수록된 글과 자료들은 〈개화기에서 일제강점기까지

한국 문화전통의 지속과 변용〉 연구에 초석이 되는 귀중한 원고들이
다. 모쪼록 본서가 근대 시기 한국의 사회 문화를 전공하는 연구자들
에게 널리 활용되어 관련 학문 분야에 기여할 수 있기를 기대한다.

(참고문헌은 각주로 대신함)

방어동 方魚洞 지명유래

장세동_ 울산 지역사연구소 소장

방어진魴魚津이란 지명이 처음으로 등장하는 것은 조선 예종 1년 (1469)에 만들어진 「경상도속찬지리지慶尙道續撰地理誌」의 아래와 같은 기록이다.

一.牧場 郡東赤津里 魴魚津牧場 周廻四十七里 入放馬三百六十匹 水草美方岩山新設牧場 周廻五十七里九步 水草美….

위의 기록을 보면 예종 1년(1469)에는 이미 방어진 목장이 있었다. 그 둘레는 47리에 이르며 여기에 방마한 말의 수는 360필, 수초 또한 양호한 것으로 기록되고 있다. 또, 조선 성종成宗 2년(1471)에 신숙주가 지은 『해동제국기海東諸國記』에 삽입된 「염포지도」 속에도 '방어진 목장魴魚津 牧場'의 이름과 성곽 위치가 염포산정에 그려져 있음을 볼 수 있다.

방어동은 조선 현종顯宗 13년(1672) 때 「울산호적대장」에 방어진魴魚津, 헌종 15년(1849)에는 방어리魴魚里, 고종高宗 32년(1895) 5월 21일 칙령 제98호 '지방제도 개정에 관한 건'이 공포되어 종래의 부, 목, 군, 현 등의 지방행정단위가 모두 '군'으로 통일되면서 아래 행정지명들도 조정되었다.

이때 방어동方魚洞과 화잠동花岑洞으로 구분되면서 '방어魴魚'의 한자 표기가 간편자인 '방어方魚'로 바뀌게 된다. 1911년에는 방어동方魚洞과 상화잠동上花岑洞, 하화잠동下花岑洞으로 구분되었다가 1914년 행정구역 개편 때에 이를 합하여 방어리方魚里라 하였다.

방어동의 자연마을로는 동진, 서진, 남진, 북진, 내진, 중진, 상진,

화진, 문재, 화암(꽃바위) 마을이 있다.

섬목끝(섬끝)

시리섬琴島이 가장 가까운 뭍이다. 이곳 토박이 땅이름은 '서무끝'이다. '서무끝'이란 '섬목끝'이 변한 말이다. 섬과 뭍 간에 낮은 능성이가 이어져 있어 간조 때는 이곳 주민들은 걸어서 섬으로 건너가서 낚시도 하고, 수산물을 채취하기도 했다.

길이나 능선이 가늘고 길게 이어지는 곳을 '목項'이라 한다. '길목·섬목·물목' 등이 그것이다. 이곳은 '섬목'에 해당하며, '-끝'은 우리말 '곶串'이 변한 말로 보고 있다.

지금 이곳의 행정지명은 '성끝'이나 '섬목끝(섬끝)'으로 바로잡아야 할 지명이다.

조선 효종 2년(1651)에 (신)마성馬城을 쌓아 서부동 이남으로 옮겼으며, 고종 31년(1894)에 폐지할 때까지 마구간에 해당하는 마필구집소를 대왕암 입구의 소바위산 아래에 두었는데, 아직도 음수지 등 그 흔적이 여럿 남아 있다. 이곳을 '제3의 마성'으로 보는 가설 때문에 '섬목끝'을 '성끝'으로 왜곡하고 있다. 말 가두리의 울타리조차 마성으로 보아야 할 것인지의 여부를 떠나서 이곳의 주민들에게 구전되어오는 토박이 땅이름은 '서무끝(섬목끝)'이라는 점이다.

목거랑

방어동의 동진마을에 있었던 내川를 일컫는 말이었으나, 지금은 동진마을을 총칭하는 지명이 되었다. 이 지명의 어원語源은 '섬목'의 '목'

과 '시내川,河'의 옛말인 '거랑'이 합쳐진 지명이다.

시리섬瑟島

방어진항의 입구에 있는 섬이다. 이 섬의 지명 유래는 마치 시루를 엎어 놓은 것 같아서라는 유래를 달고 있으나, 지형이 시루甑처럼 생겼기 때문에 붙여진 이름이 아니라, 이 훈訓을 빌려서 지형지물의 크고 높은 것(수리)에 붙여진 이름으로, 이병선의 『한국고대국명지명연구』는 설하고 있다. '시리'의 어원을 새겨보면, '수리'가 '시리'로 변한 말이다. '수리'는 마루宗의 뜻인 '수리섬'이 '시리섬'으로 음운이 옮겨간 것이다. '슬도'의 '슬瑟'은 '시리'의 음차音借 표기이다. '시리섬'을 일명 '구룡도龜龍島'라 부른다.

• 방어진 12경 중에 제2경인 '슬도명파瑟島鳴波'의 경승지景勝地이다.

소바우牛岩

대왕암공원 입구에 위치한 술바위산 남쪽의 벌판을 이르는데 「소牛·사沙·뱀蛇·쇠金」 등은 동쪽을 뜻하는 '새東'의 취음으로 쓰였다.

일제강점기인 1925. 8. 16일자 동아일보 기사에 이곳 '소바우牛岩운동장'에서 '동면同勉구락부'의 주최로 '전면민全面民축구대회'가 열렸고, 그다음 해부터는 '5월청년동맹'이 이를 주최하게 된다.

일제의 감시 아래에서도 동면의 청년들과 주민들은 이곳에서 축구 경기를 통한 주민화합과 단결의 의지를 불태웠고, 자주독립을 향한 지역청년운동의 불씨를 지폈던 곳이기도 하다.

굴둑밑[1]

동진마을 바닷가와 접하는 벼랑 아래 자연동굴이 있었다. 이곳 동굴을 일러 '굴둑밑(굴뚝밑)'이라 한다. 옛날 이곳에서부터 꽃바위까지 방어진 만곡을 둘러싸고 있는 지형지세는 소나무 숲으로 우거진 산지였다.

해안의 동북쪽은 검은 자갈밭이었으며, 서남쪽 해안은 흰 모래사장이었다고 한다. '굴둑밑'이란 '굴 언덕 밑'의 준말이다. '언덕'을 지방 방언으로 '언뚝' 또는 '둑'이라고도 한다.

중점中岾

중점은 순우리말로 '가운데 고개'인데, 일산동과 방어동의 '경계지점'을 이르는 한자 지명으로 보인다. 소바위산 동쪽 끝에 현재 군 초소가 있는 언덕이 중점이다.

큰개삿돌·작은개삿돌

개삿돌은 '중점' 아래에 있는 바윗돌을 이르는 말로 큰개삿돌 아래(남쪽) 작은개삿돌이 있다. 개삿돌은 '개'와 '돌' 사이에 중개모음 '옷'이 개입하여 「개 + 옷 + 돌」의 결합인 '개삿돌'로 갯바위라는 뜻을 담고 있다.

---

1 故 천재동 선생의 전언에 의하면, 오랜 옛날 상진 해안 쪽에 간혹 왜구(倭寇)들이 쳐들어와서는 노략질을 자행했다고 한다. 이럴 때면, 이곳 주민들은 소나무 숲으로 숨어들어 동진의 '굴둑밑'의 동굴에서 피신을 하기도 했다고 한다. 일제가 이곳에 들어오면서 이곳 산의 소나무는 베어져 항만 조성 공사 시에 목재 말뚝(파일)으로 사용되고, 산은 헐려 해안 매립 용토로 사용되었으며, 이때에 뱃방(바위산)도 흘려져 방파제 공사 시에 매립된 것으로 전한다.

노애개안

'노애개안'은 '개샛돌' 아래 차돌이 깔려 있는 개안을 이른다. 이곳 해중에는 큰 여가 둘 있는데 사람이 설 수 있을 것 같으나 한 길이 조금 넘는 깊이에 있다고 한다. 안쪽의 여는 '안마당여' 또 하나는 '바깥마당여'라 한다. '노애'를 도해하면 「노(느르진) + 애(氵)+ 개안浦」으로, '늘이진 개안'의 뜻을 담고 있다.

일곱돌

'일곱돌'은 배미돌 북쪽이며 작은개샛돌 아래에 있는데 일곱 덩어리의 돌이 나란히 있음을 뜻하는 듯하다.

삼석바위

삼석바위는 일곱돌 앞에 있다. 삼형제가 모여 있는 것 같다 하여 붙여진 이름이라고 한다.

배미돌蛇岩

섬끝마을 동쪽 해안에 집채만한 바위 하나가 외따로 떨어져 있는데 이 바위를 '배미돌'이라 부른다.

배미돌의 본래의 어원을 새겨보면, 동쪽을 뜻하는 '새東'와 '돌(바위)'이 결합된 '새바우'인데 '새'는 「동東·사沙·쇠牛」 등의 한자를 빌려 쓰기도 하였다. '새바우沙岩'를 한자의 동음인 '사암蛇岩'으로 기사記寫한 것인데, 한자의 자의字義대로 부르게 된 지명이라 할 수 있다. 이와 같은 사례는 전국적으로 많이 있다.

한편 이곳 벌의 이름을 '소바위_{牛岩}'라 부르는 것도 동쪽을 뜻하는 '새_東'를 '쇠_牛'로 쓴 동근어_{同根語}이다.

화닥듬

섬끝 동쪽 해안 배미돌의 북동쪽 바다 가운데 작은 돌 하나가 외로이 있는데 이 돌을 '화닥듬'이라 하고, 바깥쪽에 일곱 개의 돌이 듬성듬성 있는데 이 돌이 '일곱돌'이다. 마당에서 불을 피우던 화닥(화덕)만한 크기의 듬이라는 뜻을 담고 있다.

동뫼산

동진과 내진 사이에 있는 산이다. 소나무가 울창하여 도심 속의 공원으로 꼭 필요한 곳이다. '동뫼'란 작은 산을 뜻하는 '아이 산_{童山}'이다. 일명 '동네산'이라고도 부른다.

장덕걸

'장덕걸'이란 '장터거리'의 변음이며, 내진에 있다.[2]

청노골목

일정 때 방어진에 고기잡이가 성할 때 번성하던 화류가이다. 청루_{靑樓}가 변한 말이다.

---

2 이유수, 『울산지명사』(1986), 211쪽.

뱃바우

방어진 철공소의 자리에 있었던 바위산이다. 이 산을 허물어 방파제 축조 공사 시에 바다를 매립하고 이 터에다 철공소를 세웠다고 전한다. 지금 철공소의 서남쪽 해안가에 산재해 있는 하얀 바위들도 이 산에서 떨어져 나온 바위들이다.[3]

'뱃바위'는 '뫼山바위' 또는 '벼랑바위'를 뜻하는 지명이다. '배'의 고어는 '받山'이다. 「받 〉 발 〉 밝 〉 박 〉 백(배) 〉 볏」으로 변화해 왔다. 예를 들어 박달산·배내골·볏티 등은 산과 관련된 이름들이다.

방어진 방파제防波堤

1900년 초기에 방어진에 진출한 일본인 선발대는 오카야마현 히나세의 어민들이었다. 그들은 상진 언덕에 이주어촌을 이루고 살았는데 이 마을을 세칭 '히나세 골목'이라 불렀다. 일본은 그들의 계획대로 1923년부터 동해안 최초로 방파제 공사를 착공하여 공사비 70여만 원을 투입하여 1928년에 준공을 보았다. 그 기념으로 방파제 사진이 실린 그림엽서의 발행 등 홍보를 위한 대대적인 행사도 있었던 것으로 전해지며, '방파제축조기념비'도 세웠으나 해방 후 유기되어 현 방파제 보강 공사 시작점에 유기遺棄된 것을 구청에서 수습해서 치욕의 역사를 잊지 말자는 뜻으로 현 방파제 위에 세워 놓고, 안내판도 함께 세워 놓았다.

---

3 천재동 옹 전언.

돌석 만디이

남진과 상진 사이에 있는 큰 바위가 솟은 높은 곳을 이른다. '돌석' 은 돌의 중첩이며, '만디이'는 '만당' 또는 '마루'란 뜻이다.

꽃바우花岩

꽃바위는 이곳의 바윗돌에 꽃무늬가 아름답게 박혀 있어 지명이 꽃바위가 되었다는 유래가 있지만, 본래 어원과는 멀어져 있다.

'꽃바위'는 '곶바위串岩'의 뜻이니 뭍이나 산기슭이 물가나 벌판에 돌출하여 튀어나온 곳을 「곶串·고지古尸」라 부른다. 「곶·고지」의 차자借字로는 「岬·串·古尸·華·花·化」 등이 서로 호전互轉하는 성질이 있다. 그런데 돌출부를 뜻하는 '곶'이 꽃花으로 변하게 됨은 '꽃'의 옛 말도 '곶'과 발음이 같은 데서 호전하는 것이다.

'花화'는 다시 「華·化·禾」와도 호전한다. 또한 '꽃바위'의 '바위'는 「山·川·浦·津·쏙」과 같이 마을이름의 받침격으로 붙었을 뿐 실제로 어느 바위를 지칭하는 것은 아니다. '꽃바우'는 '곶마을串坊'의 뜻이다.

● 이곳은 방어진 12경 중 제1경인 '화암만조花岩晩潮'의 경승지이다. "꽃바위 저물녘 물 위에 지는 노을이 장관을 이룬다."라는 뜻을 담고 있다.

삼섬三島

꽃바우의 동쪽에 있는 마을이다. 마을 앞 해안에 '삼섬'이란 미역 돌이 있어 이 마을 이름도 '삼섬'이 되었다. 이곳에는 안삼섬·밧삼섬· 해삼섬이 있다.

사작四作

삼섬 서쪽에 있는 바위이다. 지명에서 '四'는 흔히 '새'의 음을 가지며, '작作'은 고훈이 '지을'인데, '-돌'이 생략되었다. 큰 미역돌 사이에 있는 미역돌을 지칭하는 것으로 '새지기' 또는 '새질돌'의 차자借字로 본다. '동사작'과 '서사작' 두 바위가 있었다.

가잿돌

사작암 서쪽에 있는 미역돌이다. 이 바위의 미역 맛이 다른 돌보다 좋다고 전한다. '가잿돌'은 '가장자리의 돌'이라는 뜻이다.

끝작

가잿돌의 서쪽에 있는 미역바위이다. 옛날 방어진 사람들이 관리하던 미역돌 중에 맨 끝쪽에 있다 하여 붙여진 이름이다. 작作의 고훈은 '지을'로 미역 농사를 짓는 맨 끝 돌의 이름이다.

소바위

상진에 있는 바위이며, 황소같이 생겼다 하여 붙여진 이름이라는 유래가 전하지만, 뿌리 말은 '솔바위'로 솔다·좁다는 뜻의 솔松은 고음古音이 '소'이기도 하여, '솔바위'를 '소바위'로 불러서 굳어진 지명으로 보인다.

광어개안

꽃바위 앞바다인데 광어가 많이 잡혀서 붙여진 이름이라 하나, 뿌리 말은 '넙개' 또는 '너븐개廣浦'이다.

초등밑에

꽃바위 마을 어귀에 있는 바위 밑에 촛불을 켜놓고 치성을 드리는 사람들이 왕왕 있어 이 바위가 있는 곳으로 '초등밑'이라는 유래를 달고 있다. 하지만, 지명에서 '초草'는 '새' 또는 '벌'의 취음이며, '등等'은 '들坪'의 취음으로 인용된 듯, '새들(돌)밑'이 뿌리 말인 것으로 본다.

화진花津

화진은 '곶나리'이다. '화花'는 「곶·고지」로 '꽃바위'의 꽃花과 같이 물가에 돌출된 곳, 진津은 '나리'로 '곶나리'의 지명에 속한다. '곶나리'는 '꽃나리' 또는 '꽃나루'로 옮겨지면서 한자로 화진花津이 된다. 일산동의 '고늘'과 뜻이 같다.

지리이

상진上津마을을 '지리이'라 한다. 어원은 머리뫼(두류산頭流山)가 변한 말로 본다. 「두루頭流 〉 두리 〉 드리 〉 디리 〉 지리」로 구개음화한 것이다. '머리뫼'란 그 마을의 머리격인 풍수상의 주산을 말하는데, 방어진에도 주산이 있었기에 '마루뫼'·'머리뫼'에 해당하는 '지리이'란 지명이 생긴 것으로 보인다.

문재門峴

문재의 한자漢字표기는 門峴문현이다. 염포 방면에서 들어오는 관문

격인 고개이며 목장이 있었을 때 목장의 문이 있었던 고개이므로 문재라고 한다[4]는 유래가 있다.

그러나 전국 지명의 음운 등 변천을 보면 '문재'는 대체로 '갈재葛峙'의 어원語源을 갖는다. 고갯길이 갈라지는 고개이므로 '갈재'였던 것이다.

염포에서 방어진으로 들어오는 고개와 봉화대로 오르는 고갯길이 갈라지는 분기점 '갈재'인데, 고어에서 「갈·글·골」의 음이 근사近似한 관계로 '글文'의 훈을 빌어 글재文峴로 표기한 것이다. '文峴'은 다시 '門峴'으로 한자가 변한 것이다.

- 文峴縣 一云斤尸 波兮『三國史記 地理 四』

'文'의 훈은 '글'이며, 斤근은 상반음차로 '그'에 해당하고, '尸'시는 신 리履의 약자로 이문吏文에서 대개는 'ㄹ'받침의 용례로 인용된다. 따라서 「斤尸」는 '글'로 새긴다. 또, 글文은 골谷과도 음이 비슷하여 谷골에도 차용된 예가 있다. 冠文, 梁文곳갈, 돗골, 김文(조골. 小邑의 뜻), 寶文(볽골) 등에 차용되기도 하였다.

복지불

지리이에서 꽃바위로 넘어가는 해빈海濱을 이르는 말이다. 복어가 많이 잡혀서 붙여진 이름이라는 유래가 전해진다.[5]

그러나 '복지'에 대한 어원을 살펴보면 산의 고어인 '붇山'과 '마루'인 '지늘'의 결합이다. 「붇지 〉 북지 〉 복지」로 음전音轉된 것이다. '산 아래

---

4 이유수, 앞의 책, 212쪽.
5 위의 책.

'개안'의 뜻으로, '지리이'와 같은 뜻이다.

화잠花岑

꽃바우 마을 북쪽에 바다를 바라보고 자리한 마을이다. 미포조선이 들어서면서 공장부지에 편입되어 마을은 이주하였다. 화잠花岑도 그 뿌리 말은 '고지 뫼'가 된다.

쑥밭애전, 艾田

염포 성내마을 남쪽 해안에 쑥 들어앉은 바닷가 마을이 있었다. 본래는 염포동에 속한 마을이었으나 염포동이 북구 편입 시 방어동에 이속된다. 미포조선소 건설로 마을주민들은 꽃바위 마을로 집단 이주하고 '애전부두'란 지명만 남아 있다. '애전艾田'이란 '쑥밭'의 한자漢字 지명이다. '쑥밭'은 '약쑥이 많아서' 라는 지명유래를 가지고 있지만, 지명은 그런 연유에서 잘 생기지 않을 것 같아 혹, 다른 지방에는 이와 유사한 지명형태는 없는지 찾아보았다.

• 사례: 강원도 양구군 동면 임당리 '쑥댕이林塘里' 마을이다. '쑥 들어앉은 마을'이라서 '쑥댕이'란 마을 이름이 생겼다고 한다.[6]

이곳 '쑥밭' 역시 '쑥 들어앉은 바닷가 마을'로, '쑥'과 '바다'의 고어인 '바대'가 합쳐진 '쑥바대'가 된 것으로 보인다. 순우리말 땅이름 '쑥밭' 마을은 사라지고 '애전艾田'으로 바뀐 한자漢字 지명만 남아 현대자동차의 전용 부두 이름으로 남아 있다.

---

6 배우리, 『우리 땅이름의 뿌리를 찾아서』권2 (1994), 209쪽.

망바우望岩

쑥밭 북쪽 해안에 돌출되어 있는 바위산인데 울산만으로 들어오는 어군을 탐지하던(망을 보던) 곳으로 이곳 지명이 '망바우'이다. 미포 조선소 건설 당시 이 산을 헐어다가 바다를 매립하였다.

홈개檢浦

쑥밭의 남쪽 만곡에 산골짜기처럼 해저에도 골짜기가 홈처럼 이어진 골이 있어 이를 홈개 또는 홈포라고 불렀다.

대굼멀(대굼머리)

쑥밭의 남쪽에 있던 마을로 염포동에 속해 있었는데 염포동이 북구로 이속될 때 방어동에 편입하였다. 대구大口가 많이 잡히던 물머리에 있다 하여 대구머리라 한다는[7] 지명유래를 달고 있다.

이 글에서는 '대굼멀'을 '산 아래 굼턱진 곳의 마을'의 뜻으로 해석한다. '대'는 산의 고어占語이고, '굼'은 구무孔의 뜻, '멀'은 '마을'의 뜻으로 쓰였다. 제주에는 이와 비슷한 '산굼부리'라는 함몰화구의 이름이 있다. 이 마을 주민들은 조선소의 건설로 '꽃바위'로 이주하였다.

큰거랑大川

남진과 꽃방 사이를 흘러 복지불로 유입되던 개울을 '큰거랑'이라 불렀다. 하천河이나 시내川의 고훈古訓이 '거레'인데, 이에 처소격조사

---

7 이유수, 앞의 책, 196쪽.

'앙'이 붙어서 '거랑'이 된 것으로, 현대어에서는 방언으로 분류한다.

큰골

남진과 화암 사이 복지불에서 큰거랑을 따라 오르면 좌우에 낮은 구릉이 있고 그 사이에 몇몇 집들이 있었다. 이 골짜기를 '큰골'이라 불렀다.

벋틈이

화잠花岑에 속해 있던 마을로 화잠 북쪽의 나루터였다. 이 나루에서 장생포간 나루가 내왕하였으나 조선소 건설로 마을 전체가 이주했다. '벋틈이'는 '벋은 터미'의 준말이다. '벋틈이'의 '벋'은 산의 능선이 뻗어 내린 모양을 말하며, '틈이'는 「터미·퇴미·따미」와 마찬가지로 땅이 튀어나온 모양이나 지역을 이르는 말이다.

원바우

대굼멀과 벋틈이 사이 해중에 있던 해중암海中岩이다. 일명 '원님바우'라고도 불렸다고 전해온다. 이 '원바우'에 대해서 이 바위가 있던 배산背山의 지형이 오목하므로 '옴바위'라 불린 것이 변한 것으로 보아진다는 고 현곡晛谷 이유수 선생의 「울산지명사」(199쪽)의 견해와 바위가 둥글게 생긴 형상을 보고 '원圓바우'가 되었다는 한석근의 「방어진 향토사 연구」(33쪽)의 견해가 있다.

망깨산望浦山

울산만에 고기잡이가 성했을 때 이 산에 올라 어군의 움직임을 망보았다 하여 '망포산' 또는 '망깨산'이라 하였다.

안산案山

안산은 가택家宅, 또는 기지基地의 전산前山, 주산主山의 대어對語이다. 곧, 「아은뫼向山」의 축음 「안뫼」가 안산이다.[8] 화잠 앞에 있는 안산, 풍수지리상 마을 앞에 있는 산을 안산이라 한다. 안산은 밥상이나 책상과 같아서 마을의 길흉화복을 점지해주는 것으로 여겨, 안산에는 방풍림을 조성하고 신성시하였다.

화암추花岩湫등대

꽃바우 마을의 돌출부 맨 끝에 있다. 1997년 12월에 화암추 등대가 준공되었다. 8층의 건물로 등대와 전망대의 기능을 함께 갖추고 있다. 전망대의 전시실에는 항만, 선박, 항로표지, 수산 및 해양 전반에 관련된 사진 등을 전시해 두고 있으며, 1층 로비에는 단체 방문객을 위해 울산항의 자료와 선박, 심해 수산자원, 해양 정보 등의 자료들을 엮어 비디오로 방영하고 있다.

쿵두바우

꽃바위 앞바다에 있는 크고 작은 두 개의 바위인데 파도가 치면 쿵

---

8 양주동, 『고가연구』(중판: 일조각, 1997), 743쪽.

덕쿵덕 물소리가 나서 '쿵두바우'라 전해 온다.

후릉고개

벋틈에서 문재로 넘어가는 고갯길이다. 어원은 확실하지 않으나, '후리고개'로 '쑥밭'과 '벋틈이'의 후리막에 다니던 길로 인해 붙여진 지명이라고 전한다.[9]

한편, 이 글에서는 움푹 팬 골짜기, 가파른 벼랑길에 해당하는 '구릉개' 또는 '구릉고개'가 '후릉고개'로 음전音轉한 것으로 본다.

• 파열음 소리 ㄱ이 약해지면 ㅎ이 되거나 아예 떨어져 버려서 소릿값을 잃고 마는 수가 있다(알타이 친어족에서 ㄱ의 반사형으로 람스테트(1939)는 풀이하였다).

ㄱ - ㅎ - ㅇ

• 지명에서 'ㄱ'이 탈락해 쓰인 경우

예) 배고개 > 배오개, 굴(골) > 울(올), 구리 > 우리 등이 있고, [골谷·홀忽]에서 [ㄱ - ㅎ]이 서로 넘나듦도 볼 수 있다.

---

9 천재동 옹 전언.

무릉디미

'무릉디미'는 벋틈에서 대굼멀에 이르는 벼랑이다. 물이 새겨 있는 곳을 흔히 '물 웅디이'라 한다. 이는 '무룽디이'로 변하고, 다시 '무룽디미'로 변음된 것으로 보인다.

봉화재烽火峙

화정 川內천내봉수대에 이르는 고개 또는 재峙를 봉화재라 한다. 이 봉화재가 「봉화재 〉 봉호재 〉 보오재」 등으로 줄여져 불려왔다. 천내川內 봉수대는 남으로 남화동의 가리 봉수대와 응應하고, 북으로 주전의 남목천南木川 봉수대와 응하였다.

혼천장불

꽃바위에서 화잠으로 가던 중간 지점에 있던 모래사장인데 지난 날에는 해송이 울창하여 인적이 별로 없던 한적한 사빈이 있었으나 조선소 부지 내에 편입하여 지금은 없어졌다.

(참고문헌은 각주로 대신함)

일제의 식민정책과 조선어업이주

여박동_ 계명대학교 교수

이 글은 『일제의 조선어업지배와 이주어촌 형성』
(보고사, 2002)에 실린 것을 수정·보완하였다.

1. 일제의 식민의식과 식민정책

1) 식민은 부국의 기본

근대 일본 제국주의의 조선 식민지 지배 정책의 기조는 국토의 확장, 팽창되는 인구의 확산, 자연자원의 확보 및 일본의 수출상품시장 확대 등으로 표현할 수 있는 야마토민족大和民族 일본의 대륙팽창적 대국화주의에 있다고 할 수 있을 것이다. 말하자면, 근대 일본에 있어 한국은 일본 제국주의가 러시아의 남하를 저지하고 아시아 대륙으로의 진출을 위하여서는 그 교두보로서의 완전한 지배가 필요한 전진기지와 같은 지역이었다고 하겠으며, 이러한 기조에서 식민이 논의되었다고 할 수 있을 것이다.

이러한 사실은 제국의회 중의원의 의사속기록(『帝國議會衆議院議事速記錄』, 1890~1945)에서 확인해 볼 수 있다. 제국의회가 처음 열린 1890년 2월에서 1945년 8월까지의 중의원의 의정활동 중 한국과 관련되는 식민이나 이민에 관한 입법안, 건의안, 질의안 등을 살펴보면(실제로는 1929년 1월 이후에는 거의 이러한 활동이 보이지 않고 있음), 조선 거류민 문제에 관한 것이 7건, 한국과 관련한 인구정책 및 이민정책에 관한 것이 7건, 식민정책에 관한 것이 9건, 그리고 식민청殖民廳·식민성植民省·탁식성拓殖省의 설치에 관한 것이 13건, 만한滿韓이민의 보호장려 문제에 관한 것이 8건으로 나타나 있다.[1]

이들 안건의 내용을 분석하여 보면, 식민정책이나 이민정책의 기

1　북악사학회 근현대사분과, 『帝國議會 衆議院議事速記錄』(조선관계기사발췌, 太山, 1991, 전8권)을 중심으로 하여 분류, 분석하였음.

본 발상이 국내적으로는 일본 국토의 협애, 폭발적인 인구 증가, 자원의 부족 등에 바탕을 두고 있으며, 국외적으로는 미국을 위시하여 캐나다, 오스트레일리아 등지에서의 일본인 이민 배척 분위기의 고조와 같은 상황에 바탕을 두고 있음을 알 수 있는 것이다.

우선, 세계열강과 동등한 힘을 기르기 위해서는 해외 이주가 가장 중요하다고 하는 주장이 1892(明治25)년에 거론되고 있다. 가토加藤 의원 외 1명은 『식민 탐험비에 관한 건의안』에서 다음과 같이 제안하고 있다.[2]

국토의 면적에 한계가 있으나, 인구의 번식에는 한계가 없다. 이것이 이주식민의 필요한 연유이다. 만약 인구 번식하고, 산업이 흥륭하지 않으면, 부국의 기본이 서지 않는다. 부국의 책策은 하나로서 족하지 않지만, 이주식민의 사업은 현금의 아국의 급무이다. 해외에 이주민이 있고 식민지가 있으면, 내지의 물산 제품을 수요하고, 또한 외국과 직접 무역을 창성하게 할 수 있다. 그 착수의 순서는 먼저 이민지를 탐험하여 그 상황을 널리 내국 인민에게 알려 그 단서를 여는 일보다 더 급한 것은 없다. 인민이 스스로 떨쳐 일어나 회사를 만들고 자본을 모아 크게 그 업을 일으키는 일은 장래에 기해야 하나, 현금에 있어 정부는 기후 풍토가 아국 인민에 적당한 해외지방에 대하여 정확한 탐험을 하여 가능한 한의 편리를 제공하여 이를 장려하여야 한다. 이주

2 加藤平四郎의원, 「植民探險費二關スル建議案」(1892. 5. 26) (북악사학회 근현대사분과, 위의 책, 제1권, 明治23年 2月~39年 3月), 32쪽. 東京大學出版會 『帝國議會衆議院議事速記錄』(第4卷, 明治25年) (1979), 221쪽.

식민의 대업을 기도함에 있어 그 자금이 막대하지만, 탐험비는 불과 수만 엔으로 족하다. 본 의원 등은 정부가 이에 관하여 정밀 확실한 예산을 세워 차기 의회에 이를 제출하여 협찬協贊을 거쳐 탐험의 실효를 거두기를 희망하여 이를 건의한다.

이처럼, 부국의 기본이 증가하는 인구를 해외에 이주식민을 시키거나 물산 제품을 수요하게 하고, 이를 통해 무역을 창성하게 하는 것이며, 그것이 가장 필요한 금일의 과제라는 인식에서, 기후 풍토가 자국민에게 적당한 이주식민지를 찾는 탐험비 예산의 책정을 건의하고 있는 것이다.

그리고 가토 의원은, 건의안에 대한 설명 발언에서, 일본국의 면적이 2만 4천 794방리, 인구는 작년 말 조사에서 4천만을 넘었으며, 타외국과 비교하여 인구가 가장 조밀하고, 인구의 번식도도 일본만큼 빠른 곳이 없다는 인식하에, '……조만간 인구의 증가에 수반하여 국토의 면적이 확대되지 않는 이상은, 일본 내지만으로 장래 백 년의 경제를 세우려고 하는 것은 대단히 어렵다고 생각하기에, 금일에 당하여 일본 장래의 경제를 세우는 요要는, 여러 가지가 있겠지만, 우선 이 식민사업을 일으켜, 장래에 내지에 증가하는 바의 인구를 해외에 옮겨 생활의 길을 얻게 하는 것이 가장 필요한 경제상에 있어서의 금일의 과제라고 생각'[3]한다고 역설하고 있다. 해외 식민적 영토 확장을 주장하고 있는 것이다.

---

3 東京大學出版會, 위의 책, 221~222쪽.

일본정부는 1894년 4월에 〈이민보호규칙〉(칙령 제42호)을 제정하고, 1896년 6월에 〈이민보호법移民保護法〉(법률 제70호)을 제정 공포하였다.[4] 〈이민보호규칙〉은, '해외도항의 붐 가운데 이민의 보호와 이민취급업자의 취체를 목적으로, 또한 미국이나 호주에서의 (이민에 대한) 배일 기운의 진정화를 기하고자 하여, 내무대신과 외무대신이 협의하여 칙령으로서 법제화'한 것으로, 본문 19개조, 부칙 3개조로 이루어졌다. 이 규칙은 '이민'에 대하여 '노동을 목적으로 하여 외국에 도항하는 자'로 규정하여, 그때까지 공적문서에 '출가인出嫁人'으로 표기되어 있던 것이, 이후 점차 '이민'이라는 말을 사용하게 되었다고 한다. 노동의 종류는, 〈이민보호규칙시행세칙〉에 의해, '경작, 어업, 광업, 토목, 건축, 운송, 기타 각종의 제조업에 종사하여 노력을 제공하는 자' 및 '취사, 급사 등을 위해 가사에 사역되는 자'로 규정하고 있다.[5] 이민은 여권을 휴대하여야 하며(제2조), 이민으로서 제국과 조약을 체결하지 않은 나라의 영지에 이주하고자 하는 자, 또는 이주해야 할 나라의 국법을 위반하여 이주하고자 하는 자에게는 여권을 하부하지 않을 수 있으며(제3조), 이민취급인에 의하지 않은 이민의 경우에는, 2인 이상의 신원인수인을 정하도록(제4조) 규정하고 있다. 이러한 규정은 이민을 가고자 하는 이민국에 따라 여권발급으로 이민을 제한하고자 하고 있으며, 이민으로 규정된 경우, 이민취급인을 경유하든가 아니

---

4 이 규칙과 법은 '일본의 최초의 체계적인 이민법규이며, 그 후 이민관계법의 골격을 형성한 점에서, 메이지정부가 내세운 가장 중요한 이민정책이었다고 할 수 있다'고 평가되고 있다. (木村健二, 「近代日本移民史における國家と民衆－移民保護法下の北米本土轉航を中心に－」(歷史學研究會編集, 『歷史學研究』582号(1988, 7, 靑木書店), 24쪽)
5 兒玉正昭, 『日本移民史硏究序說』(溪水社, 1991), 256~257쪽.

면 2인 이상의 자력 있는 신원인수인이 없으면 여권의 수령을 어렵게 하고 있는 점이 이 규칙의 하나의 특징이라 하겠으며, 그러한 의미에서 이민보호규칙은 자유로운 이민을 제한하는 제한적인 법 규정이었다고 하겠다.[6] 즉 당시 정부의 이민에 관한 이상과 같은 자세는 아오키외상靑木外相의 〈이민취체방법에 관한 지방관회의장에서의 훈시 대의〉(1900년 4월)에 잘 나타나 있다고 하겠다. 훈시내용은 다음과 같다.[7]

제국신민의 해외 출가에 대한 외무성의 방침은 당초부터 이를 장려하는 것이 아니었지만, 또한 이를 금지하고자 한 것도 아니었다. 이민의 사업을 경영하는 데 있어서는 국내의 사정에 의존하기보다는 오히려 외국의 장세狀勢를 심찰하여 이에 대한 조치를 하여야 한다. 항상 내국의 사정만을 보면, 국내의 빈민이 외국에 출가하여 비교적 다액의 임금을 영득領得하여 향리의 부를 승상함은 크게 기뻐할 일이지만, 눈을 돌려 외국의 장세를 심찰할 때 피아의 인종과 사상 풍습이 같지 않음으로써 우리의 다수 노동자의 도항이 상대국 노동자의 반항을 초치하거나 또는 상대의 사회로부터 혐기嫌忌한 바가 되어 그 결과로서 절대적 우리 이민사업이 금지된다고 하는 불행에 직면한 일은 이미 영령 캐나다에, 미국에, 혹은 퀸스랜드에서 그 징증徵証을 나타내고 있다. 그러므로 외무성은 이들 사정을 참작하여 한편에 있어서는 제국의 면목을 얻고, 다른 한편으로는 해외 이주의 길을 구하여 오래 계속하

---

6 木村健二, 앞의 글(1988), 24쪽.

7 「移民取締方ニ關シ地方官會議場ニ於イテ訓示大意」(『移民法及旅券事務關係雜件』1894~1916 소수, 위의 글, 25쪽에서 재인용).

기를 바라기 때문에 종래 항상 제한의 방침을 취한 것이다.

이민을 해외 출가로 규정하여, 출가 이민이 국내적으로는 다액의 출가 임금을 얻어 향리를 부하게 만들게 되지만, 대외적으로는 상대국 노동자의 반항을 불러일으켜, 급기야는 이민 그 자체마저 금지되고, 나아가 국가의 면목에도 관계되는 사태를 초래하기에 이르게 되므로, 일본 외무성은 이를 제한하는 방침을 취해왔다는 것이다.

이민보호규칙 공포의 배경을 살펴보면, 이 규칙이 1893년 11월에 제안되었을 당시에 최대의 이민 대상지였던 하와이의 〈관약이민官約移民〉(1884년 체결)이 폐지되는 지경에 이르러 있었다. 즉, 1892년경부터 재주 하와이 일본인 사이에 참정권 획득을 내건 운동이 고조되어 하와이 정부와 알력이 증대되고 있었으며, 하와이 측은 사탕 가격의 하락으로 일본 이민의 요코하마橫浜까지의 교통비, 호놀룰루까지의 선임船賃의 부담을 정부도, 경작주도 꺼리기 시작하는 사태가 나타나고 있었다. 그리하여 양자 사이에 1884년의 관약이민 체결 시의 관계는 이미 없어지고, 새로운 이민의 모집은 행하지 않게 되었던 것이다.

한편으로, 관약이민에 의한 송금, 귀국 지참금의 다액에 관한 정보는 이민송출촌과 그 근린에 전파되어, 하와이행을 희망하는 일본인을 급증시켰다고 한다. 그래서 부족한 노동자를 가급적 값싼 경비로 모집하려고 하는 경작주 측과 일본인 이민 사이에 서서 양자를 연결하는 주선업자가 등장하게 되었던 것이다. 이러한 경과 가운데, 관약이민의 폐지, 사약이민私約移民시대의 도래에 발맞추어, 일본 정부는 이민보호규칙의 제정에 착수하게 되었던 것이다. 이 규칙의 제정은 주선업자에 대한 규제를 강화하여 이민으로 인한 곤란민의 증가를 방지함으로써 국제적 알력의 발생을 방지하고자 하는 일본 정부의 의도가 숨어 있었다고 한다.[8]

이상과 같이, 이민보호규칙은 각국에서 일본인 이민에 대한 배일 기운이 일어나고 있는 가운데, 이민자를 보호하고 이민 알선업자를 단속하기 위하여 이민보호규칙을 제정하고 있으며, 노동 가운데 농업과 어업을 기본으로 하고 있음을 알 수 있는 것이다. 특히 노동의 종류에 대한 규정의 제정경과에서 주목되는 점은, 〈이민보호규칙시행세칙초안〉(1894년 4월 초안)에서는, '1, 농상공광어업에 관하여 노력勞力을 공하는 자, 1, 취사급사 등의 가사에 사역되는 자'라고 되어 있던 것이, 결정된 〈세칙〉에는 '경작 어업 광업 토목 건축 운송 기타 각종의 제조업에 종사하여 노력을 공하는 자'로 되어, 농업이 경작, 공업이 제조업으로 되고, 토목 건축 운송이 추가된 반면, 상업이 탈락한 것이다. 상업을 탈락시킨 것은, 거대 상사의 출장원까지 포함시켜서는 이민법의 취지와 크게 어긋나 버린다고 하는 점과 청일전쟁 당시 조선으로의 상용도항자의 증대, 즉 세력권의 확대를 고려하여, 그들을 무난하게 도항시키고자 편의를 꾀한 것이었다고 한다.[9]

이 이민보호규칙에 의하여 이민취급자에 대한 단속에 대해서는 일정의 효과를 볼 수 있게 되었으나, 이민의 권리, 이민취급인의 의무, 이민과 이민취급인과의 관계, 보증금에 대한 관리법 등에 대해서는 법

---

8 위의 글, 같은 쪽.
9 위의 글, 26쪽.

적으로 미비한 점이 지적되고 있었다. 이에 내무대신과 외무대신은 협의하여, 이민보호의 목적을 달성하기 위하여, 칙령이 아닌 일반 법령으로 이러한 미비점에 대한 대책을 포함한 상세한 규정을 설치하기로 하여, 1896년 6월에 〈이민보호법移民保護法〉(법률 제70호)이 성립되었으며, 본문 24개조, 부칙 6개조로 구성되었다. 이 법에는, 이민의 정의로, '노동에 종사할 목적을 가지고 외국에 도항하는 자 및 그 가족으로서 이와 동행하거나 또는 그 소재지에 도항하는 자'(제1조)로 규정하고 있다. 그리고 노동의 종류로는, 〈이민보호법시행세칙〉(외무성령 제3호, 전 27조로 구성)에 의해, '재배·목축', '세탁·재봉·간봉' 등이 새로이 추가되어 있다.[10]

호소카와細川護成 의원은, 이 법의 요점은, 이민으로 도항하는 자가 해외의 사정에 어두워, 왕왕 곤란한 사정에 빠지게 되면, 이민보호규칙에 의한 보증금을 이민취급인으로부터 행정청에 납부하게 하고 있으나, 이민취급인에 의하여 이민을 간 자가 그쪽에서 곤란을 당하여도 보증금을 받기가 어려웠으므로, 이를 정부가 개입하여 구조하거나 송금하도록 하는 것과 범칙금을 200엔 이하에서 그 이상으로 무겁게 하는 것, 도항 주선료와 수수료에 관한 것이라고 설명하고 있다.[11]

그 후 1901(明治34)년 12월에는 이민보호법 제1조의 '외국'을 '청·한

10 兒玉正昭, 앞의 책(1991), 258~259쪽.

11 細用護成, 「移民保護法案第1讀會 特別委員長報告」(第9回議會, 1897), (『貴族院議事速 記錄』 제11권, 1980, 東京大學出版會), 591~592쪽.「田川大吉郎君ノ質問演說」(明治 42. 3. 14) (북악사학회, 앞의 책, 제2권, 明治40年 1月~大正3年 2月), 122쪽.

淸·韓 양국 이외의 외국'으로 개정하고 있으며, 이 개정 법률안 심의과
정에서 정부위원의 답변에, 일본 이민이 정지되고 있는 곳이 캐나다
와 호주라고 하는 발언이 이루어지고 있다.[12] 즉, 일본 이민이 일부 국
가에서 정지되고 있는 가운데, 이민보호법의 적용 범위를 제한하여,
한국과 청국을 그 적용에서 제외시키고 있는 것이다. 당시의 한국과
청국으로의 일본인 이주는 이민보호법의 이민으로서의 보호 대상이
아님을 분명히 밝히고 있는 것이다. 청·한淸·韓을 제외한 이유에 대하
여, 정부위원인 외무총무장관 진다珍田捨巳는 법률안 제출의 〈이유서〉
에 기술되어 있다고 발언하고 있으나, 그 이유서가 속기록에는 실려
있지 않다. 다만, 이민보호법중개정법률안 제1독회에서의 하나이花井卓
藏의원의 발언 중에, '······원래 특별한 취체 법령이 있으므로 그에 의
하면 지장이 없다고 하는 것이 이유서에 거론되고 있다. 과연 청한 양
국에 대해서는 특별한 법률이 있다. 특별한 법률이 있지만, 그 특별한
법률이란 것은 이민에 적용할 법률이 아니다. 청한 재류의 인민 일반
에 적용해야 할 법률이다. 즉, 안녕에 해가 있다든가, 질서를 유지하
는 데 해가 있다든가, 혹은 풍속에 관한 경우에 있어서는, 이들의 재
류를 금지하거나 정지한다고 하는 것이 가능한 법률에 지나지 않는
것이다. 이들 법률은 이민 취체에 관한 것이 아니므로, 특별한 법률이
있다고 하는 것은, 이 이유서에 쓰여져 있는 것은 전적으로 허위라고
하는 것은 논단하는 데에 거리낌이 없다'고 하는 발언 내용이 있을

---

12 「移民保護法中改正法律案 第1讀會」(1901년 12월, 第16回議會), (『帝國議會衆議院議事速記
錄』第18卷, 1980), 21쪽. 「移民保護法中改正法律案」(1901. 12. 20), (북악사학회, 앞의 책, 제1권),
246~247쪽.

뿐이다.[13]

이로써 미루어 보아, 한국이나 청국의 일본인 거류지의 일본인의 단속에 관한 법률이 있으므로, 이민보호법의 외국 대상에서 청국과 한국을 제외한다는 이유인 것 같다. 즉, 〈청국 및 조선국재류제국신민취체법〉(1896년)에 의해 이들 거류민을 관리, 감독하여, 팽창정책의 수행에 장애가 되는 분자는 배제하는 조치를 취하고 있었던 것이다.

한편, 1901년부터 한국과 청국으로의 도항 시 여권 수령 시에 보증인을 두는 것을 없애고 있으며, 1904년부터는 여권의 휴대 의무도 폐지하였다. 그리고 어민에 대해서는, 1900년과 1901년에 한국 및 러령 연해주, 사할린도 연안으로의 출어에 대하여 이민보호법의 적용 외로 하고 있었다.[14]

다가와田川 의원은 외무대신의 발언, 즉, '일러전쟁의 결과로서 제국의 경영을 행하여야 할 지역'으로의 '제국의 이민'이라는 발언에 대하여, 이를 '만한으로의 이민'으로 파악하고, 이민보호법의 제1조의 개정 내용과 결부한 질문에서, 당시의 중국인 노동자의 일본 내 잡거에 대한 부정적인 여론의 상황에 대해, 다음과 같이 발언하고 있다.

---

13 「移民保護法中改正法律案 第1讀會」(第16回議會, 1901), (『衆議院議事速記錄』第18卷, 1980, 東京大學出版會), 29쪽.

14 木村健二, 앞의 글(1988), 26쪽. 특히 와카야마현이나 야마구치현과 같은 한국으로의 도항자가 많은 현에서는, 이미 1899년경부터 '단, 한국에 상업 또는 어업 등을 위하여 도항하는 자 및 그 가족과 부수하는 유모 간호인 종복 가비 등은 본조에 들고 있는 보증서를 첨부하는 데 미치지 않는다'고 하는 식으로 도항의 편의를 실시하고 있었다고 한다. (위의 글, 28쪽 주22)

…… 지나인 또는 조선인 노동자를 일본의 국법으로 인정한다는 것은 다른 외국인에 비교하여 일시의 의문으로 여겨져 오고 있으며, 그 근저에는 반드시 문명욕이 낮고, 생존욕도 낮으며, 또한 사회욕도 결핍된 만주 혹은 조선의 노동자와 상대하여 제국의 인민이 만한의 경역에서 그들과 노동의 경쟁을 하는 것은 부자연스러우며, 또한 불이익이라고 하는 사상이 정부나 국민의 흉중에 존재하고 있으므로 다른 외국인의 일본에 와서 잡거하는 자유를 인정함에도 불구하고, 그들 지나나 조선의 노동자가 일본에 이주하는 것을 거절함과 동시에, 일본에서 조선이나 지나에 가 그들과 노동의 경쟁을 하는 것에 대하여 정부가 깊이 주의하여 경계를 하고 있는 것이라고 나는 생각한다.[15]

말하자면, 당시의 일본의 이민보호법에 의거한 출가인적 노동을 위한 이민 상황은 구미에서는 배척의 기운이 일어나고 있으며, 중국 조선 방면으로는 그다지 호감을 가지지 못하고 있는 실정이었던 것 같다. 그리고 노동을 위한 이민에 대한 사고방식도 일본보다 문명이 앞서는 곳에 보내는 것이 바람직한 것이고, 만주나 조선 같은 후진 곳에는 소위 출가出稼 노동을 위한 이민을 보낼 수 없다고 하는 인식이었던 것 같다.

한편, 이민보호법 중 개정법률안을 다루는 중의원 제1독회에서, 신토神藤才一 의원과 하나이花井卓機 의원은 외국에서 청한을 제외하는 내용에 대한 이유로서, '양국을 내지로 간주하고 있는가'라고 질의하고

---

15 「田川大吉郎君ノ質問演說」(1909. 3. 14), (북악사학회, 앞의 책, 제2권), 122쪽.

있다. 하나이 의원은, '이민에 차등을 두고, 나라에 차등을 두어, 법률을 동등하게 하지 않는 것은, 법률로 법률을 죽이는 것이므로, 문자는 불과 2자의 수정이지만, 나는 크게 반대하지 않을 수 없다'고 발언하여, 개정안에 반대하고 있다. 모치즈키望月長夫 의원은, '……도리어 자유도항에 방해가 되는 것과 같은……청한에는 필요가 없는 것이다. 현재 조선에 있는 상인은, 분명히 인천에서만의 회의였다고 생각하는데, 외무성에 자유도항을 허락하여 주기 바란다는 결의마저 하고 있다. 이민보호의 필요는 외국에 가 있는 자가 대단히 어려움을 당하고 있기 때문에 생기는 것이므로, 오히려 가 있는 사람으로부터 요구해야 할 것인데, 그쪽에서 보호를 받을 필요가 없다, 자유롭게 도항하는 편이 좋다고 하고 있으므로, 그 필요가 없는 것은 사실에 있어 명백하다고 믿는다'고 하여, 개정안에 찬성하고 있다.[16]

이처럼 조선으로의 이민에 대하여, 농업이나 어업 등의 노동 이민은 반대하는 한편, 상업과 같은 자유 도항의 이민은 찬성하는 것과 같은 그러한 논의가 제국의회 중의원에서 이루어지고 있는 가운데, 요시우에吉植 의원은, '일본의 인구증가가 해마다 50만 명에 달하여 해외에 사람을 내보내는 일 외에 방도가 없다'고 하는 견지에서, '동양은 일본의 발전해야 할 곳'이며, 우선 '일의대수一衣帶水의 조선에서 시작하자'고, 조선으로의 이민을 호소하고 있는 것이다. 그리고 조선에의 일본 이민의 상황에 대하여, 부산, 인천, 경성, 원산, 진남포, 평양

---

16 「移民保護法中改正法律案 第1讀會」(第16回議會, 1901), (『衆議院議事速記錄』제18권, 1980, 東京大學出版會), 29쪽.

등에 큰 일본마을日本町을 형성하고 있으며, '철조망을 잠입하여 건너가 일하고 있으며, 여러분같이 훌륭한 신지식과 돈을 가지고 있는 사람이 간 것이 아니라, 본국에서 일할 곳을 잃어버리어 겨우 조선에라도 간다는 식의 사람들이 금일은 훌륭한 신사로 놀랄 정도의 돈과 권력을 가지고 있다'[17]고 선동적인 발언을 하고 있다. 조선은 이민보호법에서 정의하고 있는 이민의 대상지로서가 아니라, 일본 제국주의의 동양으로의 팽창을 위하여, 제국적 식민을 하여야 할 대상지로 인식하고 있음을 알 수 있는 것이다.

이상에서 살펴본 바와 같이, 제국의회 중의원에서의 이민과 식민에 관한 논의는 이민과 식민에 관한 명확한 개념적 구별도 없이, 이민보호법에서는 노동을 목적으로 하와이나 미국, 캐나다, 오스트레일리아 등 서구 선진국으로 도항하는 것을 이민으로 보고 있음에 비추어, 조선으로의 도항은 이 범주에 넣지 않고, 또한 법적인 제재 대상으로 고려하고 있지도 않았음을 알 수 있는 것이다. 말하자면, 조선으로의 도항은 자유방임적 관점에서 부국정책의 일환으로서의 식민이 강조되고 있었던 것이다. 물론 이러한 주장에는 제국주의적 팽창정책으로서의 식민지정책적 사고가 배경을 이루고 있음을 간과할 수 없는 것이다.

---

17 吉植庄一郎, 「海外移民保護ニ關スル建議案」(明治38. 2. 24), (앞의 책, 제1권), 309~311쪽 참조. 『衆議院議事速記錄』(第20卷, 第21回 議會, 1905年), 335쪽.

2) 조선 식민정책의 전개 —방임에서 보호정책으로

마크 피티에 의하면, '제국시대 일본 정부의 지도자가 염두에 둔 이민은, 단기의 이민移民이나 기류寄留가 아니라, 뼈를 묻는 각오를 한 영주 이민이었다. 정부는 백성을 이동시키는 것移民이 아니라, 백성을 심는 것植民을 희망하였다. 이민은 가난한 사회적 약자의 경제적 행위로서, 정치적 의미는 거의 없고, 이익을 얻는 것은 국가가 아니라, 생활의 향상을 실현하는 이주자 개인에 지나지 않는 반면에, 식민은 항상 국익과 결부되어 이루어지며, 국력을 신장시키는 수단이기도 하였다. 그러므로, 식민의 최적지는 일본의 지배하에 있거나, 적어도 현지의 정부가 약체이고 주민의 민도가 낮기 때문에, 일본인의 이주자가 자신들의 정체성을 유지하면서, 현지의 주민을 압도하고, 일본의 영향력을 신장시키는 데에 형편이 좋은 곳이라야 한다고 하였다. 즉, 식민이란 공적인 조성에 의한 보호와 장려로, 본국에서, 보다 미발달한 사회로 이루어지는, 관리·통제된 〈사람의 이동〉이다.'라고 하여, 이민과 식민의 개념 차이에 대하여 정의하고, 식민은 정치적 영향력, 신제도의 창출, 일본의 문화·법률·습관·언어의 해외로의 이출을 수반하는 것이라고 기술하고 있다.[18]

가도야마는, 세계자본주의론적인 접근에서, 인간의 국제적인 이동

---

18 マーク·ピーティー著, 野豊美 譯, 『植民地—帝國50年の興亡』(讀賣新聞社, 1996), 254~255쪽. 한편, 기무라(木村健二)는, 제국주의 성립기의 일본인의 이동을 세력권=식민권으로서의 동아시아 방면(으로의 식민)과 비세력권=이민권으로서의 태평양제도 남북아메리카 방면(으로의 이민)으로 나누고 있으며, 양자에 대한 정책과 이동한 민중의 위치의 차이에 주목하여 분석하고 있다. (같은 저자, 「近代日本の移民·植民活動と中間層」(『歷史學研究』613号, 1990), 135~139쪽)

문제에 대하여, 이주의 형태와 분류를 3가지로 나누어 고찰하고 있다. 즉, ①정복conquest, 이것은 영토적 지배를 지향하여 정복시켜 통치하기 위한 인적 이동으로서, 대부분 군사적 행동을 수반한다. ②식민colonization, 이는 본국과 정치적 종속관계에 있는 토지에 영주의 목적으로 이주하여 경제적으로 탁식활동을 행하는 것이다. ③이주migration, 이는 강제이주forced migration와 자유이주free migration로 나눌 수 있다. 특히 19세기 세계자본주의하에서 아시아로부터 유출한 이민의 대부분은 형식적으로는 자유이주의 형식을 취하고 있지만, 실제로는 일종의 경제적, 정치적 강제이주였다고 하여도 좋다고 개념을 정리하고 있다.[19]

이처럼 이민과 식민에 관한 엄격한 개념 규정은 어렵다고 하겠다. 이민이든 식민이든 기본적으로는 이주자 자신을 위한 것이며, 이주 대상지도 반드시 선진사회만으로 이루어지지 않기 때문이다. 그리고 군사력(국력)을 바탕으로 관리 통제된 이동이라는 점에 있어서도 정도의 차이가 있음에 불과하기 때문이다. 그러나 피티의 개념과 같은 그러한 관점에서 보면, 앞에서 언급한 이민보호법에 의거한 이민은 뼈를 묻는 각오로 이루어지(고, 결과적으로 이익금의 국내 송금과 일본 상품의 소비로 수출을 증대시키는 점에서 국가이익에 도움을 가져오)기는 하여도, 문자 그대로 기본적으로는 보다 발달한 선진사회로의 이주자 자신을 위한 이민이며, 조선으로의 식민은 군사력을 바탕으로 한 정치적, 경제적 영향력하에 국익과 결부하여 보다 미발달한 후진사회로,

---

19 角山榮, 「世界資本主義とアヅアの移民―十九世紀後半から二十世紀初頭―」(社會經濟史學會, 『社會經濟史學』, 47권 4호(1981, 12)), 1~2쪽.

피식민(이민)지민을 압도하는 방식으로 이루어지는 영주 식민이 되는 것이다.

이러한 사실은 당시의 조선 주재 외국 언론의 보도에서도 확인할 수 있다. 즉, 프랑스의 『르·탕신문』의 「경성통신」이 〈한국일본이민 평〉이란 제하에, '그들 일본 이민의 심사心事는 그들의 미국 등에 출가出嫁하는 자들의 그것과는 전적으로 그 궤를 달리하여, 조선에 들어오는 것으로서(중략), 대일본제국의 일부가 되어 서로 결합 협력하여 그 국력을 강화하고……'[20]라고 평하고 있는 것이다.

이러한 제국주의적 식민정책에 입각한 조선 식민의 실태에 관한 연구는 다수의 업적이 일본에서 축적되어 있으나, 참고문헌에서 보는 바와 같이 일본제국의 물류物流에 대비되는 사람의 흐름人流이라는 관점에서 거류지를 중심으로 하는 상공업 관계에 종사하는 자나 낭인을 대상으로 하는 연구에 치우쳐 있다. 더구나 어업 식민에 관한 연구는 거의 이루어지고 있지 않는 상황이라고 하여도 과언이 아닐 것이다.

다카사키高崎宗司는 『이와나미 강좌 근대일본과 식민지巖波講座 近代日本と植民地』(전8권)의 제5권 『팽창하는 제국의 인적 흐름膨脹する帝國の人流』(1993)의 「머리말」에서, '사람의 이동'이라는 테마에 대하여 1권을 할애한 것은, 첫째로, 그것이 식민지를 생각함에 있어 가장 기본적인 문제의 하나라고 하는 극히 상식적인 인식에 기초하고 있다. 둘째로, 대량의 하층 사람들의 이민이 군인이나 자본가의 대외침략·식민지 지

---

20 木村健二,「在外居留民の社會活動」(第5巻 『膨脹する帝國の人流』, 大江志乃夫外 『巖波講座近代日本と植民地』(全8巻, 1993)), 27쪽.

배를 저변에서 떠받치고 있었다고 하는 사실, 이것이 제국주의의 특징의 하나로 되어 있기 때문이기도 하다. 셋째로, 최근 떠들썩한 재일 외국인 노동자의 문제를 역사적으로 생각해 보고 싶다고 하는 인식에도 바탕을 두고 있다.'[21]고 하여, 식민지로의 이민을, '사람의 흐름'이라는 관점에서이기는 하지만, 대량의 하층민의 이민이 일본 제국주의의 군사적 자본주의적 대외침략과 식민지 지배를 저변에서 떠받쳐 그 첨병적 역할을 한 점을 제국주의의 한 특징으로 인식하여, 이민의 실태를 파악하고자 하고 있음을 밝히고 있다. 그리고 패전 후의 조선 이민에 관한 연구서는 기무라木村健二의 『재조일본인의 사회사在朝日本人の社會史』(未來社, 1989) 뿐이라고 기술하고 있다.[22]

가도야마角山榮는 일제의 이민정책을 크게 2가지 형태로 나누어 설명하고 있다.

첫째는 명치 초기부터 명치 30년대(1868~1906)에 걸쳐 주로 하와이, 호주, 캐나다 이민에서 볼 수 있는 플랜테이션 노동 이민 및 어업 이민으로, 이는 인도나 중국의 꾸리와 같은 출가노동出稼勞働과 성격을 달리하지 않는 형태의 것으로, 이런 형태는 뒤에 남미 이민으로 이어지게 된다는 것이다.

둘째는 명치 10년대(1877~1886) 이후 증대한 조선으로의 상업적 이민, 나아가 정복적 지배의 수단으로서의 이민으로, 이는 조선의 식민지적 병합의 전 단계적 지배의 의미를 지녔다고 하며, 이 형태의 이민

---

21 高崎宗司, 「まえがき」(第五卷), 『大江志乃夫外 巖波講座近代日本と植民地』(全8卷, 1993), 5쪽.
22 高崎宗司, 「在朝日本人と日淸戰爭」(위의 책(第5卷 『膨脹する帝國の人流』), 巖波書店, 1993), 3쪽.

은 나중에 만주로의 제국주의적 정복·식민으로 이어지게 된 것이라고 파악하고 있다.[23]

가도야마는 조선으로의 이민이 명치 초부터 러일전쟁까지의 시기에 걸쳐 식민지 지배의 전 단계적 이민으로서 상업적 이민이라고 파악하고 있는 것이다. 즉, 조선 병탄 이전의 단계를 염두에 두고 이렇게 파악하고 있는 듯하다. 이러한 일본인 이민의 특징에 대하여, '……타의 아시아의 이민에 비하여, 이주지에서의 지연·혈연적 집단의 결성에 의한 상호부조·자기방어가 있었던 것은 확실하다 하더라도, 오히려 근대 국가권력에 뒷받침된 국가의 보호가 강하였던 것이 특징이다. 특히 공업화의 진전과 직접이든 간접이든 군사력을 배경으로 한 조선, 중국으로의 진출은 이민이 동시에 식민 내지 정복적 지배의 수단이 되었다고 하는 의미에서, 아시아에서 특이한 이민사를 형성한다'[24]고 하여, 근대 초 일본인의 조선으로의 이동을 이민으로 파악하기 어려움을 토로하고 있는 것이다.

기무라는 이 단계의 조선 이민은 주로 개항지의 거류지를 중심으로 한 이민이 중심을 이루고 있다고 파악하고, 이러한 이민정책을 '거류민관계정책'이라고 파악하고 있다.[25] 그에 의하면, 거류민관계정책은, 거대 정상자본에 대한 정책, 일반 상인에 대한 정책, 무산무뢰의 도無産無賴徒에 대한 정책으로 나누고 있다. 거대 정상에 대한 정책은, 주로 개별 자본에 대한 특권 부여라는 형태를 취하고 있으며, 그 구체

---

23 角山榮, 앞의 글(1981), 6~7쪽.

24 角山榮, 위의 글, 7쪽.

25 木村健二, 「明治期朝鮮進出日本人について」(『社會經濟史學』第47卷 4号, 1981. 12), 105~110쪽.

적인 것이 해운, 은행, 토목, 광산 부분이라고 한다. 해운상의 특권 부여의 예로서, 1880년 원산 개항에 앞서 일본 정부는 미쓰비시三菱회사에 격월 1회의 항로 개설에 대해 항해 보조비로서 연액 1만 엔을 하부하고 있다. 그리고 1881년 2월 취항편을 증가시킨다는 이유로 신기선 구입 자금 8만 엔을 10개 연부 무이자로 대출하였다는 것이다. 그 정책의 의도는, 무역을 확충하여 출점한 상인의 기세를 높이는 것이며, 거기에는 군사적 교두보의 구축이라는 배경이 있었음을 밝히고 있다.

일반 상인에 대해서는, 유도, 보호, 보조 정책을 취하였다. 구체적인 사례로서 도항 편의를 들고 있다. 그리고 상인의 출점을 촉진하기 위하여 물산견본진열소 설치에 대한 보조, 인민안도영업을 위한 경부警部, 경부시보, 순사의 임용, 군함의 파견, 병원 건설, 군의선발파견, 방곡령 사건이나 기타 조선측 과세 사건에 대한 대응 등이다. 한편, 일본 정부는 무산무뢰의 도(무리)에 대해서는 엄하게 관리, 취체하는 방침을 취하였다. 1883년 〈청국 및 조선국재류일본국인취체규칙〉을 발포하여 안녕을 방해하는 자나 혹은 그 위험이 있는 자에 대한 〈퇴한처분규정〉의 설치 등으로 외국인에 의한 일본인 멸시의 구실을 방지하고자 하였다고 한다.

이상과 같은 이민의 형태의 그 배경적 사상으로서 주목되는 점이 '인적자원의 이주'라고 하는 발상이다. 즉, 당시의 육군대장 야마가타山縣有朋가 1894년 11월의 〈조선정책상주朝鮮政策上奏〉에서, '평양이북 의주에 이르기까지 추요樞要의 지地에 방인邦人을 이식하여, 청국의 영향이 강한 가운데 점차 상업, 농업의 권權을 장악하여 조선인을 유도하

여 간다'고 주장하고 있는 것과 같은 발상인 것이다.[26]

이러한 발상을 실천한 단체로서, 앞에서 언급한 거류민단 외에 〈조선실업협회朝鮮實業協會〉를 들고 있다. 이 협회는 '한국의 부원富源을 개발하여 모국과 각종 사업의 연락을 원만민활圓滿敏活하게 하는 것을 목적'으로 하여 설립되어 부산에 본부를 두고 있었다.[27]

이 기관지의 논조 분석에 의하면, 일본 자본의 조선유도 및 일본인의 조선 이주 정착 유인의 논거는 다음과 같다.

① 조선 개발 자본 투하의 여지는 대단히 많다. ② 큰 희생을 지불하여 획득한 이권 보호권을 이용하여야 한다. ③ 조선인의 동화계발同化啓發을 위하여 ④ 눌려 지내면서 역경에서 헤어나지 못하는 일본에 있는 것보다도 조선에서 자산을 형성하면 권리 세력을 가져 인생 최선의 양도良道가 된다고 하는 것이었다. 그리고 '대자본가 대수완가는 만주에 들어갈 것, 소자본가 소야심가는 한국에 들어갈 것'이라고 하여 소자본가에 의해 정착하는 조선식민을 행하여야 할 것을 제언하고 있다.[28]

이상과 같은 논조는 조선의 진정한 개발을 위한 것이 아니라, 조선인의 기득권을 침해하여 조선인 측과의 대항과 압박을 목적으로 하

---

26 山縣有朋, 「朝鮮政策上奏」(1894.11) (大山梓編, 『山縣有朋意見書』原書房, 1966), 224~225쪽 (木村, 앞의 글(1981), 109쪽에서 재인용).

27 木村健二, 「近代一朝『關係』下の在朝日本人-朝鮮實業協會の組織と活動を中心に一」(『朝鮮史硏究會論文集』第23集, 綠蔭書房, 1986. 3.), 186, 210쪽. 1904년 11월 한국실업협회라는 명칭으로 설립되어 기관지 『조선평론』을 발행하다가 1905년 5월에 협회명칭을 〈조선실업협회〉로, 기관지명을 『朝鮮之實業』으로 바꾸었으며, 이어 1908년 1월에는 지명을 『滿鮮之實業』으로 改題하여 1914년 6월까지 통산 100호를 발행하였다.(위의 글)

28 위의 글, 202~203쪽.

는 것이었다는 점도 주목하여야 할 것이다.[29] 아무튼 거류민관계정책 중 주류를 형성한 상인에 대한 유도, 보호, 보조 정책에 의해 대량의 상인이 조선의 각 개시開市 개항장에 이주하였으며, 그 결과 '1898년의 러일간의 소위 〈니시西=로젠협정〉에서, "러시아 제국 정부는 한국에서의 일본의 상업 및 공업에 관한 기업이 크게 발달한 사실, 동국거류 일본국 신민이 다수인 사실을 인정하여, 일한 양국간에 있어서의 상업상 및 공업상의 관계의 발달을 방해하지 않을 것"이라고 하는 언질을 받기에 이르는 것'이다.[30] 즉, 이들 조선이주민의 세력부식이 열강으로 하여금 한국에 대한 일본의 우월권을 인정하게 하는 데에 주요한 구실을 담당한 것이 되는 것이다.

일제의 식민정책도 이와 때를 같이하여 미주 지역 중심의 이민정책에서 만·한 지역으로의 식민정책으로 방향 전환을 하게 되는 것이며, 그 논거는 국토 협소, 폭발적 인구 증가, 자원 부족에 대한 위기의식의 팽배와 대국주의 사상이었다는 점은 앞에서 언급한 바와 같다.

이와 같은 식민의 필요성에 대한 주장으로서, 마쓰모토松本 의원은 대외 정책에 관한 대정부 질문에서, '식민정치의 득실 성패는 금후의 제국의 번영과 융체隆替(성쇠)에 깊은 관계'를 가지며, '인구 증식 문제를 해결하는 것은 식민정책을 정하는 것이 최대의 요결'이라는 인식 하에 일본은 청·일, 러·일전쟁의 결과로서 '요동반도를 일본의 속국으로 하고, 사할린樺太을 할취割取하고, 대만을 일본 판도로 하고, 조선

---

29 위의 글, 203쪽 참조.
30 外務省編, 『日本外交年表並主要文書』上, 186쪽(木村健二, 앞의 글(1981. 12), 110쪽에서 재인용).

을 일본의 식민지의 일부로 하여 경영하지 않으면 안 된다'고 역설하고, '일본 정부는 장래 제국의 경영, 국민의 번영, 우리 자손의 발전을 위해 식민정책을 세워, 영원히 증가하고 있는 인민의 민족의 발전지發展地를 만들어야 된다'[31]고 하여, 정부는 어떠한 계획과 생각으로 식민정책을 정하고 있는가를 질문하고 있다. 그리고 마츠모토 의원 외 13명은 다음과 같이 〈식민청 설립에 관한 건의안〉을 제23회 의회(明治 40년 3월)에 제출하고 있다.

> 만주, 조선, 대만, 사할린, 남양제도, 호주 기타 남북양미대륙, 중앙아메리카, 캐나다 등 도처에 일본 민족을 이식하여 국력의 증진을 기도해야 할 천지가 대단히 많다. 그런데 국가에 식민적 경영에 관한 통일적인 방침과 기관이 존재하지 않음은 대단히 유감이다. 식민의 흥패는 국명國命에 관한 바 세계의 역사에 비추어 분명하다. 이로서 구주의 강국은 반드시 식민성을 설치하여 예의 식민의 발달을 조장하지 않는 것이 없다. 이로서 그 뜻이 있는 바를 볼 수 있다. 우리의 식민정치의 득실은 장래 제국의 융체에 관하여 지대하다. 그러므로 정부는 마땅히 의정議定하여 먼저 식민청을 설립하여 식민 사업의 경영에 대하여 다대한 힘을 다하여 열강시운의 진조進潮에 뒤지지 않기를 기하여야 한다.[32]

---

31 「松本君平君ノ質問演説」(明治39. 3. 20) (북악사학회, 앞의 책, 제1권), 363쪽.

32 松本君平 외 13명, 「殖民廳設立二關スル建議案」(1907. 3. 22), 『帝國議會衆議院議事速記錄』(第22卷), 321쪽.

이러한 건의안에 대한 위원회의 경과 보고에서, 그는 식민청殖民廳 설립의 필요성에 대하여, 첫째, 식민 사업은 금일 국민적 생활의 기초를 이루고, 국운 발전의 근본을 이루는 것이라는 점, 둘째, 15만 방리方里의 국토, 4천만의 인구, 매년 60만에서 70만의 인구 증식과 같은 인구문제는 장래 정치상, 사회상의 문제이므로 어떻게 하든 금일 이 문제를 해결하지 않으면 안 되며, 인간의 증식력은 일대 세력으로, 이 훌륭한 일본 국민의 팽창하는 인구로써, 신일본을 건설할 일대 재료로 하지 않으면 안 된다는 점 등을 들어 '식민사업殖民事業은 국명國命의 기초'이며, '장래의 일본의 광영은 반드시 식민제국殖民帝國의 기초 위에 건설되지 않으면 안 된다'[33]고 거듭 주장하고 있는 것이다.

이상의 주장에서 식민지 경영이 일본제국의 번영과 융체에 관계되는 국명의 토대이며, 일본제국이 나아갈 방향이 식민제국임을 밝히고 있음을 확인할 수 있다고 하겠다. 그리고 식민지의 방향은 아시아 대륙은 물론 호주나 북남미 대륙으로도 향하여져 있음을 알 수 있다. 그러한 점에서 보면, 이 주장에는 식민과 이민의 개념이 명확하지 않은 듯한 감도 없지는 않는 것이다.

이러한 국내외적 상황하에서, 당시의 외무대신 고무라小村伯爵는 중의원에서의 발언(1909. 2. 2)에서 '(일본의) 식민은 서반구가 아니라', '일

33 松本君平, 「殖民廳設立ニ關スル建設案」(1907. 3. 22) (북악사학회, 앞의 책, 제2권), 19쪽. 『帝國議會衆議院議事速記錄』(第22卷), 366~367쪽. 오하시(小橋榮太郎) 의원도 인구 증식은 일본 국운상 지극히 축하할 일이지만, 방임하면 국내 인구과잉을 초래하여 생산이 둔화되고 일자리가 없어지므로 어떻게 하든 인구배설의 길을 강구하여야 하며, 이것이 '일본식민정책의 제1의 요의(要義)'이며, '제국의 국시'라고 주장하고 있다. (동 의원, 「北海道拓植政策確立ニ關スル建設案」(1909. 2. 18) (북악사학회, 앞의 책, 제2권, 94쪽)

러전역日露戰役의 결과로서 제국이 경영을 행하여야 할 지역의 확대되어진 방면'[34]이라고 대답하여, 일본 정부의 식민정책의 방향이 만한滿·韓지역으로 향하고 있음을 시사하고 있는 것이다. 즉, 외무대신의 이 발언에 대하여, 다가와田川大吉郎의원은, '그 일러전역의 결과로서 제국이 경영을 행하여야 할 지역의 확대되어진 방면을, 나는 달리 질문을 일으키지 않고 만한이라고 인정한다. 따라서 만한이라는 문자를 사용한 것은 나의 자유의사에 기초한 것이지만, 외무대신의 당시의 주의主意를 만한에 제한한 의미였다고 추정하는 것은 부당하지 않다고 믿고 있'[35]다고 발언하고 있는 것이다. 니시무라西村丹治郎 의원도, '지금으로부터 수년 전에, 당시의 외무대신 고무라小村 후작은 이 단상에 서서, 우리 야마토 민족이 세계 각지에서 배척되고 있다, 더구나 타파할 만한 외교적 수단도 없고, 외교적 힘도 없어, 자신의 무능, 자신의 실정을 가리기 위하여, 이민정책의 대방침은 결코 해외 각지에 이민을 산포한다고 하는 방침이 아니라, 모든 야마토민족의 해외에 나가는 자는, 이를 만한의 땅에 집중하는 것이다, 애써 배척을 당하고 있는 지방에 정부는 억지로 보낸다고 하는 생각은 추호도 없다, 이들의 이민은 모두 만한의 땅에 집중하는 것이라고 하는 말을 이전에 이 단상에서 성명하였던 것이다'[36]라고 발언하여, 이 사실을 확인시켜주고 있는 것이다.

이상과 같은 조선 식민정책 하에서, 한일합병을 위한 식민지 지배

---

34 북악사학회, 위의 책(제2권), 66, 94, 122쪽 참조.
35 「田川大吉郎君ノ質問演說」(북악사학회, 앞의 책, 제2권), 122쪽.
36 「移民政策ニ關する西村丹治郎君ノ質問演說」(1914. 12. 23) (북악사학회, 앞의 책, 제3권), 48쪽.

정책이 추진되어, 한일합병 후 대정기大正期에 들어가 조선으로의 어업 식민이 적극적으로 장려되었던 것이다. 이는 앞에서도 잠깐 언급한 바와 같이, 중국과 조선을 제외한 해외 각지의 일본 이민 상황이 불리한 입장에 놓여 있었던 사실도 한몫을 하였기 때문일 것이다. 당시의 일본의 해외 이민 상황을 보면, '북미합중국에서 절대적으로 배척되고 있고, 캐나다에서도 우리 야마토大和 민족은 배척되고 있다. 나아가 남호주를 보면 어떠한가, 호주방면에 있어서도 배척되고 있다, 뉴질랜드에서도 배척되며, 남미 방면에서도 금일 각지에서 야마토 민족의 배척열이 일어나려고 하고 있는 상황'이었으며, '일본제국의 운명은 해외에 발전하는 데 있으며, 해외로 뻗어 가는 데 있는데, 해외 각국 각지를 보면, 동쪽도 서쪽도 모두 막혀 궁지에 빠져[8方塞] 있는 상태'였고, 호주에서는 1901년에 이민제한법이 제정되어, 일본 이민에 대하여 횡포를 가하고 있다고 보고되고 있었던 것이다.[37]

그래서 사쿠라이櫻井 의원은 '조선은 아시는 바와 같이 온대 식민지여서, 아무래도 일본의 이주에 관하여서는 중요시하여, 곧 이 방면으로 이주를 보내지 않으면 안 된다고 생각하는데, 아무런 방법도 취하지 않고 있다는 사실을 인정한다. 고무라 후작의 성명 이래 6년, 마침내 조선에 대해 15만인 정도가 있다고 생각한다. 이는 정부가 장려한 결과가 아니라, 자연히 흘러들어 간 것에 불과하다, 인구문제에서 보더라도 어떻게 하든 식민정책을 적극적으로 제국이 세워야 한

---

37 위와 동.

다……'고 하여, 식민성의 설치를 건의하고 있다.[38] 일제의 이민정책은 이처럼 제국주의적 팽창정책으로서의 이민정책(이민과 식민정책 혼재)에서 식민지 경영으로서의 식민정책(조선 만주 방면의 식민지 지배 중심)으로 전환하여 갔던 것이다. 그리고 식민지 지배의 초기에는 조선 식민은 정부의 재정적 지원은 있었지만, 기본적으로는 이주자의 자유 방임에 맡겨져 있었다고 판단되며, 따라서 계획적이고 체계적인 식민을 위한 식민성 같은 기구의 설치를 의회에서 논의하게 되었다고 할 수 있을 것이다.

이상과 같은 정책 방향 하에, 조선 식민정책은 불평등조약의 체결과 더불어, 개항장의 거류지 설정과 그곳으로의 도항에 대한 편의와 영업 활동의 보호 후원을 아끼지 않았던 것이다. 구체적으로 살펴보면, 여권 발급에 관하여, 1878년부터 그 부여지를 히로시마, 야마구치, 시마네, 후쿠오카, 가고시마, 쓰시마 등 서일본 각지로 확대하고, 발행 수수료도 통상 2엔인 것을 조선행에 한하여 그 4분의 1인 50전으로 할인하고 있다. 이어 1895년에는 재도항 허가증을 필요 없게 하고, 1900년에는 어민의 여권을 필요 없게 하였다. 1902년 청한 양국을 이민보호법의 적용 외로 하여, 보증인과 알선업자의 매개를 필요로 하지 않고 도항할 수 있게 한 점은 특기할 만한 사실이었다. 러일전쟁 직전인 1903년에는 청한 양국으로의 도항 시, 발급받을 여유가 없을 때, 여권을 필요 없게 하고, 1904년에는 본인 희망 이외에는 도항 시 일절 필요 없게 하여, 그 결과 한국행은 여권발급통계에서 빠지게 되

---

38 櫻井兵五郎, 「殖民省設置二關スル建議案」(위의 책), 163쪽.

었다.

　이상과 같은 도항의 편의책 이외에 상인층에 대해서는 일층 두터운 보호 보조책이 취해졌다. 원산개항 시의 점포의 건축이나 물산견본진열소의 설치, 정기선 기항 증가 등의 조치가 취해진 것이다. 그리고 조선의 관세권회복 운동이나 방곡령에 대한 항의나 손해배상 교섭 등이다. 또한 청국 상인이나 구미 상인의 침투가 격심해짐에 따라, 조선내지행상의 추진과 장려, 무장행상단체인 계림장업단鷄林獎業団에 대한 보조금 하부, 상당한 자력이 있는 상인의 권유, 공동상사의 설립의 종용 등도 행하고 있다. 나아가 상업회의소의 조직화도 인천 등지에서 추진하여, 청국 상인과의 대항세력으로 삼으려고 하였다.

　어민에 대해서는 조선출어의 합법화 과정에서 상세하게 검토하는 바와 같이, 1883년 무역규칙제정으로 조선 4도의 통어권을 획득하고, 1889년 통어 규칙에서는 위반자에 대한 일본영사관의 처분권을 인정시키고, 1899년에는 조선통어조합의 설립을 각 부현에 장려하고, 익년에는 전국조직에 대해 보조금을 교부하고 있다. 그리고 이러한 보호 후원을 보다 확실하게 하기 위하여 경찰관과 군함을 파견하였다. 이러한 조치는 조선에, 청일전쟁 전에는 청국과 그 후에는 러시아와 대항하여, 거대 자본의 진출이 아직 불충분한 단계에서 중소 상인을 중핵으로 하는 인적자원의 이주移駐로 대륙 침략의 교두보를 구축하고자 하는 의도였다. 그 상징적인 견해가 1894년의 야마가타 아리토모의 〈조선정책상주〉인 것이다.[39]

---

39 木村健二, 앞의 글(1990), 136~137쪽.

이상과 같은 이민정책의 식민정책으로의 전환과 식민지 지배정책의 결과로 1915(大正4)년에 조선 이주자는 처음으로 30만 명을 초과하게 되었으며, 이 시기에 부산, 거제도, 통영, 거문도, 방어진 등의 어업 근거지로의 어업이주도 급격히 증가하여 갔던 것이다.

2. 일제의 조선어업이주(식민)정책

1) 일제의 조선어업이주정책과 자조 · 보조이주어촌 형성배경

일제의 조선이주(식민)정책 추진에 있어, 어업 부문에 있어서는 당시 조선의 서해 연안어업이 청국의 지배하에 있었으므로, 일본은 청국으로부터 서해안 조선 어업의 탈취 장악과 더불어, 조선해 연안 어장 지배의 필요성을 인식하고, 1883년 7월 〈조일통상장정朝 · 日通商章程〉 제41관의 규정에 의하여 일본 어선의 조선해 통어를 합법화하고, 1908년 11월 〈한일어업협정韓 · 日漁業協定〉의 체결과 한국어업법의 제정으로 일 어민에게 조선인과 마찬가지의 어업권漁業權을 인정하는 조치를 취하였다. 이를 계기로 하여 통어시대通漁時代에서 이주어촌 건설移住漁村 建設을 통한 정착어업시대定着漁業時代로 전환하여 가게 되는 것이며, 이 점에 대해서는 다음 장에서 상세하게 언급하고자 한다.

일 어민의 조선해 이주어촌의 형성은 초기에는 주로 조선해 통어시의 어업근거지를 중심으로 하여 이루어지기 시작하며, 이주정착어업으로의 전환기에는 주요 어업근거지나 전략적 요충지를 중심으로 지방정부나 어업 단체 등의 보조와 적극적인 지원으로 계획적으로 형성된 점이 그 특징이라 할 수 있다. 이러한 이주어촌 형성의 계기와 배경을 간략하게 살펴보면, 우선 일본 국내의 어업 상황은 다음과 같다.

일본 정부는 명치유신의 일환으로서 종래 번과 지역에 따라 관행으로서 달리 행해지던 어장제도를 폐지하고, 1875년 12월 해면관유(국유)를 선언하여, 해면차구제海面借區制로 전환하고, 규정의 사용료를 납부하는 자에 한하여 어업을 허가하는 어업 제도의 개혁을 단행하였다. 따라서 종래 구관에 의하여 어민이 가지고 있던 어장상의 권리를 인정하지 않게 되었던 것이다. 그 결과 각지에서 혼란과 분쟁이 속발하는 사태를 초래하였다. 왜냐하면, 차구수면의 엄밀한 구획이 불가능할 뿐만 아니라, 어종에 따라서는 차구내의 어로에 고정하는 것이 지난하였기 때문이었다. 그래서 이듬해 포고를 취소하고 구관舊慣어업권을 재인정하고, 어장 사용에 대해서는 부현세를 과하게 되었다. 그러나 그간의 혼란은 신구 어업자간의 경쟁적인 남획을 가져와 그 결과 특히 세토내해에서는 어군의 절종[拂底]이 심각한 사태에 이르렀다. 마침 마쓰가타松方 디플레이션 정책의 영향으로 어획물의 판로가 폐쇄되는 등의 사태에 직면하게 되어, 일본정부는 1886년 〈어업조합준칙〉을 공포하여, 어업조합으로 하여금 어업상의 질서유지에 임하게 하고, 공동[入會]어장을 둘러싼 전국적인 분쟁을 '자치적'으로 해결하도록 조처하였다. 이어서 1901년에는 〈어업법〉을 제정하여 어업조합에 관한 규정을 마련하고, 어업조합이 난바다([地先], 연안)전용어업권의 향유주체임을 명확하게 하였다.[40]

40 岡本信男, 『近代漁業發達史』(水産社, 1965) (木村健二, 「明治期日本人の朝鮮進出の社會経濟的

이상과 같은 정책상의 혼란과 어업 인구의 증가, 남획 등으로 국내 어장이 포화상태에 처하게 되어, 그 배출지로서 조선해 어장이 주목 받게 되었으며, 조선해 통어가 보호 장려되어 활성화된 배경이 되었 던 것이다. 이처럼 이주어촌 건설의 배경에는 일제의 조선식민정책이 라는 큰 틀에 토대를 두고 있음은 물론이지만, 통어상의 문제점을 해 결하기 위한 배려도 있었음을 간과해서는 안 될 것이다. 통어상의 문 제점에 대한 지역별 구체적인 내용은 5장 이하(졸저 『일제의 조선어업지 배와 이주어촌형성』 제3부와 제4부 제5장~제11장 참조)의 이주어촌별 검토 과정에서 언급하겠지만, 일반적인 문제점은 주로 어획물의 처리 문제 를 비롯한 출어의 경영상의 문제와 통어민의 풍기상의 문제 등의 해 결이 요청되고 있었다. 요시다吉田에 의하면, 이주어촌 건설의 동기와 최대 이유로서, 다음과 같은 4가지 사항을 들고 있다.

① 초기의 통어는 대게 영세 어민이 주류를 이루었기 때문에, 왕복에 많은 일수를 요하였으며, 어선의 조난은 해를 거듭할수록 증가하였 다. 또한 대부분이 단일 경영이었기 때문에 일시에 불어에 조우하면, 타(他)로의 전환이 곤란하고, 때로는 어기를 잃어버려 불우에 우는 자 가 많았다. 그리고 어업자는 대부분이 장년의 남자이며, 더구나 장기 에 걸쳐 이역에서 활약하기 때문에 풍기상, 사회상 우려할 문제가 많 았기 때문에 통어에서 이주어촌의 경영으로 일보 전진하게 되었다.
② 러일전쟁 경부터 인구 증가나 자본주의적 경제의 발전 등으로 대

背景」(『土地制度史學』101号, 1983), 10, 30~31쪽에서 재인용)

만, 사할린 등으로 식민적 이주가 성행하게 되었다. 이러한 경향은 반도 방면에도 중대한 영향을 미쳐, 농업 이민과 상응하는 이주어촌의 건설이 이루어지게 되었다.

③ 청일, 러일전쟁 시에는 이들 선해출어 방인은 군수 식량의 조달에 협력하였으며, 1보 전진하여 동아정책의 관점에서 조선에 있어서의 이주어촌의 건설은 긴요하여 결할 수 없는 것이 되었다.

④ 조선이 일본의 보호국이 되자, 통감부를 설치하여 산업 경제방면에서 근본적인 적극 개발책을 수립하였다. 어업 방면에서는 1908년 한국어업법을 발포하여, 조선에 있어서의 어업제도의 획기적인 개혁을 단행하였다. 그 결과 종래 한국 궁내부의 직할어장 또는 부호 양반 등의 독점물이었던 중요어장은 널리 일한 양국인에 개방되었다. 그런데 방인에 대한 어업권의 허가는 한국 거주자에 한하도록 되었기 때문에 통어에서 이주어촌 경영으로 앞다투어 전환 진출하였다.[41]

당시 조선해에 출어하는 자는 대부분 서남 일본의 영세 어민들로서 소위 출가어업자들이었으며, 이들은 과반 이상이 4인승 이하의 소형어선으로 통어하여, 통어일수와 조난 등 곤란에 봉착하고 있었으며, 일본 제국주의의 식민정책과 조선지배정책에 발맞추어 어업 면에서는 한발 앞서 조선해의 식민적 지배체제가 확립되어 이주어촌 경영

---

41 吉田敬市, 『朝鮮水産開發史』(朝水會, 1954), 247~248쪽. 穗積眞六郎는 이주어촌 성립의 동기로 통어상의 어획물의 처리 문제를 들고 있다. 운반 도중의 어획물의 변질 우려 때문에 조선 내에서 처리할 수 있는 근거지가 필요하였다는 것이다. (같은 저자, 앞의 책, 32쪽)

으로 나아가게 되었음을 지적하고 있는 것이다.[42]

일본 어민의 조선연안 이주어촌의 형성은 이상과 같은 조선해 통어 과정에 있어, 통어에서 오는 여러 폐해와 단점을 보완하고, 나아가 앞에서 언급한 식민정책을 실현하기 위한 하나의 방책으로 적극적이고 계획적인 방법으로 추진되었다. 그리고 이상과 같이 거론된 동기 중에서도 정부나 지방단체의 적극적인 지원 정책과 조선 내의 어업상의 유리한 조건이 이주어촌 형성의 가장 큰 유인요인이 되었다고 보아야 할 것이다. 정부의 지원 정책 중 중요한 것으로, 원양어업장려정책을 들 수 있을 것이다. 일본 정부가 공식적으로 해외출어를 조장한 최초의 정책이기 때문이다. 그리고 조선 내의 어업상의 유리한 조건은 그 무엇보다도 중요한 것이 일본인에게 한국인과 동일한 어업권을 인정한 한국어업법의 제정을 들 수 있을 것이다.

원양어업장려정책의 추진을 위한 제도적 장치가 앞에서 언급한 바와 같이 1897년 3월에 제정 공포되어, 익년 4월 1일부터 시행된 원양어업장려법(법률 제45호)이다. 이 법에 의하면, 정부는 국고에서 매년 15만 엔씩 지출하며(제1조), 향후 15년간 시행하기로 규정(제15조)하고 있다. 장려금을 받을 수 있는 어렵선은 총톤수 기선 50톤 이상, 범선 30톤 이상으로서, 농상무대신이 정한 선박의장규정에 합격하고 승조원이 총원의 5분의 4 이상 제국 신민으로 조직된 것에 한(제3조)하도

---

42 재부산제국영사관 조사에 의하면, 1890~92(明治23~25)년의 통어선 수 2,012척 중, 4인승 이하의 어선이 1,404척으로 전체의 69.8%를 점하고 있다. 그리고 5인승 이상 10인승 미만이 596척으로 전체의 29.6%이고, 10인승 이상은 12척으로 불과 0.6%에 지나지 않는다. (關澤明淸, 『朝鮮近海漁業視察槪況』(1894), 新川伝助, 앞의 책(1958), 114~115쪽에서 재인용)

록 하고 있다. 농상무대신은 조건을 갖추어 출원한 자에게 어렵의 종류 또는 어렵의 장소에 따라 5개년 이내로 장려금 하부를 허가하도록 하고, 기선의 경우는 1톤당 1년에 15엔(단 총톤수 350톤까지), 범선의 경우는 1톤당 1개년 10엔(총톤수 200톤까지), 승조총원 매 1년 10엔(단 칙령에 정한 승조원 정원 이외 및 16세 미만의 자는 제외)을 장려금으로 지급하도록(제5조) 하고 있다.[43]

　『원양어업장려사업보고』(1902년)에 의하면, 온눌膃肭=海狗수렵獸獵, 경렵鯨獵, 기타 수렵어업에 장려인허를 받은 선박 수는 1898년에 8척으로 1척이 운반선이고, 나머지는 신조어선이며, 그중 서남일본의 것으로 오카야마현의 가와타川田惣次郎 소유의 히노데호日之出丸(90톤, 승조원 26명, 1898년 3월 신조, 온눌수잡이)가 있다. 1899년에는 14척으로 3척은 운반선이고 나머지는 신조어선이다. 서남일본의 것으로는 후쿠오카현의 오쿠무라奧村利助 소유의 교운호漁運丸(135톤, 승조원 34명, 1897년 11월 신조, 상어집이), 동현의 오타太田種次郎 소유의 쓰쿠시호筑紫丸(47톤, 승조원 22명, 1899년 10월 신조, 상어잡이), 야마구치현 일본원양어업주식회사 소유의 기선제1죠슈호汽船第1長周丸(122톤, 승조원 17명, 1899년 10월 신조, 고래잡이)가 있다. 특히 오타는 이러한 정부의 지원을 받아 조선해어업을 개척하고, 뒤에 거제도 장승포에 이리사무라(제9장에서 상세하게 언급함)를 건설하게 되는 것이다. 1900년에는 15척이 있으며, 신조 4척, 운반선 5척, 나머지는 전년에 이어 계속 인허가 받은 것이다. 이들 중 서남일본에 속하는 것으로는 후쿠오카현의 오쿠무라 소유의 교운

43　農商務省水産局, 『遠洋漁業獎勵事業報告』(1902), 3~5쪽.

호와 후쿠오카현 오타 소유의 쓰쿠시호, 야마구치현의 일본원양어업주식회사 소유의 기선호쵸호汽船防長丸(383톤, 승조원 39명, 1890년 4월 제조의 운반선, 고래잡이), 지요호千代丸(153톤, 승조원 31명, 1895년 10월 제조의 운반선, 고래잡이), 나가사키현의 하시모토橋本九平 소유의 기선노로시호汽船烽火丸(123톤, 승조원 31명, 1898년 3월 신조, 고래잡이)가 있다. 1901년에는 14척이며, 신조 1척, 운반선 9척이며 나머지는 계속이다. 서남일본에 속하는 것으로는 나가사키현의 이와나가巖永總平 소유의 쇼오호初鷹丸(105톤, 승조원 17명, 1897년 4월 신조, 고래잡이)가 있다. 1902년에는 전년도부터 계속된 인허가선이 29척이며, 총톤수는 2,580톤, 전체 승조원수는 659명이다. 이들 중 서남일본에 해당하는 것으로는 야마구치현의 일본원양어업주식회사의 소유로 되어 있는 기선제1쵸슈호汽船第1長周丸와 범선호쵸호帆船防長丸(383톤, 승조원 24명, 고래잡이), 지요호千代丸(153톤, 31명, 고래잡이)가 있다. 그리고 나가사키현의 하시모토橋本九平 소유의 기선노로시호汽船烽火丸(123톤, 19명, 고래잡이), 동현 이와나가巖永總平 소유의 쇼오호初鷹丸(105톤, 17명, 고래잡이)가 있다. 그리고 1902년도 인허가선박(10월 조사)은 6척이며, 신조는 2척이고 운반선이 4척이다. 온눌 1척, 대구 3척, 상어 2척으로 처음으로 대구잡이가 보이는 것이 특색이다.[44]

이상에서 보는 바와 같이, 원양어업장려법에 의한 장려는 일정 크기의 어선에 지원을 제한하고 있어, 앞에서 본 조선출어의 대다수의 소형 어선은 이러한 정부의 지원에서 제외되었으며, 따라서 미흡한

---

44 위의 책, 16~25쪽.

지방정부의 보조와 보호하에 출어할 수밖에 없었으며, 이들에 대한 정부 차원의 정책적 배려가 이주어업으로의 전환 조장이었다고 볼 수 있을 것이다. 이주어업으로의 전환은 그간의 출어를 통한 어업(전략)근거지의 확보와 조선인의 위무를 전제로 하고 있다고 보아야 할 것이다. 이점에 대해서는 지역별 각론에서 언급하고자 한다.

이러한 이주어촌 성립의 긴요성에 입각하여, 일본 정부는 이를 위한 지침서를 마련하고 있다. 러일전쟁 중인 1904년 12월 농상무성 기사技師 사모下啓助와 동 기수技手 야마외키山脇宗次를 조선에 파견하여 이주어촌 건설에 관한 실태조사를 하게 하여, 익년 4월에 제출된 보고서 〈한국수산업조사보고韓國水産業調査報告〉가 그것이다. 이 지침서를 통하여 일제의 조선해 이주어촌 형성(어민식민)의 의도와 목적을 이해할 수 있다고 하겠다.

이 보고서에 의하면, 현재의 통어자는 단지 성어기에 어리漁利가 있는 곳을 쫓아 이전할 뿐, 영구한 어리를 꾀하는 것이 아니므로, '장래 영원의 이익을 증진하고, 피아의 행복을 향유하게 하'려면, 다음의 시설을 할 필요가 있다고 하여, 아래와 같이 기술하고 있다.

① 이주민을 장려하여, 한국 각지에 일본인의 취락을 세울 것.

② 한국 연해에 어촌을 조직하여 어민으로 하여금 점차 한국 풍습에 젖慣熟도록 함과 동시에, 한국민을 일본국풍에 동화하도록 힘쓸 것.

③ 전 2항의 목적을 달성하기 위하여 다음의 방법을 취할 것.

 1) 어업근거지를 정부에서 취설할 것.

 2) 감독자를 두어 각지에서 이주해 온 어민을 통일 정리하여, 질서 있

는 어촌을 형성하게 할 것.

3) 근거지는 어업을 위한 개시장開市場으로 간주하여, 일본 선박의 출입을 자유롭게 할 것.

4) 한국이주를 희망하는 지방을 통일하여 그 단결을 꾀할 것.

5) 전 각 항의 목적을 달성하기 위해 중앙정부 및 지방청은 상당의 비용을 지출할 것.

④ 정부는 재정형편에 의해 거액의 경비를 지출할 수 없다고 하더라도, 다음의 시설은 할 필요가 있다.

1) 상당한 선박을 사용하여, 전문기술자를 승조시켜, 조류, 저질低質 등 어장의 상황 및 수족의 종류, 분포 등을 조사하고, 이를 공시하여 일반의 방침을 정하게 할 것.

2) 통어자 및 이주민의 조합을 결성하게 할 것.

3) 이주지의 취체감독 및 업무의 지도를 하게 할 것.[45]

그리고 어업근거지 선정의 표준으로서 다음의 제조건을 제시하고 있다.

㉮ 어장에 가깝고, 출입에 편리할 것.

㉯ 어선을 계류할 항만이 있을 것.

㉰ 어획물 판매에 상당하는 시장을 가지고 있거나, 혹은 시장에 가까운 지점일 것.

---

45 下啓助·山脇種次, 『韓國水産業調査報告』(1905), 1쪽. 吉田敬市, 앞의 책, 249~250쪽.

㉡ 어가漁家 기타의 설비를 이루고 있는 외에 채원菜園으로 할 수 있는 다소의 여지가 있을 것.

㉢ 신탄薪炭과 음료수를 얻기에 편리할 것.

㉣ 어기漁期 외의 계절에 할 수 있는 상당한 부업을 얻기에 편리할 것.[46]

이러한 이주어촌의 형성과 어업근거지 마련을 위한 지침 내용의 제시에 대하여 신카와新川傳助는, '근거지 선정 표준의 4~6에서 분명한 바와 같이, 근거지는 어업 전문의 경영체를 위한 기지가 아니라, 농업 혹은 그 외의 계절성 산업을 겸영하는 어민, 따라서 일반적으로는 농어 겸영의 〈농업적 어업〉을 하는 자를 전제로 하고 있다는 점, 그리고 또한 그 조치는 이들 어민의 집단적 이주이며, 그 이주 집단을 통하여 조선인을 일본국풍에 동화한다고 하는 점에 있어서 단순한 이주어민이 아니고, 어업과는 별개의 제국주의 정책의 제1선 부대의 병사로 만들려고 하는 것이다'라고, 이주어촌 형성의 의도를 간파하고, 그 목적하는 바를 지적하고 있는 것이다.[47] 이처럼 당시의 조선 이주어민은 본인의 의도 여하와는 상관없이 일제의 제국주의적 침략과 식민지배의 첨병으로서의 구실을 담당하게 되었으며, 실제로 정부의 의도대로 어업 면에서 기술이 부족하고 의식이 미약한 조선 어민을 상대로 군림하여 갔으며, 이를 토대로 침략의 첨병 구실도 수행하여 갔던 것이다.

이상과 같은 세심한 지침서의 마련과 더불어 일본 정부와 각 부현

46　下啓助·山脇種次, 위의 책, 16쪽.

47　新川伝助, 앞의 책, 119쪽.

에서는 적극적으로 이주어촌의 건설을 권유, 장려하였다. 특히 각 부현이나 수산단체는 한국의 주요 전략적 요충지에 사무소를 설치하여 실지 조사와 토지 구입, 어업권의 획득에 열을 올리고 있었다. 히로시마현에서는, 이주어촌 건설의 필요를 인정하여 이미 1900년에 수산시험장으로 하여금 입지계획에 관한 예비 조사를 하게 하였다. 그 결과 수산시험장은 '강원도의 출어는 반드시 이민계획을 가지고 행할 것'을 보고하고 있다. 야마구치현山口縣의 경우, 한해韓海 출어단을 조직하여 어업권 획득, 이주어촌 건설지의 토지 매입 등을 위하여 현, 군에서 보조금을 교부하고 계원을 파견하고 있으며, 1908년 현수산시험장은 주로 경북 지방에 이주어촌 건설지의 실지 조사를 실시하고 있다. 도요우라군豊浦郡에서만도 1909년 3월까지 남해안, 동해안에 391건을 조사하고 그 중 출원 어장은 1부 5도 19군에 걸쳐 151건에 달하였다. 이 중 42건이 허가되었으나, 실제 경영한 것은 전남의 6개소이고 나머지는 어업세만 납부하고 있다가 1913년 3월까지의 사이에 포기하고 있다. 1909년부터 1919년까지의 사이에 각 부현이나 어업 단체에서 취득한 어업권의 수는 261건에 달하며, 오카야마현이 45건으로 제일 많고, 애히메현이 38건, 야마구치현이 33건, 후쿠오카현이 30건, 시마네현이 26건으로 나타나 있다.[48]

다음으로 이주어촌 형성에 대하여 고찰함에 있어 중요한 정책은 1908년 한일어업협약의 체결과 한국어업법(법률 제29호)의 제정이다. 이것은 이주어촌 건설의 합법화는 물론이고, 이주어촌 형성의 획기적

---

48 吉田敬市, 앞의 책, 250~251쪽.

인 전기를 마련하였던 것이다. 엄격하게 말하면, 한일어업협약의 체결과 한국어업법 제정 전의 일본 어민의 조선 이주는 비합법적인 불법 이주였던 것이다. 이를 합법화하고 나아가 한국인과 동등한 어업권을 인정하여 조선 거주자에 한하도록 조건을 달아 이주를 유인하였던 것이다. 자세한 내용은 다음 장에서 살펴보고자 한다.

2) 어업이주 실태 및 한국 내 반향

일본 어민의 조선연안 이주어촌의 형성은 이상과 같은 조선해 지배과정에 있어, 통어에서 오는 여러가지 폐해와 단점을 보완하고, 나아가 앞에서 언급한 식민정책을 실현하기 위한 하나의 방책으로 적극적이고 계획적인 방법으로 추진되었다.

우선, 조선해 어업이주자의 상대적 위상을 파악하기 위하여, 일본인의 조선으로의 이주상황을 개략적으로 살펴보면, 「한일통상조약」이 체결된 1876(明治9)년에 54(남52, 여2)명이었던 것이 1881년에 인천 개항과 더불어 3,417명으로 증가하고, 조일통상장정의 체결(1883년) 후인 1885년에는 4,521명으로 증가하였다. 이후 감소 추세를 보이다가 1889년에 5,589명으로 늘어나고, 이어서 청일전쟁 후인 1895년에는 개항장의 거류민을 중심으로 하여 12,303명으로 증가하고, 1904년에는 31,093(남 19,330, 여 11,763)명으로 증가하고 있다. 러일전쟁 후 통감부 설치와 더불어, 1906년에는 일약 83,315(남 48,028, 여 35,287)명으로 급격히 증가하고 있으며, 거주지역도 전선규모(全鮮規模)로 확대되고 있다. 이후 지속적으로 증가하여 1908년에 처음으로 10만 명을 돌파하고(126,168명), 한일합병 후인 1911(明治44)년에는 20만 명을 초과

(210,689명, 남 114,758명, 여 95,930명 대 조선인비 1.52%)하고 있다. 그리고 대정기에 들어가서 1915(大正4)년에 303,659명(남 163,012명, 여 140,647명, 대 조선인비 1.90%)으로 증가한 사실은 앞에서 언급한 바와 같다.

　여기에서 주목할 점은 1917년 이후 일본국내 경제의 호황과 조선 내의 사회불안 등의 영향으로 이주민 증가율이 점차 감소하는 경향을 보이다가, 1921년 이후 일본 경제의 불황의 영향으로 점차 증가율이 높아져 1922년 말 현재는 386,493(남 204,883, 여 181,610)명을 기록하고 있다.[49] 그 후 1923년에 40만 명(403,011명, 남 212,867명, 여 190,144명, 대조선인 비 2.31%)을 돌파하고, 1930년에 50만 명(501,867명, 남 260,391명, 여 241,476명, 동 2.55%), 1936년에 60만 명(608,989명, 남 313,211명, 여 295,778명, 동 2.85%)을 초과하고 있다.[50] 그리고 해방 전의 통계로서 1942년의 일본인 수는 752,823명으로 나타나 있다.[51]

　이상과 같은 일본인의 조선 이주민 중에서 어업에 종사하는 인구수를 보면, 통감부 설치 직후인 1907(明治 40)년에 2,571명(전체 이주민의 2.62%), 1908년 2,956명(동 2.34%)이던 것이, 한일어업협약과 한국어업법 제정 후인 1909년에는 3,903명(동 2.67%), 1910년에는 5,415명(동 3.16%)으로 증가하고, 한일합병 직후인 1911년에는 11,417명으로 전체 이주민의 5.4%를 차지하고 있다. 그리고 1912년에는 7,110명(동 2.92%), 1913년 7,862명(동 2.89%), 1914년 7,446명(동 2.56%), 1915년 8,513명(동

49　「內地人の朝鮮移住に就て」(京成商業會議所(1924. 9), 『朝鮮経濟雜誌』), 27~29쪽 참조.

50　朝鮮總督府, 『朝鮮總督府總計年報』(1930, 1937년도), 22, 20쪽 참조.

51　朝鮮總督府, 『朝鮮事淸』(1944), (梶村秀樹, 『朝鮮史と日本人』同氏著作集 第1卷, 明石書店, 1992), 255쪽 참조.

2.80%), 1916년 9,075(동 2.83%), 1917년 10,177명(동 약 3.06%), 1918년 12,261명(동 3.64%), 1919년 10,028명(동 2.89%)으로 증감을 되풀이하다 가 1920년 12,251명(동 3.60%)에 달하여 인구수로는 최다를 나타내고 있다. 그러나 전체 이주민에 대한 비율은 한일합병 직후의 수준에 이 르지 못하고 있음을 알 수 있다. 이후로는 1931년까지 1만 명에서 1만 2천 명 전후를 오르내리며 증감을 계속하다가 1932년 이후로는 제염 업자를 포함하여서 1만 명 남짓하게 되며, 1936년 이후는 1만 명에 미 치지 못하게 감소되는 상황을 보이고 있다.[52] 1907년 이전의 어업 인 구는 통계에 잡혀 있지 않다.

이에 비하여 농업 인구의 경우는 1907(明治 40)년 3,548명(전체 이주 민의 3.62%), 1908년 4,889명(동 3.87%), 1909년 5,231명(동 3.58%), 1910 년 6,892명(동 4.02%), 1911년 9,409명(동 4.47%)이던 것이 1912년 14,505 명(동 5.95%), 1913년 25,634명(동 9.44%), 1915년 35,453명(동 11.68%), 1919년 40,157명(동 11.59%), 1921년 41,461명(동 11.28%)으로 급격히 증 가하고 있다. 이후 1925년까지 약간 감소하다, 1926년부터 증가(41,826 명, 동 9.46%)하기 시작하여, 1930년 45,903명(동 9.15%), 31년 46,258명 (동 8.99%)으로 인구수는 증가하나 비율은 감소현상을 나타내고 있는 것이다. 이후로는 인구수도 감소하고 있다.

수산업 관계 이주민을 포함한 일본인의 조선 이주민의 증가율이

---

52 『朝鮮總督府統計年報』(각년도판) 참조. 1934년도 이후의 통계에는 수산업 인구에 內鮮人 의 구분이 되어 있지 않아서 1931년도까지는 어업 인구수를, 32년 이후는 어업 및 제염업 인 구수를 참고로 하였다. 그리고 「內地人の朝鮮移住に就て」에서는 〈朝鮮在住內地人數職業 別累年比較表〉의 「漁業及製塩業」난에 농림목축업 인구수를 싣고 있다. 어떻게 이런 잘못 이 일어났는지 확인할 수 없었다. (경성상업회의소, 앞의 책(1924년 9월호), 28~29쪽)

낮은 사실에 대하여 『조선경제잡지』에서는 다음과 같은 점을 지적하고 있다.

즉, 일본인이 향리에 집착력이 강하여 생활의 위협이 어지간히 강하게 닥치지 않으면 좀처럼 향토 외에 이주하지 않으려 하는 점, 그리고 일본인의 조선에 대한 지식 부족과 식민 사상의 결핍으로 조선을 이역異域, 몽매蒙昧, 야만지野蠻地로 알아 이주 결심을 약하게 만들고 있는 점, 특히 수산업의 경우 어업자의 이주가 적은 이유로 이주에 필요한 설비의 불완전, 어획 방법의 상이, 어구漁區에 따른 어로 방법의 부적당한 점 등을 들고 있다.[53]

앞 절에서 고찰한 바와 같이, 일본의 이민정책이 국내외적 요인으로 인하여 지금까지 호감을 갖지 않던 만·한 지역으로 그 정책적 방향을 전환하였으며, 더구나 조선으로는 식민지정책을 추진하였음에도 불구하고, 어업이주의 경우 정책입안자의 기대만큼은 이주어업자가 증가되지 않은 것 같다. 이주어업자의 추이를 개략적으로 살펴보면 다음과 같다.

요시다吉田는 이주어촌을 크게 둘로 분류하여, 지방자치단체나 수산단체 등이 계획적으로 건설한 이주어촌을 '보조이주어촌補助移住漁村'이라 하고, 어민의 임의로 이주 입지하여 발생한 이주어촌을 '자유이주어촌自由移住漁村'이라고 칭하고 있다. 후자의 경우 이주어민의 자력으로 어촌을 성립시키고 있으므로 이 글에서는 '자조이주어촌自助移住漁村'이라고 칭하고자 한다. 보조이주어촌에 대하여 문맥상으로도 이렇

---

53 「內地人の朝鮮移住に就て」(앞의 책), 29~30쪽.

게 부르는 것이 타당하다고 판단되기 때문이다.

보조이주어촌은 서류상이나 도면상으로 끝나버리는 것도 상당히 많아 결과는 그다지 좋지 않은 것이 많았다고 한다. 어업 기지로서의 입지 조건이 좋고 자금 보조와 감독자가 좋은 곳은 성공적인 결과를 가져오기도 하였다고 한다.

모범적인 보조이주어촌으로는 경상남도 통영군 미륵도彌勒島에 건설된 오카야마현의 보조이주어촌인 오카야마촌岡山村을 들고 있다. 이 외에도 경남 통영군 이운二運면에 만들어진 후쿠오카현의 보조이주어촌인 이리사촌入佐村(1904. 12 이주), 경남 사천泗川군 삼천포면 동금東錦리 팔장포八場浦에 세워진 에히메현의 에히메촌愛媛村(1908 이주) 등이 성공한 보조이주어촌으로 지목되고 있다.

자조이주어촌의 경우 자기 자금으로 이주하여 담차게 어업에 종사하여 튼튼한 기반을 갖춘 어촌을 이루어 가고 있었다고 한다. 이들은 보조이주어촌의 어민들처럼 안이한 생각이 없이 어려움 가운데 끝까지 애써 이주어촌을 번영케 하여 갔다는 것이다.[54]

1914년 1월 현재의 〈내지인어업자이주어촌조사〉에 의하면, 9개 도에 걸쳐 59개 어촌이 형성되어 있으며, 호구수는 총 986호 3,900명에 달하고 있다. 이 가운데 단체이주로 이룩된 어촌이 10개 촌이며, 5개 촌은 단체이주와 개별이주로 이루어져 있다. 59개 어촌 중 제일 큰 어촌이 통영군 이리사촌入佐村으로 152호 641명이다. 이들 어민의 원적지

---

54 穗積眞六郎, 앞의 책, 35~44면 참조. 大橋淸三郎 外 編輯, 『朝鮮産業指針』(下) (開發社, 1915), 832쪽 이하 참조.

는 후쿠오카현, 나가사키현, 히로시마현, 오이타현, 아이치현, 시마네현, 에히메현, 와카야마현, 사가현, 오카야마현, 가고시마현, 가가와현, 미에현, 도쿠시마현 등이다.

다음으로 큰 어촌이 경남 울산군 방어진方魚津이다. 호구수는 82호 354명이다. 주로 가가와현, 후쿠오카산현, 오카야마현 지역 출신으로 구성되어 있다.

세 번째로 큰 어촌이 경기도 인천으로 호구수는 53호 208명이다. 구마모토현, 나가사키현, 오카야마현, 야마구치현, 오이타현, 히로시마현, 후쿠오카현 출신들로 구성되어 있다.

네 번째가 동래군 태변포太邊浦의 42호 168명, 통영군 오카야마촌岡山村의 42호 168명, 그리고 통영군 지세포知世浦의 41호 168명이다. 태변포는 후쿠오카현의 단체이주와 미에, 야마구치, 아이치, 오카야마, 에히메, 나가사키, 교토, 이바라기, 이시카와 출신으로 구성되어 있다. 오카야마촌은 오카야마현의 단체이주로 구성되어 있으며, 지세포는 가가와현의 단체이주와 에히메, 후쿠오카, 도토리, 나가사키, 도쿠시마현 출신으로 구성되어 있다.

고성군의 히로시마촌은 29호 137명, 히로시마현의 단체이주와 구마모토, 오카야마, 이와테, 나가사키현 출신으로 구성되어 있다. 사천군 팔장포는 24호 67명, 에히메현의 단체이주어촌이며, 동군 신수도新樹島는 21호 54명으로 오이타현의 단체이주이다. 통영군 도사촌土佐村은 15호 56명, 고치현의 단체이주어촌이며, 부산부 용당동龍塘洞은 15호 55명, 야마구치현의 단체이주어촌이다. 마산부의 지바촌은 15호 48명, 지바현의 단체이주어촌이며, 동래군 다대포는 14호 61명, 후쿠오카현의 단체이주와 야미구치, 사가, 가고시마, 나가사키, 에히메, 교토의 출신으로 구성되어 있다. 무안군 몽탄진은 9호 26명, 사가현의 단체이주이며, 고흥군 봉래면 외나로도는 7호 31명, 오카야마현의 단체이주어촌이다. 군산부 죽성리竹城里는 25호 90명, 나가사키현과 후쿠오카현의 단체이주어촌이며, 동부 경포리는 5호 19명, 사가현의 단체이주어촌이다. 통영군 동충동은 9호 37명, 나가사키현의 단체이주어촌이다.

통영군 하치야촌蜂谷村은 29호 116명, 히로시마와 에히메현의 출신으로 구성되어 있는 자조이주어촌이며, 전남 여수군 거문도의 호구수는 15호 47명이며, 야마구치, 나가사키, 가가와, 도토리, 구마모토, 에히메, 오카야마 출신으로 구성되어 있고, 이주자의 주된 어업종류는 대부망大敷網, 도미연승鯛延繩, 일본조一本釣이며, 부업은 농업과 일용잡화의 판매이다.[55]

반면에 일본 이민을 받아들이는 한국인의 입장은 당시의 신문지상의 논조를 보면, 심각하게 인식되고 있었다. 〈동아일보〉에는 동양척식주식회사의 이민東拓移民을 조선의 소작인에게는 '참혹한 치명상적인 것'

---

55 朝鮮總督府, 『朝鮮漁業曆』(1914?), 123~130쪽 참조. 山口精 編, 『朝鮮産業誌』에 의하면, 한일합병 직전까지의 이주어촌수는 12도에 걸쳐 39개 촌이며, 호구수는 1,146호 4,820명에 이르고 있다. 제일 큰 어촌은 경남 동래부 絶影島의 이주어촌이며, 1903, 4년부터 자연 발전한 것으로 호구수는 227호 862명이다. 다음이 경남 울산군 방어진(러일전 후 자연 발전, 1909년 福岡현 경영)으로 135호 550명, 경남 거제군 長承浦(1904년 조선해수산조합에서 경영)가 120호 400명, 경남 울산군 내해(러일전 후 자연 발전) 30호 268명, 충남 오천군 어청도(1897년경부터 임의이주) 48호 193명의 순으로 되어 있다. 전라남도 外羅老島, 거문도(러일전 후 임의이주)는 12호 50명으로 기록되어 있다. (같은 책(중권), 158~162쪽, 최태호, 앞의 책, 338~339쪽)

이 되며, '포악한 침입자'라고 규정하고, 다음과 같이 기술하고 있다.[56]

과거 10여 년간의 동척의 이민은 조선사람 전부라 해도 과언이 아닐
전 인구의 8할을 점거한 조선 농작인에게 대해서는 가장 포악한 침입
자이다. 따라서 동척회사는 조선 사람의 생존권을 박탈하는 폭주暴主
이다. 폭주며 폭졸暴卒인 것을 아니라고 누가 감히 이것을 보증하겠느
냐? 나는 금년 여름 경북 지방을 여행할 기회를 가졌을 때에 제1 인상
으로 나의 머릿속에 깊은 느낌을 준 것은 동척이민을 폐지하지 않고
는 도저히 조선 사람의 생활계속을 유지할 수 없으며, 조선 사람의 부
활을 단념할 수밖에 없다는 것이었다. 소위 동척이민에게 그 의식주
를 빼앗긴 비참한 조선 소작인의 방랑의 꼴을 누가 감히 상상이나마
할 수 있겠느냐? ……이것이 어찌 경북뿐이며 경남뿐이랴, 전도가 모
두 그러하며 전 조선이 다 그러한 현상으로 되어 있지 아니한가? ……
조선을 통치한다는 총독정치는 조선 사람의 생활과 산업을 보호하는
것이 아니라 조선 사람의 생활과 산업의 향상발전의 이름아래서 도리
어 동척이민의 장려에 몰두하며 조선 사람의 생활을 영영 불안정에다
가 인도나 하지 아니 하는가? 조선 사람아 궐기하여라. 우리는 결코 우
리의 생존권이 소멸에 들어가는 것을 방관할 종순한 우마는 아니다.

---

56 許永鎬, 「동척이민을 폐지하여라」(『동아일보』(1921. 11. 4, 5), 신주백 편, 『日帝下新聞社設連載
資料集 1卷』영진문화사, 1991), 247~248쪽 참조. 이와 같이 일본의 인구 문제, 이민정책과 조
선 이민에 대한 동아일보상의 위와 같은 논조의 주장은 1922년부터 1928년에 걸쳐 12회에
이르고 있다. 신주백, 앞의 책(4권), 24쪽 이하 참조. 『조선일보』에는 일본 이민에 대한 비판
의 기사가 2회 보인다. (「조선과 일본이민」(1927. 1. 10), 신주백, 앞의 책(12권), 305~306쪽, 「7만호
이민설」(1927. 10. 11), 67~68쪽)

……우리는 우리의 생활을 안정시키기 위해서 동척이민의 폐지를 절규하지 않을 수 없다. 우리의 천부의 생존권을 무시하지 아니 하기 위해서 동척이민의 폐지를 제창하지 아니 할 수가 없다.

총독정치가 조선인의 생활과 산업의 향상과 발전을 위한다고 하는 미명 아래 동척이민의 장려에 몰두하고 있으며, 자기의 관찰한 바에 의하면, 동척이민을 폐지하지 않으면 조선 소작인의 생활이 유지될 수 없다고 하여, 농민에 초점을 맞추어 일본인의 조선으로의 이민을 강하게 반대하고 있는 것이다. 이 글은 농업 이주에 대하여 쓰고 있으나, 어업 이주에 대하여서도 사정은 마찬가지였다고 할 수 있을 것이다. 〈조선일보〉에는 「7만호이민설」(1927. 10. 11)이란 제하에 동척이민의 폐해에 대하여, 다음과 같이 보도하고 있다. 보도 내용이 길지만 인용하면 아래와 같다.[57]

매년 백만씩 증가되는 일본 인구문제를 해결시키기 위하여 동경에 인구식량문제조사회가 성립되었고, 그의 연구조사에 의하여 금후 25년 내에 약 6백만 명의 이민을 조선에 시킬 수 있다는 결론을 얻었다 함은 오인의 기억에 아직 새로운 바이거니와 동경전東京電에 의하면 지난 5일 동경 다나카田中 수상저에서 개최된 동회 간사회 석상에서 와타나베渡邊 조선총독부 농무과장은 '조선에 일본 이민을 많이 보낼 필요가 있는 바, 예를 들면 조선에는 현재 약 20만 정보의 간척지가 있으므로

57 「7만호이민설」(1927. 10. 11) (신주백, 위의 책 12권), 67~68쪽.

일본 이민을 약 7만호는 넉넉히 이주시킬 수 있다'고 하였다 한다. 7만 호 이민! 물론 6백만 호에 비하여는 어림없이 적은 숫자이다. 그러나 1호의 평균을 5인이라 한다면 7만 호는 35만인이 되겠슨적 현재 조선 내지에 거주하는 일본인 40만에 대하여 8할 5부의 다수를 점할 뿐 아니라 특히 주창자가 총독부 내의 유력한 당무자로 그와 같은 주장이 결코 개인의 일시적 희망에서가 아니오 총독부 당국의 근본 방책으로 볼 수 있는 동시에 구체적 실현의 전성前聲으로 보이는 점에서 특히 오인에게 일종 형언할 수 없는 공포를 가지게 한다.

일본 이민! 그는 오인에게 무엇을 의미하는가? 총독부 당국자의 발표에 의하면, 1925년까지의 동척이민은 4천56호 1만 9천299인으로 그의 경작 토지는 전田 9백6정보, 답 8천748정보에 불과하고, 1925년 말 조선 내지의 일본 거주민은 10만 5천호로 42만 4천인에 불과하다. 매년 100만씩 증가되는 인구문제를 해결하기 위하여 인구식량문제조사회를 특설한 다나카 내각으로나 또는 총독부 당국자로 보아서는 이와 같은 완만한 증가가 혹은 구역나게 더디기도 할 것이다. 그러나 돌이켜 생각해 보자. 2만 6천인의 동척이민과 40만 일인의 이주로 인하여 얼마나 많은 백의인이 혹은 경지를 빼앗기고 혹은 일터에서 쫓겨나서 유리표박하게 되었는가? 현재의 2백만 중고中顧(中國?) 이주민, 1백만 아고俄顧(러시아?) 이주민 및 30만 도일 노동자가 그의 대부분이 언제부터 무엇으로 인하여서인가? 오인은 와타나베군에게 묻고져 한다. 군은 조선에 현재 20만 정보의 간척지가 있음만 알고 3백만 인의 백의인이 이미 쫓기어 나가 있고 현재도 매년 수만인이 경지를 얻지 못하고 일터를 얻지 못하여 쫓기어 나감은 아는가 모르는가?

그러나 일본 인구문제 해결과 일본식량문제 해결을 생각하고 계획하는 총독부 당국자는 이미 산미증식 계획을 세웠고 철도망 계획을 세웠고 기타 가지가지의 식산교통계획을 세웠고 산림대회를 열고 축산대회를 열었고 다시 곡물대회를 열었다. 대부대의 일본이민이 해마다 해마다 현해탄을 건너서 밀리어 올 것은 명약관화이다. 백의인의 금후는 과연 어떻게 될 것이며 오인의 그에 대한 태도는 과연 어떠하여야 할 것인고?

당시의 신문기사 중, 어업에 관한 기사는 「수산행정과 조선인어부」(1923. 4. 24)가 유일하다. 이 보도 내용도 상당히 길지만, 인용하면 다음과 같다.

조선인의 생활이 점차 궁핍에 함陷하여 장래에 여하한 처지에 달할는지 실로 오인은 추측키에 오히려 송구를 감하노라. 문화정치를 운운하는 총독부 당국은 조선인의 생활을 구제하기 위하여 산업 진흥에 주력을 가한다 하니 조선인을 위하여 여하한 보조와 보호가 유한가 수산업과 어업에 대하여 그 일단을 보고자 한다.

당국자는 매년 일본어업자가 조선어업의 개발과 어민의 지도상 다대한 효과가 있으리라고 인정하여 일본어업자 이주민에게 대하여 보조금과 제반의 편의를 (공)여한 결과 각도 연안에 그 이주(일본인)를 보겠고, 대정 7년 말에는 5호 이상의 이주어촌 수가 38, 이주어업자가 1만 2천 9백여 인에 달하였다고 한다.

어업조합규칙을 발포하였으니 조합시설사항에 주요한 것은 어구의 공동구입, 어획물의 공동판매, 어업자금의 대부, 어구어선의 대부 등과 기타 수종의 사항이니 대개는 관청의 지도와 감독으로 그 양호한 성적을 표시하게 되었다. "특히 어업자금의 융통은 어업진흥의 근본"이라고 하여, "그 관계가 지대함으로" "조선식산은행의 저리대부와 관청의 보조 등으로 그 원만을 꾀하는 방침을 취하였다"고 한다. 그리하여 9년도에는 조합수가 86, 조합원 총수가 2만 7천여 명에 달하였다고 한다.

총독부에서는 어업령과 동령시행규칙을 제정하여 면허어업중 특히 수면전용면허의 제도를 설하여 어촌의 유지경영을 돕고 면허어장의 인접 수면에서는 어업에 방해가 되는 행위를 제한 또는 금지하였다. 그 어업령의 근본정신이 어디에 있었던가는 지금 다시 논의할 필요가 없다. 오직 현하의 형편이 무엇보다도 명확한 실상이오 그를 표시하는 웅변이다. 당국자는 개인적 독점의 폐를 피하노라 하지만 그 어업령에 의하여 정당한 권리를 득한 자가 독점적 지위에 있는 것은 은엄隱掩(가리다)하지 못할 것이다. 그 권리의 허가를 수한 자는 일본인이 될는지 조선인이 될는지는 말하지 아니하여도 독자는 이해할 수 있는 줄 믿는다. 어획액이 매년 4천만 엔 내외요 수산제조액이 매년 2천 5백만 엔 내외 내지 3천만 엔에 달하는 조선에서 조선인의 어업자 생활이 어떠한가. 대정 9년도 조사에 의하면, 어업 및 제염업에 종사하는 조선인이 약 21만 8천인이라 한다. 그 대다수가 어업자일 것도 물론이다. 매년 7천만 엔에 달하는 수산업은 조선인에게 여하한 보익補益이 있는가. 조선의 중요 어업지로 경상남도와 전라남도를 거하나니 최근에 발표된 경상남도인 영일만 참화에서 오인은 해도 일반 조선인 어업자의 생활을 개관할 수 있는 줄 믿는다. 본사 특파원의 보도로 그 비참한 생활과 무리한 고용 관계를 추지할 수 있거니와, 일례를 재거하면 참화의 비보를 접하고 노약한 부모처자가 달려가서 시체를 발견하니 자질子姪과 남편을 실한 유족이 비운을 통곡하며 탄식한다. 고(용)주는 그 유족에게 3, 40엔의 선금이 있었으니 그 채무를 청장清帳하라는 청구가 있었다 한다. 어부의 생활이 저축이 있었을 리가 없으니 내왕의 여비도 부족하였다 하니 채무를 지불할 여력이 있을 리가 없다. 유족은 기한飢寒을 면하여 주던 자질과 남편을 해저의 원귀로 잃어버리고 그 노동으로 이익을 득하던 고주에게 채무청구를 당하였다 하니 비도의 극단이오 양심의 마비라고 아니할 수 없다. 자력이 없고 지위가 없는 조선 어부의 생활이 거개 일반이리니 정부의 지출로 보호하는 어업의 장려와 7천만 엔에 달하는 수산물이 조선 어부에게 하등의 관계가 없지 아니한가. 오히려 전남해안에서 기자가 직접으로 시찰한 바에 의하면 일본인의 어장 독점으로 인하여 조선인의 재래 어업자는 실업자가 불소하다 하니 산액은 증가하고 정부 보조는 다대하나 조선인의 생활은 위협을 수하며 실업을 당하지 아니하는가. 이것이 문화정치요 조선인을 위한다는 산업정책이다. 영일만 참화에 대하여 당국자의 구제 방책은 들리기 전에 경찰비 30만 엔 추가예산설이 선입하니 오인은 독자 제군과 같이 예민한 안광과 긴장한 정신으로 소위 문화정치의 활약을 주시코저 한다.[58]

조선어업령하에서의 일본인 어민의 조선해 어장독점과 조선인 어민

---

58 신주백, 위의 책(제4권), 428~429쪽.

에 대한 수탈 실태 등에 대하여 신랄하게 사실을 직시하고 있는 것이다.

(참고문헌은 각주로 대신함)

울산蔚山 방어진方魚津 어항魚港의 형성과정形成過程

한석근_ 동구지역사연구소 연구위원

이 글은 『동구문화 3집』(2007), 131~157쪽에 실린 것을 수정·보완하였다.

1. 머리말

조선말기朝鮮末期(1800년 후기까지)의 방어진은 방어진 목장方魚津 牧場이 있던 한적한 농어촌農漁村이었다. 그동안은 쇄국정치로 굳게 빗장을 걸고 외국外國과의 교류를 전면 거부해 왔으나 급격히 변화하는 국제 정세에 떠밀려 서서히 개방의 문을 열기 시작했다. 주변과 서구 열강들의 개방 압력은 날이 갈수록 거세어져 끝내는 무력을 앞세운 힘에 못 이겨 일본과의 강화조약을 맺게 되었다. 이로 인해 조선 각지의 어업권은 일본의 간교에 모두 내어주고 말았다.

동남해안의 어업전진기지였던 부산을 비롯해 웅포의 마산, 남해, 거제, 울산의 방어진, 장생포, 감포, 구룡포, 포항에는 어업의 요충지를 확보하기 위해 수산전문기지가 설립되었다. 이 가운데 방어진은 다른 곳과는 달리 일본과 가장 가까운 거리에 위치해 있으므로 1880년 후반부터 실질적인 어업을 방어진 연안에서 실시하고 있었다.

방어진方魚津은 원래 방어가 많이 잡히는 곳이었다. 조선 숙종 때부터 전복을 비롯한 귀한 해산물을 조정에 상납하였다. 일인들이 이곳 방어진을 찾아오기 이전에는 30여 호의 빈농빈어貧農貧魚의 조용한 어촌이었다. 이런 벽촌에 1897년부터 삼치류鰆流를 가지고 일인들이 내항하였고, 1905년에는 오카야마현의 히나세日生의 어민 아리요시 가메키치有吉龜吉가 두 사람의 이주자를 시작으로, 1909년에는 이주어촌 30호를 방어진에 건축하였다. 이때부터 시작된 방어진 이주정책은 해마다 증가하여 1912년에는 일본인회가 조직되어 활발하게 방어진 이주어촌이 팽창되고 교육기관 관공서가 세워질 만큼 번성하였다.

이처럼 하루가 다르게 활발하게 움직이던 방어진은 울산읍과 동격인 방어진읍으로까지 발전하였다. 그러나 해방이 되고 일인들이 남겨두고 간 어선과 어구를 비롯한 각종 시설물들은 기술력 빈곤으로 낡은 채로 쇠퇴하기 시작했다. 그러나 가장 이름난 황금어장의 어종들은 쉽사리 고갈되지 않고 명맥을 유지해왔으나, 1970년 이후로 어획량이 격감하고 현대중공업까지 들어서면서 수산업에 종사하던 어민들마저 점차 줄어들어 화려했던 어항과 주변에 줄지어 섰던 일본식 건물들은 자취를 감추었다. 겨우 남은 청루靑樓골목과 그 주변에 이따금 남은 1층 혹은 2~3층의 목조 건물들도 뼈대만 남았을 뿐, 외벽은 많이 변모된 상태이다. 항구가 조성될 당시 들어섰던 목욕탕과 금융조합, 영화관, 이발관, 학교, 철공소(선박건조장), 사이다 공장, 간장 공장, 사진관, 신사, 우체국, 변전소 등은 그 자리만 남아 있고, 건축물은 이미 사라졌거나 변형된 지 오래되었다. 그나마 다행스럽게도 방어진 어항과 시가지는 크게 변하지 않은 채 남아 있으며, 지나간 시대의 흔적을 되새겨볼 수 있어서 다행스러운 일이다.

항구를 중심으로 등대가 있는 대왕암 산大王岩山줄기의 동쪽 외곽 지역은 변하지 않았고, 서북쪽은 신시가지와 산업도로가 신설되어 전혀 옛 모습을 찾아볼 수가 없다. 하지만 구시가지였던 항구 주변은 좁은 길이며 골목, 방철, 고래를 해체하던 해체소(현재 INP 청구조선소)가 그대로 남아 있으므로 어린 시절에 보았던 어항의 모습과 형성과정을 추적해볼 수가 있다.

2. 어항魚港의 형성과정形成過程

방어진의 어항은 1897년(明治 30년) 이후부터 일본인들이 고등어잡이와 삼치 등 고기잡이를 하면서 오카야마현 히나세촌日生村의 유자망이 조류에 의해 표류해 옴으로 인해 본방 통어자 내항이 시작되었다. 그 후 1908년 아이다 에이기치合田榮吉가 고등어 어업을 개시한 이래로 조선 고등어 어업의 일대 근거지가 되었다.

이 이전(1890년)의 방어진은 한적한 어촌이었다. 조선 숙종 때에는 침수군沈水軍의 활치감을 두어 만내灣內에 생책生簣을 설치하여 왕실에 헌상獻上하는 전복의 보호장 해역이었다. 내방인來訪人 출어 이전은 30여 호의 빈농빈어 부락이었고, 1897년에 오카야마현岡山縣의 히비촌日比村에서 모리모토森本實외 39명의 삼치류鰆流를 가지고 내항했다.

일찍부터 이곳은 울산목장이 동면東面(방어진) 일원에 개설되어 오래도록 관리되어온 지역이다. 하지만 외세의 침입으로 조선시대가 막을 내리면서 한순간에 목장 지역은 폐쇄되고 어촌이던 방어진 포구는 어업의 전진기지로 변하기 시작했다.

『지쿠호연해지節豊沿海志』에 의하면 조선의 어업근거지 여섯 개 지역 가운데 방어진이 포함될 만큼 방어진[1]은 이리사촌入佐村 및 부산과 함

---

1 『일제의 조선어업 지배와 이주어촌 형성』, 222쪽 참고.
   본래 방어진 포구는 서남의 대풍이 불면 홍도습래(洪濤襲來)하여 안심하고 정박할 수 없고, 특히 현본이주가옥(縣本移住家屋: 현립이주가옥의 오식인 듯함 - 인용자 주)은, 풍파를 정면으로 받는 위치에 있는 관계로 피해가 가장 많다. 그처럼 풍파의 해가 많으므로 본 포민(浦民)이 일동 협력하여 1910년 공비 6천2백 엔을 투입하여 방파제를 축조하였으나, 1914년 폭풍으로 거의 파괴된 것은 참으로 애석한 일이다. 1915년도에 어사 3동이 공옥(空屋)이 된 것을 가가와현 출어단의 간청을 받아들여 매각했다. 미간지의 정리와 개간지 불하수속 등을 위하여

께 남한의 삼대 어업의 근거지로서 고등어와 삼치鰆, 방어 어업으로 유명한 곳이었다고 지쿠호수산조합筑豊沿水組合이 밝힐 만큼 천혜의 수산자원이 풍부한 곳이었다. 이곳에 1897년경부터 처음으로 히나세 출신 어민과 히비촌 출신 어민들이 출어를 시작하면서 방어진 포구는 차츰 어항으로 변모되기 시작했다.

1908년 아이다 에이기치合田榮吉가 수조어업手繰漁業이 발달하므로 그 근거지로서 자리 잡았고, 운반선의 근거지로서도 각광을 받았다. 가장 성시를 이룰 때는 수백 척²의 배들이 항구를 메웠으며, 이로 인해 어업에 종사하는 사람과 가족들이 6만 명에 이르렀다. 이 가운데 일본인의 거주 주택이 5백 호 정도였고 어부 1만 명, 방인 추업부醜業婦=천업부賤業婦가 3백여 명에 이르러서 동해안 최대의 파시적항시波市的港市가 되었다. 보조이주어촌은 후쿠오카현 지쿠호수산조합이 어사漁舍 30호

특히 감독원을 두어 이를 정리해가고 있다고 하여 후쿠오카현에서는 지쿠호어업조합에서 방어진 보조이주어촌의 경영을 추진한 경과에 대하여 기술하고 있다.

이상의 기술내용에서 알 수 있는 것은, 후쿠오카현이 1909년에 처음으로 보조이주어촌으로서 형성되기 시작하였으며, 그 이전에 자조이주자가 이주하고 있었다는 것이다. 그리고 1910년 방파제를 축조하는 등 어촌으로서의 설비를 갖추었으나, 1914년의 태풍으로 방파제가 파괴되는 등 어촌의 피폐와 더불어 이주자도 반 이하로 감소하고 있다.

2 『朝鮮流瀨網船數』, 225쪽에서 인용.

조선출어유뢰망선수(朝鮮流瀨網船數)는 연도별로 많은 차이를 보인다. 1911년 97척, 1912년 108척, 1913년 115척, 1914년 118척, 1915년 125척, 1916년 133척, 1917년 140척, 1918년 157척, 1919년 135척, 1920년 120척, 1921년 105척, 1922년 87척, 1923년 85척, 1931년 74척, 1932년 27척, 1933년 8척, 1949년 0척.

이주어업에 대해서는 명치 말기부터 통어를 그만두고 근거지에 정착하여 가족과 함께 생활하면서 어업에 종사하는 자가 점차 많아졌다. 거기에는 다음과 같은 동기가 있다고 보여진다.
① 통어에서는 왕복에 많은 일수가 걸려 중요한 어기를 놓치거나, 전 재산을 바다에 잃어버리는 위험도 적지 않았다.
② 1908년 한국어업법이 발포되어 어장은 널리 일한 양국인에게 개방되었지만 어업권의 허가는 한국 거주자에 제한하였다.

일제강점기 울산 방어진 사람들의 삶과 문화

를 세워 한순간 좋은 실적을 올렸으나 1915~1916년을 지나면서 쇠락하여 자유이주어촌으로 변모되고 말았다. 이후 항만 시설을 보완하는 사업비도 일찍이 준비하여 타의 추종을 불허할 만큼 가장 좋은 항구를 만들었으나 어획량의 변동과 괴질병이 유행하고 연이은 폭풍으로 더 번성하지 못했다. 또한 이 당시 북한지역(함경북도 청진 등지)에서 정어리 어업이 번창하면서 쇠퇴하기 시작한 어항은 어획고를 올리지 못했다.

당시 울산군에 있었던 일본인의 집단지를 들면 울산 본부·언양·장생포·신암리(서생면 소재)·세죽리(대현면 소재)·정자(강동면 소재지) 등인데, 그 중 방어진이 최대의 집단지였다.

1910년대 울산의 인구와 일본인 거주 현황은 아래의 표와 같다. 표를 보면 융희 3년(1909)을 기준할 때 동면의 인구가 불과 6년 만에 한국인은 156%, 일본인은 213%가 증가하고 있는데 이는 조선왕조가 붕괴됨에 따라 새로운 사회구조로 재편되고 있는 과정의 한 단면이라 볼 수 있을 것이다.

동면의 인구 현황 (1909년 12월말)

인구 면별	조선인			일본인			합계		
	남	여	계	남	여	계	남	여	계
동면	2,239	2,059	4,298	303	310	613	2,542	2,369	4,911
울산	5,709	5,367	11,076	135	122	257	5,844	5,489	11,333

	동면	본부	하상	농소	강동	대현	온산	서생	온양	청량
한국인	6,379	10,494	9,217	7,753	5,314	7,399	6,541	5,785	6,019	6,644
일본인	1,305	540	24	1	52	456	42	72	16	14
계	7,684	11,034	9,241	7,754	5,366	7,855	6,583	5,855	6,035	6,658
%	17	4.9	0.3	0.01	1	5.8	0.6	1.2	0.3	0.2

웅촌	범서	두동	두서	언양	하북	상남	중남	삼동	합계
6,077	7,883	5,732	6,552	8,615	3,670	3,865	3,444	4,367	121,750
5	6	-	2	46	-	-	14	-	2,593
6,082	7,899	5,732	6,554	8,661	3,670	3,865	3,458	4,367	124,343
0.08	0.08	-	0.03	0.5	-	-	0.4	-	2.1

- '%'는 일본인의 거주 비율임

한편 가가와현香川縣 오다촌小田村의 삼치류나 야마구치현山口縣의 히키나와曳繩업자 및 후쿠이현福井縣의 히시즈메橋詰三次郎 등이 내항하여 1905년 오카야마현의 히나세[3]의 어민 아리요시 가메키치有吉龜吉의 내

3 『히나세정지』에 의하면, '히나세(日生)'지구는 옛날부터 순연한 어촌으로서, 1724(亨保9)년의 호수 170호가 모두가 다함께 생계를 유지하여 왔으며, 명치기에 들어와 전촌 830호 중 745(90%)가 어업에 종사하고 있었다고 하는 자료에서 보아, 정말 어업만으로 성립된 마을(村)이라 하여도 좋을 것이다. 따라서 어업 면에 있어서도 우타세아미(打瀨網), 즈보야미(壺網) 등을 고안하여 선진적인 역할을 하여왔다. 또한 1887~1896년(명치20년대)부터는 조선해협에서 대만, 싱가폴 연안(沖)수역에 진출하는 등 어업은 히나세의 중심적 산업으로서 발전하여 왔다. 이와 관련 있는 제망공업(製網工業)도 전통적인 산업으로서 발전을 계속하여왔으며, 구번시대부터 제대명(諸大名)이 해로에 의한 삼근교대(參勤交代)에 임하여, 우시마도(牛窓) 이동(以東), 하리마(播州, 현재의 효고현)의 나니와구치(那波口)까지 가고(水夫)가 징발되어, 히나세가 가고우라(水夫浦)로 지정되어 있던 관계로, 이 구역의 해면의 어업에는 우선권을 가지고 있다. 즉, 서는 나니와촌 경계 요부코곳(灘村境呼子嗊), 오쿠군 시아키촌 누노하마(邑久君虫明村布浜)에서 나가시마 중앙(長島中央)을 멀리 내다보는 선, 동을 토리아게시마(取揚島)에서 무로즈촌 아자 시카미시마(室津村字麗見島), 이에시마촌 아자 사세야마시마(家島村字笹山島)를 멀리 내다보는 선상의 해면, 남은 오쿠군 우시마도촌 아자 마에시마 남쪽 곳(邑久郡牛窓村字前島南嗊)을 멀리 내다보고, 쇼도시마 나카카이(小豆島中海)를 경계로 한 구역이었다.…(중략)… 이처럼 유신 당시는 해면전용의 구역도 넓고, 어업도 자유로이 행하

항 시 두 사람의 방인 이주자를 보았다고 했다. 1906년 봄 가가와현 운반선이 처음으로 내항하였으며 1909년에는 후쿠오카현 지쿠호수산조합에서 이주어촌 30호를 건설한 것을 시작으로 1910년까지 오카야마현 40호, 가가와현 15호, 후쿠이현 8호의 보조이주어촌을 건설했다. 1909년 봄 일본인 호수 80호 가운데 식당(음식) 73호, 추업부醜業婦 260여 명으로 추산된다. 이때가 가가와, 오카야마, 야마구치 각 현의 삼치류망선 4백여 척이 본항을 근거로 경영하였다. 하야시가네林兼는 발동기 운반선을 가지고 있었으며, 그 외 오다조小田租, 아리우오조有魚租, 간사이조串西租 등도 제각기 기선운반선으로 선어운반鮮에魚運搬船에 종사하였다. 이 당시 일본인들은 일본인회를 결성하였으며 우체국, 경찰서(주재소), 금융조합 등을 설립하였다. 1910년 제1차 축항을 완성하였고, 소학교 창립, 1912년 이주 호수 350호에 따른 이주자가 1천 4백여 명이나 되었고 1914년 후쿠오카현 이주어촌은 호수 14호로 감소하였다. 1915년에 들어오면서 빈집으로 남은 3동을 가가와현 출어단에 양도하였다. 1915년 방인 전체 이주자 236호 중 어가가 118호(오카야마 43호, 가가와 32호, 시네마 14호, 후쿠오카 12호, 야마구치 5호, 미에 5호)였다. 이 무렵 부산, 통영 방면의 고등어 어업자가 당지에 이주하였고, 1908년 가가와현 이주자 아이다가 고등어박망을 개시하였고, 이어서 고등어 건착망이 등장하여 최대 근거지가 되었다. 수압고등어 건착망手坤鯖巾着網은 1919년에 들어오면서 2백 통을 넘을 만큼 최전성기였다.

고 있었지만, 인구의 증가와 더불어, 해마다 어업자가 불어남에 따라, 히나세의 어업자도 타현의 어업자와의 사이에 어장분쟁이 종종 일어나게 되었다.'고, 어업상황에 대하여 언급하고 있다(여박동, 앞의 글, 223쪽 참고).

이후부터 어선의 기계화와 조선인 노동자를 채용하였기 때문에 방인 이주가枋住街는 점차 쇠퇴하였다.

1914년 어시장을 창설하였고, 1917년 이래 강원도 중심의 대규모 정치어업발달과 콜레라 유행 때문에 연안어업은 쇠퇴하였고, 1920년 이후 부산 방면으로 재이주하는 자가 많았다. 후쿠이촌도 고등어잡이 어획 감소로 일부는 통어로 전역하고 일부는 감포와 청진 방면으로 이주하였다. 그러나 10년래에 삼치 고등어 어선의 입항 수는 935척과 어부 3,325명이었고, 조선인도 비슷한 수였으므로 부산, 통영에 이어 국내 3대 이주어촌이 되었다. 박망에 뒤이어 기선건착이 전성기에 들었지만, 소화시대(1926~1945)에 들어가면서 쇠락의 길을 걷게 되었고, 이후 성황을 이룰 수 없었다. 그 뒤 1933년 이주 호수 411호(어업 호수 182호, 상업호수 75호, 공업호수 57호)에 이르며 남한 굴지의 어항으로 발돋움했다. 이 가운데 가장 주류를 이룬 이주지역은 후쿠오카, 오카야마, 히로시마, 야마구치, 가가와, 나가사키, 시네마 순이었다. 이런 연유로 방어진은 급격히 인구가 증가하면서 면 단위에서 울산에 하나뿐이던 울산읍과 동등한 읍으로 승격되었다.

일본인 거주자의 본적별 분류 (70인 이상)

현별	오카야마 (岡山)	카가와 (春川)	야구마구찌 (山口)	후쿠오카 (福岡)	미에 (三重)	히로시마 (廣島)	나가사키 (長崎)	에히메 (愛媛)	시마네 (島根)	오오이타 (大分)
인구	364	349	319	207	163	143	111	98	83	77

동면에 속했던 방어리는 일본인의 집단 거주지인데다가 수산업으로 호황을 누려 인구가 급격하게 늘어나게 되면서 동면의 수도권을

장악하기에 이르자, 1927년 12월 1일에 행정 중심지인 면사무소를 남목에서 방어리로 이전하고 다시 1931년에는 면의 명칭도 동면에서 방어진면으로 고쳤다.

조선총독부는 1930년 12월 29일 총독부령 제103호로 「읍면에 관한 규정」을 발표하여 읍제를 신설하였다. 읍이란 말은 많은 사람이 모여 사는 '큰 마을'이라는 뜻인데, 종래에 읍은 두 가지 의미를 가지고 있었다. 넓은 의미로 쓸 때는 하나의 고을 즉 부·목·군·현의 뜻으로 쓰였는데, 『읍지』라 함은 한 고을의 연혁·지리·풍속·인물 같은 것을 기록한 책자를 말하는 것에서 그 예를 찾아볼 수 있다.

좁은 의미의 읍은 고을 치자의 소재지 즉 부사·목사·군수·현감이 있는 소재지를 나타낸다. 이 호칭은 그 후에도 그대로 계승되어 군청 소재지를 읍내라고 통칭하였다. 그러다가 일제강점기에 읍은 행정구역 등급지가 되어 도시적 형태를 갖추고 인구 2만 이상인 곳으로 새롭게 규정되었다.

신설된 읍과 면의 공통점과 다른 점은 각각 무엇인가? 읍·면의 공통점은 읍과 면이 모두 법인의 자격으로 법령의 범위 내에서 그 자체의 공공사무와 읍·면에 속하는 사무를 각각 처리하는 것이다. 다른 점은 읍에는 의결기관인 읍회를, 면에는 자문기관인 면협의회를 두었으며, 읍회 의원과 면협 의원의 정원은 각각 읍면의 인구 규모에 따라 별도로 정하였다는 것이다.

1930년대에 이르러 면에서의 인구 증가가 두드러지게 일어나 도시화가 진행되자, 1931년 11월 1일(총독부령 제131호)로 울산면이 울산읍으로 승격되고, 이어 1937년 7월 1일부로 총독부령 제80호로 방어진

면도 읍으로 승격되었다. 방어진의 역대 읍·면장과 관공서 및 주요 기업체는 다음과 같다.

일제강점기 방어진 역대 읍·면장

대수	1	2	3	4	5	6	7	8	9
성명	장규일 (場圭一)	이득우 (李得雨)	이종태 (李鍾泰)	김두헌 (金斗憲)	김원국 (金源國)	전중청신 (田中淸信)	유전청신 (有田淸信)	국수친동 (菊水親同)	정상훈 (井上薰)
비고	면장	면장	면장	면장	면장	읍장	읍장	읍장	읍장

일제강점기 방어진의 관공서와 기업체

관공서	기업체
방어진 순사주재소, 우편소, 학교조합, 공립심상소학교, 위생조합, 소방서, 울기등대, 금융조합, 재향군인회	하야시가네(林兼) 어업부, 일본수산주식회사출장소, 코오다(合田) 어업부, 방어진어업조합, 방어진철공주식회사, 무라카미(村上)조선소, 하야시가네 통조림공장 및 정어리 정유공장, 미쯔요시(三好) 매실장아찌공장, 가와구찌(川口)회조점(回遭店), 여객터미널), 사노키아(讚崎)회조점, 도끼와(常般) 영화관

- 재향군인회는 조선인 봉기 시의 진압부대임

아래 표에서 알 수 있는 바와 같이 방어진은 근해에 많은 고기가 회유하고 있어 일제강점기에 연간 887,064엔의 어획고를 올려 전국 총 생산고의 10%를 점유할 정도로 어업이 활발하였다.

방어진의 주요 어획고 (단위: 엔円)

어획물명	고등어	고래	삼치	우뭇가사리	정어리
어기	5,6,10,11월	11,12월	11~3월	4~10월	5,6,9,11월
어획고	227,732	153,656	146,295	123,120	61,900
비고		포경선 11, 포경두수 128			

미역	가자미	숭어	방어	대구	갈치
3~5월	5~10월	10~1월	8~2월	12~1월	9~11월
43,612	26,600	19,720	14,800	10,753	8,883

- 자료: 1916년 12월말의 울산군 조사

3. 방어진 어항方魚津 漁港의 축조동기築造動機

　방어진[4] 어항 이리사촌入佐村과 부산과 같이 남한의 조선 어업근거지 6개 지역 가운데 3대 어업근거지로서 고등어와 삼치 어업으로 어획이 많은 곳으로 알려져 있었다. 이런 수산자원이 풍부한 포구에 항구를 조성하려고 1910년 공사비 6천 2백 엔을 들여 방파제를 축조하였다.

　또한 이런 중요한 곳에 어업의 전진기지로서 어항을 만들기 위해서 지쿠호수산조합은 크게 기대하여 1909년부터 현비 보조를 얻어 택지, 밭, 방풍림을 조성하려고 미간지 9정 8단여의 대부를 신청하고 아울러서 4천 5백여 엔을 투입하여 이주가옥 30호, 감독사무소 1호를 신설하였다. 1910년 4월에는 미간지 대부의 허가를 득해 이주자를 독려하여 이를 개간하였으며, 같은 해 이주자가 급격히 증가하여

---

4 한국 각지에서의 모습을 들어보면, 방어진에서 1905년 아리요시(有吉龜吉)가 잡화점을 열어, 출가어민의 일용품을 조달한 것이 최초로, 1912년 98호의 일본인 마치(日本人町)가 성립되고, 삼치유뢰망(鰆流瀨網)의 근거지가 되었다. 1910, 11년경부터 1917, 18년에 걸쳐, 히나세에서의 집단 이주가 행해져, 최성기에는 100호를 넘는 히나세정이 만들어졌다. 소학교도 열려, 제2차 대전 전에는 일본인 500호, 그 중 히나세인 45호로, 한국 굴지의 삼치·고등어잡이 기지였다. (『東之誌』, 222쪽 참고)

가옥 모두를 입주시키고 부족한 가옥을 그해 7월 다시 860엔을 투입하여 이주어사移住漁舍 4호와 작업장 1개소를 증설하였다. 그러나 처음부터 충분한 각오와 계획이 없었던 이들 이주자는 하나 둘 어업이 실패되자 곧바로 고향으로 돌아가려는 생각을 가졌다. 또한 여러 가지 악재가 겹쳐 귀국하는 사람이 많아서 1914년 말에는 겨우 14호가 남았다.

그러나 미개간지 1만 2천여 평은 같은 해에 모두 개간하였다고 지쿠호연해지節豊沿海志는 소상하게 밝히고 있다.

『조선의 취락』에 기록된 내용에는 방어진은 1903년 오카야마현의 출어자에 의해 부근해역이 고등어鯖, 삼치鰆의 어장으로서 유망한 것이 인정되어 어업의 근거지가 되었다. 당시에는 내지의 각 부현에서는 조선 연안어업의 장려와 더불어 오카야마, 가가와, 후쿠이, 시네마 등의 각 현에서 출어단의 이주 집단을 이루었으며, 이에 통어자는 더욱 증가하여 1919년에 200여 통의 출어 선박이 모여든 적이 있었다. 어획고는 당시의 금액으로 50~60만 엔에 달하는 호황을 보였으며, 이로 인해 호구는 점차 증가하였다.

이 당시 정착하게 된 주민들의 직업은 어업 182호, 상업 75호, 공업 57호, 공무 및 자유업 35호, 농업 12호, 기타 50호 순위로 나타나며 원주지는 오카야마현 73호, 가가와현 53호, 히로시마 51호, 야마구치현 40호, 나가사키현 30호, 호쿠오카현 26호, 애히메현 23호, 효고현과 구마모토현은 각기 16호, 오아타현 15호, 시네마현과 사가현 10호, 미에현 8호, 후쿠이현과 도쿠시마현 5호, 오사카후 4호, 시주오카현과 후쿠시마현과 미야기현 3호, 교토후와 와카야마현 2호이며 홋카이도,

군마현, 도쿄후, 가나가와현, 토야마현, 고치현, 야마나시현, 아이치현, 나라현, 아키타현, 이바타기현, 도토리현 등이 1호씩 이주해 있었다.

앞서 서술한 바와 같이 방어진은 원래 30여 호 소규모의 반농반어 半農半漁의 마을로 형성되어 있었던 곳으로 1897(명치 30)년을 전후해 히나세와 히비촌에서 삼치잡이로 출어가 시작되었고, 가가와현 오다촌과 야마구치현, 후쿠이현에서도 출어를 하게 되었다. 이 출어를 기점으로 근거지를 확보하여 이주하는 어민이 생겨났고, 더불어 각 현에서도 보조이주어촌을 형성하기 시작하였다. 그러나 끝내 보조이주어촌은 쇠퇴하였고, 방어진은 일본 각 지역에서 이주하여온 자조적인 이주어민에 의해서 자조이주어촌으로 번성하게 되었다. 자조이주자는 1905년경부터 시작되었으며 오카야마현의 히나세와 가가와현의 오다小田출신들이 주류를 이루었다. 그것을 증명할 수 있는 모임이 바로 오카야마현의 히나세경日生町에 방어진에서 태어나 성장한 후손들이 출생의 옛 고향을 그리며 방어진회를 결성하여 1년에 한 차례씩 방어진을 내왕하고 있다.

1909년에 보조이주어촌은 후쿠오카현의 지쿠호수산조합에서 1909년에 어사 30호를 건설하여 후쿠오카촌을 형성하기 시작한 것을 시발로 하여 1910년경까지 오카야마촌 40호, 가가와촌 15호, 후쿠이촌 8호 등이 건축되었다. 1912년경에는 이주자가 350호에 1천 4백여 명으로 불어났고, 한일합방을 기해 이주자는 급격히 늘어나게 된다. 1920년대에는 고등어잡이의 최대 근거지로 각광받았으며 부산, 이리사촌과 더불어 3대 이주어촌으로 성장하고 있으나 소화 시대에 들어서면서 사양의 길로 접어들었다. 또한 일본 각지(1도 3부 30현)에서 방어진에 이주자를 보내고 있어서 방어진은 동해안 최대의 어업 전진기지로 부동의 위치를 인정받고 있었다. 이뿐만이 아니라 방어진은 장생포, 구룡포와 더불어 한반도에서 가장 고래잡이로 유명한 곳으로 일찍부터 주목을 받았다.

원래 방어진 포구浦口는 동남쪽 바다에 태풍과 파도가 일면 안전하게 배를 접안할 수가 없고 더욱이 현본이주가옥縣本移住家屋은 풍광을 피할 도리가 없는 처지였으므로 가장 피해가 많았다. 이로 인해 이주한 어민들은 여러 번 협의 끝에 1910년 공사비 6천2백 엔을 투입하여 방파제를 축조하였다. 그러나 1914년 큰 태풍으로 완파되어서 큰 상심을 안겨주었다. 1915년에 어사 3동이 공옥空屋이 된 것을 가가와현 출어단의 간청을 받아들여 매각하였다. 미개간지의 정리와 개간지 불하정리 등을 위하여 특히 감독원을 두어 이를 정리해나갔다.

후쿠이촌은 1909년에 처음으로 보조이주어촌으로서 형성되기 시작하였으며, 그 이전에 자조이주자는 임의로 이주하고 있었다고 지쿠호어업조합의 <방어진 보조이주어촌의 경영을 추진한 경과>에서 엿볼 수 있다.

『조선의 지리풍속』 하권에는 동남부 해안의 유일한 피난항이며, 부근 어업의 근거지로서 중요한 항구라는 점과 인구 3천6백 명이며, 내지인은 1천5백 명이고, 어업의 번한繁閑의 시기에 거주자의 증감이 심하며, 최전성기에는 항내 선박 거주자를 합쳐서 3만 명을 넘는 일이 있다고 기술하고 있다. 항구는 울산만 동갑東岬의 남단에 위치하고 있으며 3방이 구릉으로 둘러싸이고 남방으로 열려 항내의 수심이 깊으며, 어항 입구에는 금도琴島라는 작은 섬과 공비 70만 엔을 들여 축조한 방파제가 있어 외해파랑이 높을 때에도 항내는 지극히 평온하다고 한다. 9월부터 3~4월에 이르는 시기에 어획물의 대다수가 고등어이며, 1929년의 어획고는 고등어, 삼치, 정어리, 방어 등으로 192만 엔이다. 해상은 연안항로의 기선이 기항하며, 부산에는 매일 기선 왕복편이 있고 육상은 울산에 자동차편이 있다고 기술하고 있다.

4. 방어진 어촌方魚津 漁村의 주거지형성住居地形成

방어진 어촌의 주거지형성을 자세히 살펴보면 현재까지도 구시가지인 방어동내方魚洞內의 주택구조는 예나 지금이나 별로 달라진 것은 없다. 다만 건물의 변형과 도로의 개보수로 조금씩은 변형되었거나 새롭게 개설 보수되었다. 주택이 들어설 당시에는 방어진항의 어업조합(현재는 건물은 사라지고 어판장으로 사용함)을 중심하여 30m가량 넓은 도로가 남북으로 뚫려 있었으며, 그 도로를 중심으로 청루[5]가 골목마다 자리 잡고 있었다. 이 청루는 고등어, 삼치, 정어리가 풍어를 이룰 때면 불야성을 이루었고 방어진 어항은 호경기를 맞아 최고의 호황을 누렸다고 했다. 그 당시에는 지나가는 개犬도 만 엔짜리를 물고 갈 만큼 경기가 좋았고, 우스갯소리로 "너 울산군수 하겠느냐 아니면 방어진 항구의 대구리배(저인망어선) 선장을 하겠느냐?"고 물으면 선장 하겠다고 했다니 그만큼 호경기를 누렸다는 얘기가 전해올 만

---

5 청루(靑樓)는 기루(妓樓) 또는 창루(娼樓)라고도 하였으며 창기의 주사청루(酒肆靑樓)라 불렀다.

큰 부촌으로 각광을 받았다.

그 당시 방어진의 각처에 집중적으로 세워진 주택 지구를 찾아보면 구어업조합을 중심으로 남진南津, 서진, 중진 등이 가장 밀집 지구였고, 외곽으로 동진, 북진, 상진은 후기에 주택이 생겨난 곳이다.

조선총독부朝鮮總督府 조선어업실태조사에 나타난 『내지인어업자이주촌조사內地人漁業者移住村調査』(1914년 1월)를 살펴보면 방어진 호수 82호에 354명이며, 이주자의 원적지는 가가와, 오카야마[6]이며, 이주자가 종사하는 중요한 어업의 종류로는 고등어류망鯖流網, 정어리지예망鰮地曳網, 고등어 건착망 및 박망縛網, 이주자가 종사하는 중요 부업의 종류는 소채재배라고 간단하게 기술하고 있다.

원래 방어진은 포구가 그리 넓지 않으나 만내가 깊고 남쪽으로 출항하기가 좋은 곳이며, 내지와의 거리도 가장 가깝다. 이러한 조건 때문에 급속하게 발전을 거듭했으며 전성기 때는 이주자 총 호수는 496호에 이르렀고, 각지에서 집합하는 선박의 수는 780척이었다. 또한 운반선 330여 척을 헤아려 항구는 성황을 이루었고 조선에서의 고등어 삼치 어업의 최대 근거지라고 불려졌다.

위의 조사보고서는 방어진의 자연적 입지조건과 어업근거지로서의 상황에 대하여 기록하고 있다. 일본 각지에서 이주하여 근거지를

---

6 『오카야마현수산일반』에 따르면, 1911년 히나세정에서는, 히나세조선출어조합을 조직하여 출어자의 통제된 활동을 꾀함과 더불어 영업상 제반의 교섭에 임하는 등 이 업의 발달에 힘쓴 결과, 주로 방어진 및 목도를 근거로 하여 조선 동남서의 해면에서 활약하여, 1910, 11년경부터 1916, 17년경에 걸쳐 진정 그 황금시대를 맞이하였다. 그런데 1917, 18년 무렵부터 동해안의 어황이 부진에 빠진 결과 1920년 방어진 근거의 어선은 태반이 남하하여 부산을 근거로 삼는 자가 많아 어장의 변화와 이어서 오는 경제적 불황의 재액을 만나 삼치유망출어는 점차 쇠퇴를 맞아 1925, 26년경부터 참치유망으로 바꾸는 자가 속출하는 경향을 보였다.

만들고, 이곳을 거점으로 매우 활기찬 출어가 성행하였음을 증명하고 있다.

『이주일람표』를 살펴보면, 방어진에 1906년[7]부터 이주자호수는 어업 123호에 848명이고, 어부 132호에 630명이며 기타 241호에 1,595명인데 모두 합하면 496호에 3,073명에 이른다. 어업의 종류는 삼치, 고등어류망, 고등어건착망, 고등어박망, 정어리지예망, 호망壺網, 삼치조조鰆漕釣이며, 어선수는 221척이고 어획고는 1,870,083관에 수익금은 537,450엔에 이르렀다. 부업은 농업이었고 임의 보조이주어촌이라고 기록하고 있다.

『조선의 취락』에서 언급한 것과 같이 방어진은 일본 각지(1도 3부 30현)에서 어민들이 모여들어 형성한 이주촌으로서의 특징을 가지고 있으며, 1910년대 말에 이르면서 항구도시로서의 면모를 갖추게 된다. 이들 지역 가운데서 20호 이상의 이주를 한 현은 오카야마현이 73호, 가가와현이 53호, 히로시마현이 51호, 야마구치현이 40호, 나가사키현이 30호, 후쿠오사현이 26호, 히메이현이 23호 순으로 나타난다. 이들 각 현의 자료에서 방어진 이주에 대한 자세한 기록을 살펴보면 자

---

7 1906년 춘계, 가가와현의 선어운반업자 오타조(小田潮)가 기선 고후지호(小富土丸)로 기항하고, 그 후 하야시가네조, 아리우오조(有魚組), 간산공동조(關讚共同組) 등이 연이어 내항한 이래, 본현 통어자는 물론 타 근거지의 어업자도 위집(蝟集)하고, 또한 이주자도 증가하기에 이르렀다. 즉, 1906년 처음으로 4호의 이주자를 내어, 주로 음식점을 경영하였으며 익년에 이르러 통어자의 증가에 따라 12호의 거주자를 내고, 1910년에는 70호가 되었다. 당초의 이주자는 통어자를 상대로 하는 상점, 추업부 등이 많았지만 1909년 12월 16일 일본인회가 조직되고 동년만 주재소 설치, 1910년 2월 공립심상소학교 및 우편소 설치, 동년 6월 일본인회에 대신하여 학교조합이 설립되는 등 각종 시설이 정비됨에 따라, 어업자의 이주도 본격화하게 되어, 발전의 기초가 확립되었다. 1910년까지의 본현 이주자는 15호, 이외에 오카야마현 40호, 후쿠이현 8호, 후쿠오카현 22호 등이었다.(위의 책, 182~183쪽 참조)

세하게 알 수 있다.

『오카야마현수산일반』에 따르면 1911년 히나세정에서는 히나세조선출어조합을 조직하여 출어자의 통제된 활동을 꾀함과 더불어 영업상 제반의 교섭에 임하는 등 이 업의 발달에 힘쓴 결과 주로 방어진 및 목도를 근거로 하여 조선 동남서의 해면에서 활약하여 1910~1911년경[8]부터 1916~1917년경에 걸쳐 최대의 황금시대를 맞이하였다. 그런데 1917~1918년 무렵부터는 동해안의 어획량이 감소함에 따라 1920년 방어진 근거의 어선은 절반가량이 부산 쪽으로 이동하여 출어를 했으며, 어장의 변화와 뒤따르는 경제적 불황에서 오는 손실이 있어 삼치유자망 출어는 점차 사양길로 접어들게 된다.

이후 1925년경부터는 참치유자망으로 바뀌는 선주가 늘어나게 되었다. 그러나 오카야마현에서는 이주어업이 장래성이 있음을 인정하여 1905년 이래 임의 장려를 한 결과 목도, 나르도, 방어진 기타 조선 각지에 걸쳐 다수의 이주어업자를 보냈으며 1907년 특히 현영縣營으로 이주어촌 오카야마촌을 창설하고, 다시 1918년 기비촌吉備村을 건

---

8 1910년 이후 한 때 삼치유망이 부진하여 감포, 구룡포 방면으로 전출하는 자도 있어 정체 상태에 빠졌으나 대정 초기 고등어 박망의 발흥, 고등어류망의 발전으로 방어진은 다시 활황을 되찾아 1915년 이주자호수는 236호로 급증하여 1916년 309호, 1921년에는 496호로 늘어나 부산을 중심으로 서는 통영, 동은 방어진이라고 병칭되어 경상남도 연안의 추요(樞要)의 시구(市區)가 되었다. 본현은 명치 말기 삼치류망의 부진, 오타조(小田組)의 해산 등으로 큰 타격을 받았지만 1913년 가가와현조선해출어단이 설립되고 방어진에 지부가 설치되어 현비의 보조를 받아 만회에 힘쓴 결과 다시 발전하여 방어진의 이주자는 1915년 52(어업 32, 농업 10, 잡화점 기타10)호, 16년 63호, 1921년에는 117(어업 68, 농업 5, 기타 45)호로 증가하였다. 이주자의 출신지는 오다촌, 도요하마정, 사류도 등으로 특히 도요하마정 출신의 아이다(合田榮吉)는 1907년경에 이주하여 고등어 박망어업을 개발하고, 학교조합의 관리자로 취임하는 등 가가와현 이주자의 대표적인 인물이었다.(『일제의 조선어업지배와 이주어촌 형성』, 220~221쪽 참조)

일제강점기 울산 방어진 사람들의 삶과 문화

설하기에 이르렀다. 이에 전기 각소에 이주자와 함께 오카야마현 출어자의 어업근거지가 되었다.

이 시기에 조선해朝鮮海 출어의 대부분은 통어 시대에서 이주어업의 시대로 바뀌어 당시 현내에서 통어하는 것은 히나세日生, 히비日比, 오시마나카大島中 등을 합하여 30~40척을 헤아리기 어렵다고 했다. 이에 이주어촌 형성의 경위를 설명하고 '이주지의 주된 곳은 부산의 목도, 방어진, 나르도, 통영의 오카야마촌, 어란진의 기비촌 등으로서 기타 조선 각지에 산재하는 이주어업자를 합하면, 그 수는 230호에 달한다'고『오카야마현수산일반』은 밝히고 있다. 또한 방어진에는 히나세출신 어민이 70호에 350여 명이 정주하였으며 선수는 70척이고 어업의 종류로는 삼치, 고등어유망어업이 성행하고 있었음을 기록하고 있다.

<오카야마현 어민의 조선이주조사>(1915년)를 보면 방어진의 오카야마현 이주어민은 25호에 78명이며, 전국의 총 이주어민은 65호이고 전국 총 이주자는 187호로 나타나 있다. 또한 어선은 13척이며 어업종류는 삼치유망이다. 앞서 기술한 자료와 비교해보면 15년 사이에 이주자가 약 3배가량으로 증가되었음을 엿볼 수 있다.

5. 히나세인日生人의 방어진方魚津 이주移住

방어진 항구를 중심으로 일본인이 이주해서 살기 시작한 것은 1900년대부터 본격적으로 시작된다. 그러나 이 이전부터 일본 본토에서 조선해로 출어한 선단은 조업을 해왔고, 본격적인 정주 어업은 1911~1912년부터이며 이때에는 어획의 판매 방법과 여러 가지 사정이 크게 영향을 미쳤다고 볼 수 있다. 1892년경 이미 조선출어에 대선단을 이루어 대어장을 원산의 난바다에서 발견하여 만선을 하였으나 판매 경로가 없어 원산의 현지인들을 상대로 처분한 경험이 있어서 판매에 조직적인 계획을 세웠다.

1) 히나세인의 방어진 정착 실태

일제강점기에 실시한 일제의 식민지 경제정책은 크게 세 가지로 나누어 살펴볼 수 있다. 먼저 일제는 한국에 대한 어업 침략을 본격적으로 전개하여 주요 어장을 독점하였다. 일본 어민의 어장 침탈로 인하여 한국의 연안어업은 점차 분해되고 한국 어민은 노동자나 영세한 겸업 어민층으로 전락해버렸다.

개항 직후부터 1910년의 국권 피탈에 이르기까지의 기간은 한국에 대한 일제의 어업 침략 시기이며, 이 기간은 침략 정책의 특징에 따라 다음과 같이 3단계로 구분할 수 있다.

제1단계는 개항 직후부터 1894년 청일전쟁에 이르기까지의 기간으로 일제가 한해통어_韓海通漁_[9]의 합법화를 실현한 단계이다. 제2단계는 청일전쟁 이후부터 1904년 러일전쟁 직전까지의 기간으로 일제가 한해통어를 적극적으로 보호 장려한 단계이다. 제3단계는 러일전쟁

---

9 한해통어라 함은 일본 어민이 개항 직후부터 국권 피탈에 이르는 기간 동안 한국 연안에 집단적으로 계절에 따라 출어한 이동어업을 말한다.

이후부터 국권 피탈에 이르기까지로 일제가 한국 연안의 주요 어장을 독점한 단계이다.

우리나라가 연안 교착적 어업에서 벗어나지 못하고 있던 중에, 1876년 개항과 더불어 일본 어민의 한해통어는 본격화되었다. 그때까지 일본 어민의 한해 출어는 반해적인 밀어密漁 형태에 지나지 않다가 1883년 「한·일통상장정」[10]에 의해 한해통어가 합법화된 후 일본의 원양어선 718척이 출어, 연안어장은 황폐화되었고 한국 어민은 생업을 박탈당하였다.

일제는 청일전쟁 이후 한국에 대한 지배권이 일본에 독점되자 한국의 전 어장은 일본 어민의 독무대가 되어 통어선수가 1,500척으로 증가하였으며 당시 한국인의 어업 규모가 일본인보다 영세하였고 어로기술도 낙후되어 있었기 때문에 한국어업은 분해되어 일제에 완전히 수탈당하고 말았다.

방어진 이주어촌 건설 상황

위치	연대	유형	호수	인구
방어진	1907	자유이주 및 후쿠오카현(福岡縣) 경영	135	550
전하포	1908	시마네현(島根縣)	12	42
일산진	1909	시마네현(島根縣)	5	30
계	-	-	152	622

- 현 경영은 지방정부가 정착비용을 부담한 것임

10 「한·일 통상장정」제41관. "准日本國漁船 於朝鮮國 全羅慶尙江原咸鏡四道海濱 朝鮮國漁船 日本國肥前石見長門 出雲對馬海濱往來捕魚"

『히나세의 옛이야기』편에는 1911년부터 히나세정 전부의 한국출어가 시작되었고, 히나세조선출어단이 결성되었으며, 이때 단장은 기시모토 예스지岸本悦二였다. 1914년부터는 나스 노부토시郡須信後가 단장이 되어 마을은 조선경기로 출렁였다고 한다. 히나세조선출어단이 결성된 무렵이 히나세 어업의 한국에서의 최전성기로, 정주자도 200호를 넘었다. 하야시가네林兼 산업이 증기선을 만들어 중매仲買를 시작한 것도 이 무렵이며 그 후 히나세와 대양어업과의 관련이 깊어져 대양어업은 다른 중매를 합병하여 점차 일본을 대표하는 수산회사로 발전하게 되었다.

이보다 앞서 히나세의 한국어업에 대하여, 1892년에 모리타니 데이기치森谷貞吉, 야부우치 데이지數内貞治, 가와사키川崎 형제의 타뢰망출어 이전에 이들에게 원양어업으로서의 조선출어의 모범을 보인 당시의 호장戸長 신데 이하루眞殿伊治에 대하여 소개하고 있다. 즉 히나세의 장래발전은 해외 이외에는 없다고 하여, 스스로 단장이 되어 한국출어단을 조직하여 수조선手曹船 10척, 승조원 120명을 이끌고 한국출어에 나섰다. 1개월 걸려 원산 앞바다에서 대어장을 발견하여 어로작업을 하여 만선을 하게 되었다. 그러나 북해의 대규모 어업과는 달리 판매가 부진하여 히나세까지 대부망을 가지러 돌아오는 상황을 겪게 된다. 고생하여 가져온 대부망도 향유고래의 대군에 파손되어 심한 실패를 맞게 된다. 1년여 만에 히나세로 돌아왔지만 한 사람의 희생자도 내지 않고 전원 재출항을 준비하였다. 다음 해 고래[11]를 잡고자 하

---

11 일본인들이 일찍부터 한반도 연해의 포경업에 관심을 가지고 있었다는 것은 앞서 언급한

일제강점기 울산 방어진 사람들의 삶과 문화

여 오사카상선大阪商船으로부터 8백 톤의 야하타호八幡丸를 빌려서 포경도도 외무성을 움직여 매입하였다. 선원도 고용하여 야하타호를 히나세까지 회항하던 도중, 충돌 사고로 배가 침몰하는 대참사가 빚어졌다. 신덴호장眞殿戶長은 책임을 혼자 지고 가재 일체를 처분하고, 또한 부채를 얻어서까지 변상하였다. 히나세의 장래의 발전을 위해 신명을 바쳐 일한 그는 채무借財에 고심하나 뇌일혈로 쓰러져 34세의 젊은 나이로 1882년 8월 21일 운명했다.

이후 1892년 신덴호장의 장거를 계승하여 모리타니森谷 등이 타뢰망으로 출어하게 되었으며, 1907년경에 히나세의 출어단은 정례화하여 한국 각지에 상시 170척의 배가 어업에 종사하게 되었다고 기술하였다.

이 당시 어획고의 판매 방법은 앞서 밝혔듯이 현지 주민에게 먼저 판매하고, 다음에 소금절이를 하여 시모노세키下關에 수송하여 판매하였다. 그러나 각 선단마다 등폭이 커서 히나세상호적조합日生相互積租合을 결성하여 공동 운반을 시도했다. 그 가운데서는 아리요시有吉關松와 같이 독자적으로 운반선을 만들어 운반하여 판매한 경우도 있다. 1908년에는 미나미南達治, 기시모토岸本好太郞, 오자키大崎弥吉가 히나세출매조日生出買租를 만들어서 중매업을 시작하여 시모노세키까지 1주야로 운반하여 판매하는 중매 전문업의 출현으로 소금절이 방법에서

바와 같이 1890년에 이르러서는 신식포경선들이 래어(來漁)하였다. (한석근, 『세계포경사연구』463쪽 참고) 이후 러시아와 일본 사이에 포경으로 인한 전쟁이 동해안에서 발발(1904)하여 양국간 해군의 큰 손실을 입었다. 이 전쟁에서 패한 러시아는 일본에게 조선에 설치한 포경기지 3곳(함경도, 강원도, 경상도)을 내어주고 모두 철수하였다. (한석근, 『세계포경사연구』. 491~493쪽.)

선어 판매로 바뀌어 수익도 증대하였다.

대양어업의 통어선은 '오카미증기'라 불려 130톤 정도의 배 6~7척이 히나세의 난바다에 정박하여 여름의 풍물시가 되었다. 중매의 발전으로 히나세 어민은 출가에서 정주로 변했고, 이에 따라 가공업, 중매업, 일상의 필수판매업, 식료품의 생산 판매 혹은 전기 제품의 판매 공업생산으로 점차 산업을 확대하여 현지생활에 번영을 도모하고자 노력했다. 히나세 어업은 진정한 의미에서의 일한공존日韓公存과 발전의 길을 걸은 시작이었다.

한국 각지에서의 모습을 들어보면 방어진에서 1905년 아리요시有吉龜吉가 잡화점을 열어 출가어민들의 일용정품을 조달한 것이 최초로, 1921년 98호의 일본 마치日本人町가 성립되고, 삼치유뢰망鰆流瀨網의 근거지가 되었다. 1910~1911년경부터 1917~1918년에 걸쳐 히나세에서의 집단 이주가 행해져, 최성기에는 100호를 넘는 히나세정이 만들어졌다. 소학교도 열려 제2차대전 전에는 일본인 500호, 그 중 히나세인 45호로 한국 굴지의 삼치, 고등어잡이 기지였다.

이렇듯 히나세인들을 중심으로 방어진에는 일본 각지에서 모여든 어민들로 이주어촌이 형성되었고 이로 인해 일본인 자녀들만이 공부할 수 있는 공립심상소학교公立尋常小學校가 1910년 2월에 설립되기도 했다. 방어진에서 태어나 이 당시에 심상소학교를 다니다 2차대전의 패전으로 옛 고향 히나세로 돌아간 그들은 오히려 고향의 향수가 방어진에 있다고 한다. 그래서 오래전부터 결성된 히나세정 방어진회는 매년 1회에 걸쳐 히나세 초등학교와 방어진 초등학교 간에 교류를 시작하며 우의와 양 도시의 친목을 도모하고 있다.

2) 방어진 이주촌의 형성과정

『가가와현해외출어사』를 살펴보면 방어진으로의 통어자와 이주자는 명치 후기부터 점차 증가하여 대정 초기에 이르러 가가와현 이주어촌 중 최대의 발전을 보였다고 하여 다음과 같이 정리하고 있다.

1906년 춘계, 가가와현의 선어운반업자 오타조小田組가 기선 고후지호小富士丸로 기항하고 그 후 하야시가네조, 아리우오조有田組, 간산공동조關讚公同組 등이 연이어 내항한 이래 본현 통어자는 물론 타근거지의 어업자도 위집蝟集하고, 또한 이주자도 증가하기에 이르렀다. 즉 1906년 처음으로 4호의 이주자를 내어 주로 음식점을 경영하였으며 익년에 이르러 통어자의 증가에 따라 12호의 거주자를 내고, 1910년에는 70호가 되었다. 당초의 이주자는 통어자를 상대로 하는 상점, 취업부 등이 많았지만 1909년 2월 공립심상소학교 및 우편소 설치, 동년 6월 일본인회에 대신하여 학교조합이 설립되는 등 각종 시설이 정비됨에 따라 어업자의 이주도 본격화하게 되었으며 발전의 기초가 확립되었다. 1910년까지의 본현 이주자는 15호, 이외에 오카야마현 40호, 후쿠이현 8호, 후쿠오카현 22호 등이었다.

1910년 이후 한때 삼치유자망이 부진하여 감포, 구룡포 방면으로 전출하는 자도 있어 정체 상태에 처했으나 대정 초기 고등어 박망의 발흥과 고등어류망의 발전으로 방어진은 다시 활황을 되찾아 1915년 이주자 호수는 236호로 급증하여 1916년 309호, 1921년에는 496호로 늘어나 부산을 중심으로 서편은 통영, 동쪽은 방어진이라고 병칭되어 경상남도 연안의 추요樞要의 시구市區가 되었다. 본현은 명치 말기 삼치유자망의 부진으로 오타조小田組의 해산 등으로 큰 타격을 받았지만 1913년 52호(어업 32, 농업 10, 잡화점, 기타 10호), 16년 1963호, 1921년에는 118호(어업 68, 농업 5, 기타 45)로 증가하였다.

이주자의 출신지는 오다촌, 도요하마정, 사류도 등으로 특히 도요하마정 출신의 아이다合田榮吉는 1907년경에 이주하여 고등어박망어업을 개발하고 학교조합의 관리자로 취임하는 등 가가와현 이주자의 대표적인 인물이었다.

한편 일제는 러일전쟁을 전후하여 한해통어에 그치지 않고 식민지 어업 정책의 일환으로 한국 연안에 이주어촌 건설에 착수하였다. 그들은 1905년부터 통감정치가 실시되자 재정지원 등으로 본국 어민을 설득시켜 단체적 이주를 적극 장려, 국권 피탈 직전까지 이주어민 수는 약 5,000명에 달하고 있었다고 하며, 한국 연안에 이주시킨 일본 어민의 취락은 경상도를 중심으로 하여 남서 해안에 집중적으로 건설되어 있었다.

일제의 식민지 어업정책에 의하여 1907년 이후에 방어진에도 일본인 이주어촌이 건설되었는데 그 현황은 위의 표와 같다.

일제의 두 번째 식민지 경제정책은 어디까지나 조선의 경제를 일본 제국주의의 발전에 보조 역할을 하도록 만드는 데 있었다.

일제는 우리나라를 점령하자 1910년에서 1918년까지 식민지 경제 체제를 확립하는 수단으로 척식회사를 만들어 이른바 토지 조사 사업을 전국적으로 실시하게 되었는데, 이를 계기로 조선 농민들은 급격히 몰락하고 일본인의 토지 소유는 급격하게 증가하였다.

특히 이 사업을 통하여 일제는 막대한 총독부 소유지를 확보하고는 일인에게 이를 헐값으로 양도하여 식민지 지배의 기반을 튼튼히

하였다.

이때 조선총독부는 임야까지 포함해서 11,206,873정보(1정보는 3,000평)를 국유화했는데, 이것은 당시 조선 국토 전체의 40%에 해당하는 면적으로 놀라운 일이 아닐 수 없었다.

방어진만 하더라도 아래 표에서처럼 침략 초기인 1909년은 토지소유자 수 20명, 면적 3,080평에 불과하던 것이 토지 조사 사업 후는 전체 면적의 과반수를 일인이 차지했다 하니 일제의 약탈상을 짐작케 한다.

방어진 이주어촌 건설 상황 (1909년 12월말)

택지			논			밭			산림		
소유자 수	면적 (평)	가격	소유자 수	면적 (평)	가격	소유자 수	면적 (평)	가격	소유자 수	면적 (평)	가격
15	980	7,840円	2	800	400円	3	1,300	130円	·	·	·

울산군 공산품 생산 현황 (1916년 12월말)

구분	생산총액	제조자수	공산품명
조선인	277,144	56,852	직물, 종이, 요업, 금속 및 기계, 칠기 문방구, 신발, 포백, 장신구, 농구, 어구 양조품, 식료품, 유지, 비료
일본인	102,800	274	
합계	379,944	57,126	

3) 방어진 이주어촌의 시설물 실태

1912년 4월 방어진 학교조합 설치 인가를 받아 건평 182평 5합의 교사를 건축하여 교원 7명에 280명의 취학 아동을 교육했으며, 1921년도 학교조합 예산액은 1만 3,669엔이다. 취학 아동수는 심상과의 경우 1학년 43명(남24, 여19), 2학년 54명(남30, 여24), 3학년 32명(남16, 여16), 4학년 48명(남24, 여24), 5학년 41명(남25, 여16), 6학년 33명(남19, 여14)이었다. 그리고 고등과는 1학년 12명(남7, 여5), 2학년 25명(남11, 여14)이었다.

위생시설로는 의원 3명, 격리병사 2동이 있으며 음료수는 질이 양호하지만 춘추의 성어기에는 양이 충분하지 못하였다. 중요시설은 신사, 정토종 포교소가 있었고 통신시설로는 우편소가 설치되어 전신, 전화 기타 일체의 우편 사무를 취급하였다. 금융기관으로 부산상업은행지점이 설치되어 있으나 대부분 내지 거래선과의 연락으로 금융을 행하고 있다.

항만은 삭망 간조시의 만내의 수심 4심(약 180cm), 조석간만의 차 1척, 만구는 남쪽에 면하고 있고, 동방에 암초가 병렬하여 파랑을 부수며 성어기인 추동 및 춘기에 많은 북서풍을 피하기에 적당하다. 방파제는 1910년 8월, 경비 6천 엔을 들여 완성하였으나 1914년의 태풍으로 대파하여 1915년 9월, 공비 1,400여 엔을 들여 복구하였다. 입정계出入碇繫 또한 감히 불편하지 않지만 만입이 얕고 만내가 협애하여 성어기에는 어선, 운반선이 충만하여 거의 해면을 덮기에 이르며, 넘쳐서 항외 및 멀리 울산만(염포)까지 이르는 일이 있어 축항이 급무해옴을 인정해오고 있다. 성어기의 집합선박은 어선 780척, 기선 5척, 발동기선 320척 및 범선 12척 합계 1,117척의 다수에 이르러 성관盛觀을 극하는 것이 예이다.

교통편은 해로는 조선우선회사 부산 포항간 기선의 기항 및 후쿠시마 회송부 부산 방어진간 발동기선의 부정기 항해가 있고, 육로로는 부산 방어진간 1일 2회 양쪽에서 매일 발착하는 자동차편이 있다.

부근 조선인 부락은 방어진에서 1리 이내에 월산리(일산리), 전하리, 화정리가 있으며, 각 부락 공히 농업 및 어업을 하거나 혹은 내지인 어업자에 어부로서 고용되는 자가 적지 않았다. 방어진 재주在住 내지인과의 사이에 연년 융화를 증진시켜가고 있다고 기술되어 있다.

히나세의 기록에 의하면 호장 신덴 이하루가 이미 1882년 8월 사망하기 1년여 전에 조선해 출어를 감행한 것으로 되어 있다. 물론 이것을 검증할 단서는 없으나, 단지 옛날이야기를 묶어 놓은 책에 기술되어 있을 따름이다. 그러나 대체적으로 조일통상장정(1883년)과 조일통어장정(1889년)이 체결된 후의 시기에 해당되는 것이다. 오카야마현 출신 어민이 최초로 방어진에 진출한 것은 틀림이 없는 것 같으며, 삼치유자망을 중심으로 한 히나세 어민이 방어진 어업의 주도적인 역할을 하였던 것 같다. 그 뒤를 이은 것이 가가와현 어민들로서 오다촌 출신이 주류를 이루었던 것 같다.

러일전쟁 후 조선총독부가 설치된 1905년을 기점으로 하여 어민의 이주가 시작되고, 초기에는 후쿠이현과 관동 출신이 이주하고 있는 점이 특이하다. 이것이 자조이주어촌으로 방어진의 시작이었다. 이 무렵에 하야시가네의 발동기 운반선이 방어진에 내항하게 되었다.

1915~1916년경부터 보조이주어촌은 쇠퇴하게 되고 자조이주어촌으로서 성장하여, 1917~1918년경에는 오카야마현의 히나세정은 집단으로 이주하여 100호가 넘는 히나세정이 형성되었다고 그들의 향토사에 기술하고 있고 여박동呂博東 교수의 글은 『히나세의 수산지』를 인용하고 있다.

6. 방어진 이주촌의 발전과정과 포경업捕鯨業의 태동態動

근래 고래잡이의 종주국이라면 아무래도 노르웨이를 첫손가락에 꼽는다. 뒤이어 선진 열강들이 앞다투어 포경에 참여하게 되지만 아무래도 동해안의 고래잡이는 미국, 프랑스, 독일 등 선진국과 선진 기술을 도입한 일본이 먼저 시작하게 된다.

『히나세의 어업사(옛이야기)』를 살펴보면 원산 앞바다에서 타뢰망으로 어업을 하던 히나세 출신인 신덴 이하루眞殿伊治부터 포경이 시작된다. 그는 히나세의 장래 발전을 위해 조선원양어업에 나섰다가 원산 앞바다의 황금어장에서 조업하던 중 향유고래의 횡포로 어망을 찢겨 못쓰게 되자 이때부터 고래잡이에 나선다. 그러나 불행하게도 그는 포경을 준비하여 출항을 위해 히나세로 돌아오던 중 충돌로 인해 모든 것이 수포로 돌아간다. 그러나 그 뒤를 이은 히나세 출신들이 적극적인 추진을 시작하게 된다. 이로부터 17년 후 1909년 5월 동양포경주식회사는 한국 연해의 포경을 독점하게 되고, 그 거점을 울산의 방어진과 장생포에 둔다. 1910년 일본은 식민지정책의 야심을 품고 조선을 강점하면서 수탈 정책의 일환으로 모든 분야에 걸쳐 제도의 개혁과 정비를 서두르게 된다. 이 가운데 수산업에서는 1911년 6월 3일 수산제도의 기본법인 어업령(제령 제6호)을 공포하였다. 동시에 어업령 시행규칙(조선총독부령 제67호)과 어업취재규칙(조선총독부령 제68호)도 공포하였다. 이들 법규는 1912년 4월 1일부터 시행되었다.

이보다 앞서 일본에서는 1909년 11월 1일부터 시행된 경어취재규칙鯨漁取締規則 제1조에 '기선 또는 범선을 사용하여 고래잡이를 하고자 하는 1쌍마다 농상무대신農商務大臣의 허가를 받아야 한다'고 규정하여 포경업을 허가어업으로 정하였다. 그리고 1901년에 제정된 일본 최고의 어업법을 대폭 개정하여 1910년 5월에 공포한 어업법明治漁業法 제53조 제1항에는 '기선 트롤어업 또는 기선경업은 주무대신主務大臣의 허가를 받지 아니하면 이를 영위할 수 없다'고 규정하여 기선포경업(노르웨이식 포경업)을 주무대신 허가어업에 편입시켰다.

포경업은 수산업 중에서 대규모의 중요한 업종이며 유리한 업종으로서 이권화되기 쉬운 것으로 그 처분에 신중을 기해야 하고, 조업 구역도 여러 도道의 연안에 걸쳐있는 것이라고 하여 조선총독이 직접 처분하도록 한 것이다. 이후 1929년 1월 26일에는 조선어업령(制令 제1호)이 공포되었다. 동년 12월 10일에는 그 부속법규로서 조선어업령 시행규칙(조선총독부령 제107호), 조선어업보호취체규칙(조선총독부령 제109호) 등이 공포되었다. 이들 법규는 1930년 5월 1일부터 시행되었으며 이로써 신수산제도가 성립되었다.

조선어업령 제10조 제1항 제1호에는 포경어업을 정의하여 '고래를 포획하는 어업'이라고 하였다. 이는 고래를 포획하는 어업을 총칭하는 것으로서 사용되는 어선의 종류 여하를 불문하고 고래를 포획하는 어업은 모두 포경업에 해당하는 것으로 해석되는 것이다. 다만 고래가 어망(정치망형태)에 들어왔을 때에는 포경업을 목적으로 한 것이 아니기 때문에 이를 포경업으로 취급하지 않는 것으로 해석해야 한다. 포경어업의 허가를 부여할 때는 어업령 시행규칙 제9조에 의거 허가장을 하부下附하고 허가장의 유효기간은 발부일로부터 5년 이내로 하여 포경어업도 마찬가지로 5년으로 한다고 명시되어 있다. 그러나 조선어업령 시행규칙 제16조에 포경어업, 트롤어업 및 공선工船어업은 허가 발부일로부터 10년 이내에 허가 시의 행정당국이 정한다고 하여 허가의 유효기간은 10년 이내로 하였다.

조선 침탈의 암울한 시대에 일제는 소위 한반도 전역의 모든 분야를 일제의 마음대로 주도하였고, 특히 어업에 있어 포경어업은 일본 스스로가 정한 어업법에 따랐던 것이다.

태평양전쟁이 막바지로 치닫던 1944년 10월 21일에 이르러서는 조선총독부 고시 제47호를 폐지하고 허가의 제한을 해제하고 말았다. 고래자원 보호 문제를 염두에 둘 겨를이 없는 절박한 상황에서 허가에 묶여 있을 여유가 없었다. 이보다 앞서 포경업자들은 1944년 3월 20일 이후 밍크고래의 포획에 대하여 정해진 포획의 수를 적용하지 않기로 했다. 전쟁 당시에는 수산물 증산에 열을 올리고 있던 일본으로서는 연안에서 밍크고래를 무한정으로 잡을 수 있게 하였다.

고려시대부터 포경은 있었지만 전근대적인 방법이었다. 고려사에 의하면 고려시대에 동해안에서 고래를 잡았던 것 같다는 기록이 있다. 원종(元宗 14년=1273년 12월)의 기록에는 달로화적達魯花赤이 중성서中省書의 편지牒=官文書를 가지고 동계東界 및 경상도에 가서 신루지蜃樓脂를 구입하였다고 전하는데, 신루지는 경어유鯨魚油로 취급되었다. 경유는 예부터 양질의 등유燈油용으로 취급되었기 때문이다.

조선시대의 태종 5년(1405년 11월)에 대어大魚가 바다로부터 조수를 따라 양천포陽川浦에 들어왔고, 인근 주민들이 이를 죽였다고 한다. 고래가 우는 소리는 마치 소가 우는 소리 같았고, 비늘은 없었고 껍질의 빛깔은 정흑색正黑色이었으며, 입은 눈가에 있었고, 코는 목덜미 위에 있었다고 한다. 또한 현령이 이에 관한 말을 듣고 고래 살을 잘라서 갑사甲土에게 나누어 주었다고 한다.

광해군光海君 초에 이수광이 쓴『지봉유설芝峯類設(1614년)』에는 한강에 고래가 나타난 것을 전하고 있다. 1564년에 한강에 돼지 같은 대어가 나타났는데 색은 희고 길이는 10자 남짓하고, 머리 뒤에는 구멍이 있었는데 백성들은 그 고기의 이름을 몰랐다. 만조 시기에는 돌고래(해돈海豚)가 한강에 나타났으므로 하돈이라고 하였다.

교남嶠南(=영남嶺南을 말함) 해안에는 거경巨鯨이 허리가 부러지고, 배가 갈려져 떠서 해변에 이르러 죽었다. 이는 한상어閑鯊魚가 부상을 입힌 것이라고 했다. 한상어는 솔피를 말하는데 솔피는 성질이 사납고 매우 공격적이다.

정약전丁若銓의『자산어보慈山魚譜』에는 고래가 표착하는 원인을 일본인들이 화살에 약을 발라 고래를 쏘아 잡는데 간혹 설맞아 도망한 고래가 죽어서 표류하면 그 화살을 몸통에 지니고 있다 했다. 또한 두 마리의 고래가 싸우다가 죽어서 표류하는 경우도 있다고 했다.

서유구徐有榘의『임원경제 16林園經濟十六誌』에는 팔역물산八域物産을 논하는 가운데 영동에서 고래가 죽어 표박하는 일이 있으며 이때 대량의 경유를 채취한다고 했다. 이 책을 쓴 연대는 1820년경으로 추정되는데 이 당시에는 아직 외국의 포경선들이 한반도 근해에 출현하지 않을 때이다. 고래가 가끔씩 표착하는 것은 솔피의 공격을 피하려고 얕은 곳으로 피해오다 그만 큰 몸을 회전시키지 못해 죽는 경우가 있었기 때문이다.

앞서 밝혔듯이 근대 포경은 러시아와 일본에 의해 최초로 한반도

(방어진, 장생포, 신포, 제주도, 흑산도, 대청도 등)에 거점을 두고 시작되었다. 이 가운데 가장 활발했던 곳이 방어진과 장생포였다. 이 당시에 울산에 모여든 포경회사는 여러 개였다. 동양포경주식회사는 장기포경합자회사, 대일본포경주식회사, 제국수산주식회사를 병합하여 동해어업주식회사 및 암곡상회岩谷商會의 포경사업 전부를 매수하여 설립한 거대 포경회사이다.

1910년에 동양포경주식회사는 한일포경합자회사와 공동 계약을 맺었다고『일본포경업수산조합기관사』(1941년 발간)는 밝히고 있다.

동양포경주식회사의 본점은 대판시 서구 인북통靭北通 2정목 18번지였으나 나중에는 천구정川口町 14번지로 이전하였다. 지점은 동경과 하관에 있었고, 1917년 9월에는 서울에 지점을 설치하였다. 이 당시 동양포경주식회사의 자본금은 700만 원, 불입자본금 210만 원이었고, 취재역取締役 사장은 일본 근대 포경의 아버지라 불리는 강십랑岡十朗이었다.

해방 후 한국인으로 처음 포경업을 시작한 김창옥金昌玉은 많은 어려움 끝에 2척의 배를 구했으나 포경의 체계가 이루어지지 않은 상태에서 6·25동란을 맞았고, 동란이 끝난 뒤 1960~1970년대까지 포경의 전성기를 맞았으나 1985년 포경업이 전면 금지되고 말았다. 포경업이 사양길에 오르자 급기야 방어진항과 장생포항의 그 많던 선원들은 모두 타지로 떠나버렸고, 황금어장을 일구던 추억만 남은 부두에는 목을 맨 배들만 쓸쓸히 남았다.

현재 방어진항에는 한 척의 포경선도 남아 있지 않고 장생포항에만 두 척의 낡은 포경선이 다시 포경업이 시작될 날을 기다리며 항구를 지키고 있다.

이번 방어진 어항 형성과정을 조사 집필하면서 가장 절실하게 느낀 점은 과거 수산업에 대한 자료가 전무하다는 것이었다. 2005년 새해 벽두에 일본까지 자료 수집차 찾아갔으나 여의치 않았고, 이번 이 글을 작성하는 데 『일제의 조선어업 지배와 이주어촌 형성』(여박동呂博東, 韓國日本學協會, 2002. 6. 30.)에서 많은 도움을 받았음을 밝혀둔다. 또한 친교를 맺고 있는 방어진 선후배들에게도 도움을 받았다.

앞으로 더 좋은 글들이 발표되기를 기대하는 바이다.

7. 맺음말

오늘날 세계 제일의 조선대국이 한국임은 자타가 공인하는 바이다. 현대중공업과 미포조선이 모두 동구에 위치해있고, 특히 미포만을 중심으로 방어진 일원은 모두 현대 가족들이 살고 있는 신흥도시라 해도 과언이 아니다. 이는 일찍부터 어업의 전진기지를 삼았던 일본인들의 풍부한 어로작업에서 얻어지는 생산적 소득을 바탕으로 방어진 항구는 경제적인 부흥으로 모든 사람들의 이목을 집중시켰던 곳이었다.

해방과 더불어 그 영광은 꺼지는 촛불과 같았고 일본인들이 운영하다 남기고 간 잔재들을 꾸려 겨우 1970년대까지는 명맥을 유지해왔으나 급격한 어획고의 저조와 포경업의 금지로 사양길로 접어들었다. 그러나 다행스럽게도 인근 미포항에 현대중공업(조선)이 들어서면서 방어진은 다시 활기를 되찾았지만 옛 도시이던 구시가지는 아직도 빈곤의 침체에서 벗어나지 못한 채 낡은 목조건물을 개조하여 기거하는 사람들이 많다.

해방된 지 60년. 세월만큼이나 사람도 변하고 집도, 공장도, 항구도 변해가지만 아직도 방어진 항구에 들어서면 어린 시절 보았던 옛 자취가 눈앞에 아른거린다. 이런 추억은 비단 우리에게만 남아 있는 것이 아니다. 일본인들이 이 땅에 이주해 와서 짧지 않은 세월을 살면서 이곳에서 태어나 유년을 보내며 성장한 사람들이 아주 많다. 그들의 조국은 일본일지라도 그들의 고향은 '조선의 방어진'이란 인식이 가슴속에 뿌리박혀 해방된 지 60년의 세월이 지났어도 늘 고향 방어진을 그리워하고 있다. 망향의 향수를 달래기 위해 방어진에서 어린 시절 자라고 태어난 사람들이 주축이 되어 방어진회를 조직하고 방어진과 자매결연을 맺고 1년에 한 차례씩 그들의 자녀인 초·중학생들이 오고 가며 문화, 학술(학예)교류를 활발히 하고 있다. 히나세인뿐만이 아닌 일본 각지에서 이주했던 그들은 그들이 살았던 한국의 각 지방을 잊지 못하고 있다. 그러나 한일관계가 얼음처럼 녹았다 얼었다 하는 양국의 정치, 외교적인 상황 때문에 자유롭게 그들이 살던 고향을 찾을 수가 없다. 그러나 방어진만은 유독 히나세인들이 많이 찾아와 가슴에 묻어 두었던 옛 고향의 향수를 달래며 망향의 새로운 인정을 되새겨 가고 있다. 회귀의 본능을 인간 역시 절실히 깨닫고 있는 셈이다.

일제강점기 울산 방어진 사람들의 삶과 문화

참고문헌

『日生漁業史』(저자, 연도 미상).

吉田敬市, 『朝鮮水産開發史』(朝水會, 1954).

仲摩照久, 『朝鮮地理風俗(下)』(新光社, 1930).

善生永助, 『朝鮮의 聚落』(1933).

朝鮮總督府 편, 『內地人漁業移住漁村調』(1966).

『日生町漁業史』(저자, 연도 미상).

中井昭, 『香川縣海外出漁史』(香川縣水産課, 1967).

여박동, 『일제의 조선어업 지배와 이주어촌 형성』(보고사, 2002).

주강현, 『관해기(觀海記) 1,2,3』(웅진씽크빅, 2006).

주강현, 『제국의 바다, 식민의 바다』(2005).

『한국수산업사(韓國水産業史)』(太和出版社, 1966).

『한국수산개발사(韓國水産開發史)』(水産業協同組合中央會, 1966).

崔泰鎬, 『일제하의 한국수산업에 관한 연구』(현음사, 1982).

『水産業史研究 제1권, 제4권』(水産業研究所, 1997).

韓石根, 『世界捕鯨史研究』(도서출판 연출, 2005).

일제시대 이주어촌 '방어진'과 지역사회의 동향

이현호_ 울산 우신고등학교 교사

이 글은 『역사와 세계』 33집(효원사학회, 2008), 47~79쪽에 실린 것을 수정·보완하였다.

1. 머리말

한국 개항기 일본의 한반도 지역에서의 어업 수탈과 어업권 장악은 1910년 한일병합 이전부터 통어 어업이라는 형태로 이뤄지고 있었다. 일제는 우리나라 근해에서 어업 활동을 하고 있던 일본인 어민들의 어업 경영을 구제한다는 명목으로 어업근거지 건설계획을 추진하였다. 이에 전국 주요 어업근거지에 일본인 집단 이주어촌이 세워지게 되었다.

특히 이주어촌은 러일전쟁과 1908년 어업법 발포를 계기로 일본의 통어 어업은 한반도 연해안 곳곳에 어업근거지인 이주어촌을 건설하는 것으로 바뀌게 되었다. 이에 일본 정부와 지방정부 및 관련 단체들은 아주 적극적으로 이주어촌을 세우기 위한 지원정책을 펼쳤다.

1910년 식민지가 된 조선은 토지와 임야뿐만 아니라 어업 분야에서도 일제의 침략과 수탈의 대상이 되었다. 특히 일본인에 의해 한반도 연안 곳곳에 건설된 이주어촌은 일본제국주의의 지배와 수탈 및 개발 과정을 보여주는 예라고 할 수 있다.[1]

이주어촌이 보조를 받았든 아니면 자유롭게 만들어졌든 간에 그당시 이주어촌 건설은 일제의 식민지 어업정책과 더불어 식민통치를 이해할 수 있는 주요한 예라고 할 수 있다. 따라서 이주어촌의 형성과

---

[1] 한우근, 「개항 후 일본어민의 침투」, 『동양학』1(1971). 최태호, 「일제하의 조선 수산업에 관한 연구」, 『일제의경제침탈사』(현음사, 1982). 高秉雲, 「日本の朝鮮漁業利權收奪と移住漁村建設について」, 『アジア研究所年報』5호(1993). 이영학, 「개항 이후 일제의 어업 침투와 조선 어민의 대응」, 『역사와 현실』 제18호(1995). 손정목, 「Ⅷ. 어항도시 형성의 과정과 그 성쇠」, 『日帝强占期 都市化過程研究』(일지사, 1996). 香野展一, 『韓末·日帝下 일본인의 朝鮮水産業 진출과 자본축적−中部幾次郎의 '林兼商店' 경영사례를 중심으로』(연세대 석사논문, 2006).

변화 양상을 연구하여 일제의 식민통치 침략과 수탈을 살펴보기 위한 연구가 그동안 진행되어 왔다.[2] 그러나 이주어촌에 대한 연구는 다른 분야와 달리 아직까지 형성 과정과 변화만이 주로 다뤄지고 있고, 특히 시기적으로 1920년대 전반까지를 다루는 것이 대부분이다. 또한 이주어촌 자체에 대한 연구만이 주로 이뤄지고 이주어촌 내부 구조 즉 일본인 사회와 조선인 사회 그리고 이를 둘러싼 지역사회와의 접촉과 변화에 대한 연구가 거의 이뤄지지 않고 있다.

따라서 이 글은 부산·통영과 더불어 일제시대 일본인의 3대 이주어촌으로 발달했던 울산의 방어진에 대해 살펴보고자 한다. 먼저 방어진이 이주어촌으로 형성되어갔던 과정과 이후 발전·쇠퇴 과정을 정리하고자 한다. 다음으로 이주어촌인 방어진의 사회구조를 분석한 뒤 식민 도시의 한 형태인 방어진이라는 이주어촌을 둘러싼 지역사회의 변동을 살펴보고자 한다. 즉 방어진에 형성됐던 일본인 사회와 주변 조선인 어촌 및 촌락과의 관계를 통해 이주어촌과 지역사회가 어떠한 관계를 형성하고 변화하였는지를 이해해 보고자 한다. 이는 울산 지역의 근대 역사뿐만 아니라, 우리나라 어업사 및 도시사에서도 매우 중요하다고 할 수 있다. 이처럼 지역사회의 변화와 동향을 살펴보는 것은 일제시대 사회상에 대한 이해를 높이는 데 일조하리라고 생각된다.

2 吉田敬市, 『朝鮮水産開發史』(朝水會, 1954). 최길성 편저, 『日帝時代 한 漁村의 文化變容』(아세아문화사, 1992). 김수희, 「일제시대 어업사 연구의 성과와 과제」, 『水産業史研究』, 제3권 (1996). 神谷丹路, 「日本漁民の朝鮮への植民過程をたどる-岡山縣和氣郡日生漁民を中心として」, 『青丘學術論集』 제13집(1998). 여박동, 『일제의 조선어업지배와 이주어촌 형성』(보고사, 2002). 김수희, 「어업근거지건설계획과 일본인 집단이민」, 『韓日關係史研究』(제22호, 2005). 김수희, 「일제시대 고등어어업과 일본인 이주어촌」, 『역사민속학』(제20호, 2005).

2. 이주어촌 방어진의 형성과 성쇠

1) 삼치 통어 어업과 이주어촌의 형성

일본인들에 의해 이주어촌으로 만들어진 방어진은 현재 울산광역시 동구 방어동에 해당한다. 방어진은 조선 후기 울산도호부 관할하의 16면 가운데 동면東面 내의 방어진리魴魚津里였다. 1895년 방어동과 화잠동으로 나뉘었고, 다시 1911년에는 방어동과 상·하 화잠동으로 분리되었다가 1914년 지방행정구역 개편 때 방어리로 합쳐졌다.[3] 한편 1925년 12월에 면사무소가 일본인들의 집단 이주어촌인 방어리로 이전하였으며, 1937년 7월 1일자로 동면 지역이 읍으로 승격되면서 명칭도 방어진읍으로 바뀌었다.[4] 조선시대 동면 지역은 조선 초기에 폐지됐던 방어진 목장이 임진왜란 이후 다시 설치되면서 종6품의 감목관이 관할권을 행사하는 곳이었다.

방어진은 원래 방어진魴魚津이라 칭하여 방어의 산지였다.[5] 또한 조선 숙종 시대 이후 만내灣內에 삿자리를 둘러 왕에게 진상하는 전복의 보호장이었다. 일본인 출어 이전은 30 호수의 반농반어 마을이었다. 대한제국 말기 방어진의 조선인 호수는 35호에 불과하였고 대부분이 농사를 짓고 살았다.[6] 즉 방어진 지역의 조선인은 주로 농사를

---

3 越智唯七,『新舊對照朝鮮全道府郡面里洞名稱一覽』(1917), 591~592쪽.

4 朝鮮總督府令 제80호(朝鮮總督府,『官報』3134호, 1937. 6. 28). 朝鮮總督官房地方課編,『朝鮮行政區劃便覽』(1944), 110쪽.

5 『蔚山府邑誌』,「土産」條, 純祖 31年本, 朝鮮總督府,『朝鮮漁業曆』(1913), 70~71쪽. 朝鮮總督府,『漁業曆』(1916), 73~74쪽. 방어진의 동쪽 끝 울기등대 앞 바다에 방어잡이용의 거대한 대부망이 설치되어 있었다.

6 吉田敬市,『朝鮮水産開發史』(朝水會, 1954), 468쪽.

지었으며 오히려 어업은 부업에 가까운 것이었다. 방어진은 울산만의 동쪽인 울산반도의 동남쪽 끝에 위치해 있는 작은 만이다. 만 입구 왼쪽으로 슬도라는 작은 섬이 놓여 있고 육지와의 사이에 암초가 이어져 있어 천연의 방파제를 형성하고 있었다. 그리고 동·서·북쪽으로는 구릉으로 둘러싸여 있고 남쪽으로는 동해 바다로 열려 있다. 또 만내의 수심이 깊고 넓어 선박의 출입에 편한 지형적 특징을 갖고 있었다[7] (〈지도 1〉 참조).[8]

〈지도 1〉 일제시대 울산 방어진 중심의 지도 (1929)

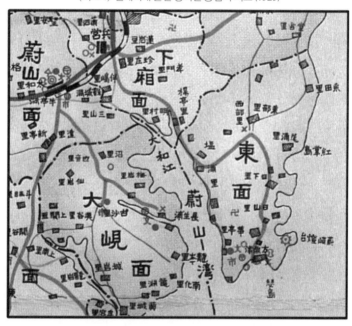

7 農商工部水産局,『韓國水産誌』제2집(1910), 500쪽.

8 蔚山郡,『蔚山郡郡勢一斑』(1929).

일본인 어업자들이 방어진을 어업근거지로 삼게 된 것은 위와 같은 지형적 특징뿐만 아니라 방어진 앞바다가 삼치·방어·고등어와 같은 어종이 풍부한 어장이라는 것이 알려졌기 때문이었다. 1897년 강산현岡山縣 화기군和氣郡 일생촌日生村의 어민들 40여 명이 방어진 근해에 삼치 어업을 목적으로 출어를 했다가 삼치유망이 조류에 의해 떠내려가, 난을 피한 것이 일본인 통어자의 방어진 내항의 시작이었다. 이때 방어진 앞바다가 삼치 어업으로 유망하다는 것을 알고 이곳을 근거지로 정하게 되었다.[9]

방어진 앞바다 일대의 어장 가치와 어업근거지로서 방어진의 이름은 급격하게 일본 각 부현府縣에 널리 선전되었고 통어자의 수가 해마다 급증하게 되었다. 방어진에 통어 어업을 위해 온 어업자는 주로 강산현岡山縣 일생정日生町과 향천현香川縣 소전촌小田村의 삼치유망, 산구현山口縣의 예승曳繩업자 및 복정현福井縣의 어민들이었다. 특히 1908년 방어진을 근거지로 한 삼치유망선이 강산현에서 41척, 향천현에서 40척이 있었는데, 1909년에는 강산현과 향천현을 합쳐서 약 4백 수십 척(그 중 강산현이 약 100척)에 1,800여 명이 출어하였다.[10]

당시는 무동력의 돛배를 사용하던 시대이어서 출어에 편도 1개월이나 걸렸고 조난도 많았다. 그런데도 '하룻밤에 1천 마리의 삼치를 잡아, 그물을 거두면 배가 가라앉을 지경이라, 배를 침몰시키지 않으려면 망을 버려야 하는 큰 곤란에 빠졌다'라는 일화가 남겨질 정도로

9 朝鮮水産會,「組合行脚(十一)」,『朝鮮之水産』 제131호(1936), 81쪽.

10 김수희,「일제시대 고등어어업과 일본인 이주어촌」,『역사민속학』 제20호(2005), 183쪽.

삼치가 무진장으로 있었기 때문에 일확천금을 노리고 어민이 다수 출어하였다.[11] 이렇듯 삼치 통어선이 방어진에 집중되면서 '방어진의 삼치 시대'가 출현하였다. 즉 1910년 이전에 동해안을 근거지로 하는 어업 중에서 방어진은 삼치 어업으로 급격한 성장을 이루었고, 일약 그 일대 중심지로 번영을 이루었다.[12]

통어자가 증가하기 시작하자 이들을 상대로 통어 어업에 필요한 각종 생활필수품과 같은 물자를 제공하기 위한 일본인 이주가 1905년부터 본격적으로 시작되었다. 이때 이주해 온 이는 일생정의 어민 유길구길有吉龜吉이었다. 그는 어부로 건너왔지만 방어진에 도착하자마자 곧 작은 잡화점을 열었다.[13]

이주자의 수는 해를 거듭할수록 증가하여 1909년에 98호로 급증하였다. 이 가운데 어민은 14호에 불과하였고 나머지는 잡화상, 주조업, 이발업, 음식점, 여관 등을 경영하였다. 그리고 계절에 따라 이동해서 방어진에 거주하는 호수까지 합하면 약 160호(남자 약 260명, 여자 약 340명)나 되었는데 대체로 어업 활동과는 직접 관계없는 일에 종사하는 사람들이었다. 즉 이들은 해안에 가소사假小舍를 세워서 음식점 및 극장 등을 열고 어민을 고객으로 상대하였다. 특히 여자 약 340명

---

11 吉形士郎 編, 『日生町誌』(1972), 142쪽(여박동, 『일제의 조선어업지배와 이주어촌 형성』(보고사, 2002), 224쪽에서 재인용).

12 神谷丹路, 「日本漁民の朝鮮への植民過程をたどる-岡山縣和氣郡日生漁民を中心として」, 『靑丘學術論集』제13집(1998), 104~105쪽.

13 吉形士郎 編, 앞의 책(1972), 157~159쪽. 한편 有吉龜吉이 처음 방어진에 왔을 때 이미 일본인 2명(中島某 〈山口縣〉, 沖山某 〈東京〉)이 있었다고 한다. 이후 有吉龜吉은 有吉商店이라는 잡화상점과 回漕業을 경영하였다(長野淸, 『朝鮮商工人名錄』(第1輯慶尙南道, 朝鮮商工社, 1923), 228쪽).

가운데 260여 명은 매춘과 관련된 직업醜業婦을 가진 사람들이었다.[14] 1910년 120호로 늘어난 이주자의 직업을 살펴보면, 어업은 27호에 불과하고 나머지 78%의 이주자는 상업과 술집에 종사하고 있었다. 통어 어민들이 늘어남에 따라 상인과 상업시설이 먼저 형성되는 식민지 이주어촌의 특징을 보여주고 있다.

위에서 볼 수 있듯이 방어진에 처음 이주해 온 이주자들은 자기 자신의 자유의사에 따른 것이었다. 그러나 러일전쟁 이후 특히 1908년 11월 조선에서의 어업법 발포를 계기로 조선 연안에서의 어업 작업이 면허어업으로 바뀌게 되면서 본격적인 이주어촌 건설이 이뤄지기 시작하였다. 면허어업권을 받기 위해서는 한국에 거주해야만 하였다. 따라서 일본 정부와 각 지방정부 및 단체는 적극적으로 자국 어민들에게 보조금을 지급하면서 이주어촌 건설과 어업근거지 확보에 열을 올리게 되었다. 이에 방어진에서도 초기의 자유로운 이주어촌에 더불어 보조이주어촌이 건설되기에 이르렀다.

방어진 최초의 보조이주어촌은 복강현 축풍수산조합筑豊水産組合이 1909년에 건설한 복강촌福岡村이었다. 8동의 이주가옥을 건설해서 1호당 150엔을 보조해 한번에 22호의 어민을 단체이주시켰다. 그리고 감독자山本耕作 아래에 멸치 지예망地曳網 어업에 종사시켰다. 뒤를 이어 복정현福井縣도 이주가옥 8호를 건설해서 어민을 이주시켰는데 1호당 100엔의 보조금을 주어 삼치유망(3척) 및 잠수기(1척) 어업을 경영하

14 農商工部水産局, 앞의 책(1910), 500~501쪽.

였다. 계속해서 강산현 40호, 향천현 15호도 이주하였다.[15]

그러나 방어진의 보조이주어촌은 이후 대부분 성공하지 못하였다. 그 실패 원인을 복정촌의 경우를 통해 살펴보면 다음과 같다. 첫해 어업에서 상당한 성적을 올렸지만 1911년에는 불어不漁를 만나고 게다가 출어 중에 폭풍 격랑으로 방어진항 밖에서 어구 2통을 유실하는 등 재액을 입게 되었다. 이후 재흥하기 위한 재력이 전혀 없게 되자 이주민은 각지로 흩어지고 말았다. 결국 1918년 남아 있던 이주가옥조차 경매 처분함으로써 복정촌은 완전히 폐멸廢滅되기에 이르렀다.[16]

방어진을 비롯한 많은 지역의 보조이주어촌이 실패하게 된 원인으로 다음을 들 수 있다.[17] 첫째, 이주어민의 선택에 잘못이 있었다. 둘째, 어업자금의 부족. 셋째, 이주근거지 선정의 잘못과 시설면의 불비. 넷째, 관청 및 이주어촌 경영자의 시책 불충분. 다섯째, 지도자(관리자)에 인물이 없었다. 여섯째, 어획물 처리시설의 결함. 일곱째, 한인어업자의 발전에 의한 영향 등등. 결국 방어진은 자유이주어촌에서 출발하여 보조이주어촌을 겸했지만 다시 자유이주어촌으로 되돌아간 것이었다.

2) 고등어어업과 이주어촌의 성쇠

1910년대 전반 삼치유망 어업의 쇠퇴를 대신해서 방어진으로의 통어 어업과 이주어촌의 융성을 이어받은 것은 고등어 어업이었다. 방

15 慶尙南道, 『慶尙南道に於ける移住漁村』(1921), 132~133쪽.
16 慶尙南道, 위의 책, 부록, 5쪽.
17 吉田敬市, 앞의 책(1954), 276~281쪽.

어진 앞바다에서 1912년 처음으로 고등어박망繰網 어업[18]을 시험한 것은 향천현 출신의 이주민이었던 합전영길合田榮吉이었다.[19] 예상 이상의 호성적을 내자, 방어진 앞바다가 고등어 어업에 적합한 것을 알게 된 일본인 어업자들이 몰려들었다. 1914년 가을에 장기長崎, 웅본熊本, 산구山口, 애원愛媛, 향천香川, 광도廣島의 각 현에서 70통의 고등어망(15통은 건착망, 55통은 고등어박망) 어업자가 출어해서 1통 평균 5천 엔의 어획고를 올렸다. 1915년경부터 상업 목적으로 방어진에 오는 자가 일시 증가하고, 이해에만 72호가 이주하였으며 출어 인원은 6천여 명에 이르렀다. 이에 1915~1916년 사이에 삼치 어업자들은 고등어 어업에 밀려 근거지를 부산 영도로 이전하였다. 특히 1918년에는 가을에만 이뤄지던 고등어 어업이 봄·가을 양 시기로 연장되면서 일거에 고등어 어업 망 1통 평균 1만엔 이상, 이전보다 2배의 어획고를 올리게 되었다. 1919년에는 2백여 통이 출어를 하면서 미증유의 성황을 이루게 되었다.[20] 방어진은 고등어 어업의 최대 근거지가 되면서 '방어진의 고등어 시대'를 열게 되었다. 이를 〈표 1〉을 통해 살펴보자.

---

18 고등어박망 어업은 선망어업의 한 종류이고 현재는 실시되지 않는 어법이다. 표층이나 중층에 있는 어군을 확인하여 그물로 둘러싸서 우리에 가둔 후, 그물의 아래쪽 변에 있는 조임줄을 죄어서 어획한다(香野展一, 『韓末·日帝下 일본인의 朝鮮水産業 진출과 자본축적-中部幾次郎의 '林兼商店' 경영사례를 중심으로』(연세대 석사논문, 2006), 18쪽).

19 合田榮吉은 향천현 통어조합의 방어진 지부장을 맡은 인물이었기 때문에 그의 독자적 어법은 바로 향천현 통어민에게 전해졌다. 또한 향천현 수산시험장은 그의 박망어업을 경영적으로 분석하여 향천현의 어민들에게 조선 동해에 진출할 것을 적극적으로 권유했다(香野展一, 위의 글, 18쪽).

20 慶尙南道, 앞의 책(1921), 134쪽.

어업종류	업주(인)	어구(통)	어선(척)	어부(인)			어획고(엔)
				일본인	조선인	계	
삼치유망	39	42	42	126	45	171	126,000
고등어박망	3	15	75	600	225	825	105,000
고등어건착망	5	14	70	546	154	700	140,000
고등어기선건착망	2	5	5	115	20	135	125,000
고등어유망	15	15	15	60	15	75	36,500
멸치지예망	2	2	4	8	22	30	3,000
호망	5	6	4	4	3	7	800
삼치조망	6	6	6	6	6	12	1,150
합계	77	105	221	1,465	490	1,955	537,450

- 慶尙南道, 『慶尙南道に於ける移住漁村』(1921), 137쪽.

〈표 1〉을 보면 방어진 이주민 어업의 대세가 고등어 어업임을 확인할 수 있다. 전체 어획고 가운데 고등어가 75% 정도로 다른 어업을 압도하고 있다. 특히 업주 2인이 5척의 고등어기선건착망을 가지고 매우 높은 어획고를 올리고 있는 것이 주목된다. 즉 고등어박망/건착망/기선건착망의 어획고를 망 1통당 비교하면 7,000/10,000/25,000엔으로 기선건착망의 높은 생산성이 눈에 띤다. 고등어 박망·건착망·기선건착망을 제외한 나머지 어업은 사실상 업주 1명이 배 1척으로 어업을 유지하는 중소 어민층임을 알 수 있다. 이를 통해 1910년대 중반부터 본격적으로 시작된 고등어 어업이 방어진 어업의 중심이 되어 '방어진의 고등어 시대'를 일으켜 세웠음을 확인하게 된다. 한편 삼치 유망을 하고 있는 사람들은 대체로 강산현 일생정 출신의 일생日生 (히나세) 어민이 다수 포함되어 있었다고 한다.

고등어 어업은 어망 1통당 모선 2척, 종선 2~4척, 어부 30~40명이 필요한 대형 어업으로 어업 준비를 할 수 있는 장소와 어획된 고등어를 제조할 수 있는 어업근거지가 먼저 선점되어야만 했기 때문에 고등어 어업은 이주어촌과 밀접한 관계를 맺고 있었다.[21] 이를 좀 더 자세히 살펴보면 다음과 같다. 박망 1통당 모선 2척, 종선 5척, 어부 60명(일본인 30명, 조선인 30명), 건착망 1통당 모선 2척, 종선 4척, 어부 50명(일본인 24명, 조선인 26명), 기선건착망 1통당 모선 1척, 어부 27명이었다.[22] 따라서 1910년대 후반 방어진은 고등어 어업에 종사하는 어부들로 호경기를 맞이하였고 육상에는 잡화점, 음식점이 줄을 지었으며 추업부도 번창하였다.

그럼 방어진 중심의 통어 어업에 의한 고등어 어업의 발전을 〈표 2〉를 통해 살펴보자.

<표 2> 방어진의 통어 어업 상태 (기준연도: 1921)

어업종류	어선(척)	어구(통)	어부(인)			어획고(엔)	
			일본인	조선인	계	삼치	고등어
삼치유망	75	75	155	160	315	225,000	
고등어건착망	305	61	1,660	1,085	2,745	156,000	407,500
고등어박망	555	81	2,510	2,072	4,582	186,100	555,100
합계	935	217	4,325	3,317	7,642	567,100	962,600

- 慶尙南道, 『慶尙南道に於ける移住漁村』(1921), 142~143쪽.

---

21 김수희, 앞의 글(2005), 186쪽.

22 朝鮮總督府殖産局, 『朝鮮の十大漁業』(朝鮮總督府殖産局, 1921), 6~7쪽. 朝鮮總督府殖産局, 『朝鮮の重要漁業』(朝鮮總督府殖産局, 1923), 6~8쪽.

〈표 2〉에 나타난 방어진의 통어 어업에 의한 총어획고는 1,529,700
엔에 달했다. 통어 어업으로 어획한 삼치나 고등어는 모두 선어鮮魚 운
반업자에게 해상에서 매각되었다. 이것은 방어진의 이주민 어업도
동일하였다.[23] 운반업자는 대부분을 냉장 상태로 하관下關으로 수송
하였고, 하관에서는 냉장화차冷藏貨車에 실어 신호神戶, 대판大阪, 경도京
都, 명고옥名古屋, 동경東京까지 철도연선의 주요 도시에 공급하였다. 운
반업자는 단순히 선어만 운반하는 것이 아니라 자본력이 빈약한 어
민에게 어기漁期 전에 현금, 어구 및 일용품(식량, 술, 담배)의 형태로 어
업자금을 선대先貸해 주고 대신에 어민은 모든 어획물을 운반업자에
게 독점적으로 판매하였다.[24] 사실상 어민들은 운반업자에게 선대계
약에 의해 지배를 당하고 있었다. 방어진 고등어 어업의 최전성기인
1919년 방어진 입항 운반선 수를 살펴보면 다음의 〈표 3〉과 같다.

〈표 3〉 1919년 운반선 입항 수 (고등어 어업근거지로부터)

	발동기선	기선	합계
감포	554	15	569
구룡포	281	14	295
방어진	1094	50	1144
장승포	765	25	790
미조	121	26	147
여수	127	34	161
거문도	123	61	174
계	3065	225	3280

- 吉田敬市, 『朝鮮水産開發史』(1954), 416쪽.

23 조선 근해에서 어획물을 직접 일본으로 운반하는 경우는 면세 대상이었다. 따라서 이러한
　　면세화는 운반업자에게 유리한 조건이었다.
24 香野展一, 앞의 글(2006), 20쪽.

〈표 3〉에서 볼 수 있듯이 방어진의 고등어 어업과 관련된 운반선의 입항 수는 다른 지역과 비교해서 압도적이라고 하겠다. 이러한 방어진 지역의 운반선은 1915년 당시 동력운반선 102척이었는데 이 가운데 1/3인 27척을 중부기차랑中部幾次朗의 임겸조林兼組가 차지하고 있었다.[25] 이때부터 방어진의 고등어 어업은 중부기차랑과 아주 밀접한 관계를 맺게 되었는데 이를 살펴보면 다음과 같다.

일본인 생선 중매 운반업자로 최초의 발동기운반선을 제작 사용한 중부기차랑이 전남 나로도에서 방어진으로 근거지를 옮긴 것은 1915년이었다. 운반선상이었던 그가 1910년대 후반 고등어 운반으로 축적된 자본을 가지고 고등어 어업에서 또 한 번의 커다란 변화를 일으켰다. 1920년 기선건착망으로 고등어 어업을 직접 경영하기 시작한 것이었다.[26] 중부기차랑이 방어진에서 가장 힘을 기울인 고등어 기선건착망 어업은, 망 한 통에 어선 4~5척, 어부 100명 정도가 필요한 대규모 식민지형 방식으로, 어부로 많은 한국인을 고용했다. 중부기차랑은 '한손으로 돌리는 테이블식'[27]이라는 독특한 저인망 어업을 고안했다. 어망선을 동력화하여 어망의 투입 속도를 높이는 장치로 회

---

25 中井昭, 『香川縣海外出漁史』(香川縣水産科, 1967), 274~275쪽.

26 김수희, 앞의 글(2005), 174~176쪽.

27 中部幾次郎이 고안한 기선건착망 어업은 외두리와 쌍두리의 2종류 가운데 외두리였다. 이는 망을 올려준 선반이 회전 테이블식으로 되어 있어 투망 속도를 올리는 것이었다. 즉 배가 진행하면서 망이 순조롭게 투입되는 방식으로, 조작이 간편하고 일손도 절약되었다. 또 網船은 한 척으로 족하므로 자본투하는 그만큼 소액이다(김수희, 앞의 글(2005), 174~175쪽, 김동철, 「1923년 부산에서 열린 朝鮮水産共進會와 수산업계의 동향」, 『지역과 역사』 제21호(2007), 288~289쪽).

전 테이블을 고안한 것이다.[28]

중부기차랑은 고등어 박망의 동력화, 즉 고등어 기선건착망 어업을 고안해 내 망 1통당 평균 3만 원에서 5만 원의 어획고를 올리게 되었다. 그러나 동력건착망 어업의 발달은 어장의 황폐화를 가져왔고 경상남도 어장은 1924~1925년 이후에 붕괴되고 말았다. 따라서 방어진의 고등어 어업도 1925년 이후 점차 쇠락의 길로 들어서고, 1930년대 이후 왕년의 성황을 회복하지 못하게 되었다.[29] 결국 고등어 남획에 따른 어황의 변동, 콜레라와 같은 악질의 유행, 폭풍의 내습 등 재액이 계속 이어져 일어나고, 다시 동해안 북부를 중심으로 하는 정어리 어업의 대비약 등에 의해 방어진은 쇠퇴의 경향에 빠지게 되었다.[30] 이후 과거 방어진의 성황은 복귀하기 어렵게 되었다.[31]

방어진 지역 어업의 고등어 불어로 인한 쇠퇴 경향은 〈표 4〉 일제시대 방어진항 무역 현황에서도 살펴볼 수가 있다.

---

28 館野晳 편저, 「한국의 생선 중매상에서 거대 수산회사로-中部幾次郎」, 『그때 그 일본인들』 (한길사, 2006), 124~125쪽.

29 朝鮮水産會, 앞의 책(1936), 82~83쪽.

30 吉田敬市, 앞의 책(1954), 268~269쪽.

31 財團法人 九州經濟調査協會, 『日本漁業の資本蓄積』(東京大學出版會, 1964), 108~110쪽. 임겸(林兼)을 비롯한 대자본의 어업직영 즉 어선의 동력화는 일본 어민의 통어 어업을 쇠퇴·전멸시키기에 이르렀다. 따라서 방어진에는 이전과 같은 통어 어민들의 입항이 거의 없게 됨으로써 1920년대 전반까지의 성황을 잃어버리게 되었다.

연도	대일수출	대일수입	연도	대일수출	대일수입
1923	1,435,984	223,585	1932	289,060	58,397
1924	1,508,673	294,310	1933	238,937	35,941
1925	674,157	226,322	1934	237,806	34,699
1926	653,499	209,245	1935	194,549	39,641
1927	514,878	209,620	1936	195,000	103,767
1928	397,659	173,386	1937	120,599	67,444
1929	470,509	219,147	1938	401,344	106,476
1930	354,702	113,232	1939	279,554	140,789
1931	424,124	57,127			

- 조선무역연표 및 기타 통계자료(姜龍洙, 『경남무역사』(경제문화연구소, 2000), 73쪽).

　　1924년 150만여 엔이었던 대일수출액은 1925년에 절반 정도로 급격히 감소하였고 이 경향은 1930년대까지 이어졌다. 이는 1920년대 중반 고등어 어업의 붕괴 이후 방어진의 어업 경기가 결코 이전의 호황 상태를 회복하지 못했음을 보여주는 한 예라고 하겠다. 그리고 주요 수출품을 보면 거의 전 시기에 걸쳐 선어鮮魚가 총 수출액의 90%~95%를 차지하고 있었다. 결국 1920년대 전반에 진행된 어업동력화·근대화로 상징되는 고등어 어업의 붕괴 즉 어업 생산력의 붕괴는 방어진 어업 경제의 침체와 정체 상황을 일으켰던 것이다.

　　1930년대 중반의 방어진의 어업 상황을 살펴보면 다음과 같다. 1935년을 기준으로 발동기선 10톤 이상이 53척, 10톤 미만 15척, 범선 224척이었다. 1920년대 가장 발달했던 고등어 건착망은 방어진 앞 어장에서는 거의 어획이 없고 1년 중 3개월만 울산에서 강원도 방면으로 어획을 할 뿐 나머지는 대만부터 남해안을 거쳐 일본 동해안까지 어획을 하는 형편이었다. 고등어유망도 서해부터 일본 동해안까지 간신히 어획을 하고 있을 뿐이었다. 이 당시 가장 돋보이는 어업은 기선

저예망과 칼치 연승延繩 어업으로 대다수의 어민들은 연승과 일본조一本釣로 생업을 이루고 있었다. 1934년 기준으로 어획고는 2,381,841엔이었다.[32]

한편 1920년대부터 임겸林兼과 어민과의 관계는 어선의 동력화로 인해 더 이상 선대 제도가 원만하게 유지되지 않게 되었다. 즉 통어 어업의 급속한 쇠퇴와 더불어 어업조합을 통한 위탁판매사업이 진행되면서 어민의 자립화가 진행된 것이었다. 특히 방어진에서는 1930년 위탁판매지역 지정을 계기로 연안에서 매매하는 운반선에 대해서는 판매정지의 벌칙을 가할 수 있게 되었다. 이후 어업조합을 통한 위탁판매고는 1931년 19만 엔을 시작으로 1935년에는 50만 엔에 이르고 있었다.[33]

그러나 1920년대 전반부터 진행된 어선의 동력화와 대규모의 건착망 어업은 자본력을 지닌 소수의 어업자본가 또는 선어 운반업자에게 아주 유리한 어업이었다. 결국 방어진을 근거지를 삼은 임겸상점林兼商店의 중부기차랑이 고등어 어업 발전의 가장 큰 수혜자가 되었다.[34] 따라서 방어진은 임겸 소유의 대부망(정치망) 어업, 방어진철공조선소, 게 통조림 공장 등 계속 이어진 임겸상점의 자본 투자가 이뤄져

---

32 朝鮮水産會, 앞의 책(1936), 84~86쪽. 고등어(기선건착망-1,548,942엔, 유망-176,144엔)와 삼치(기선건착망-187,775엔)는 곧바로 일본으로 운반되었기 때문에 방어진에는 전혀 도움이 되지 못했다.

33 朝鮮水産會, 앞의 책(1936), 86~87쪽. 1934년 기준으로 가장 많이 위탁판매된 어류는 대구(190,455엔)와 칼치(120,024엔)로 전체의 64%를 차지하였다.

34 1930년대에 정어리 油肥工場과 製氷·冷藏工場 등 대규모 공장을 건설하는 등 종합수산회사로 변한 임겸은 조선, 포경, 전기, 농사, 부동산회사 등을 산하에 둔 一大재벌을 형성하였다(樋口弘, 『日本財閥論』上卷(味燈書屋, 1940), 283~284쪽).

마치 임겸상점의 작은 소도시小城下町처럼 되었다.[35]

3. 이주어촌과 지역사회의 동향

1) 이주어촌과 일본인 사회

일제시대 대표적인 이주어촌으로 불린 방어진 사회의 동향을 먼저 시기별 일본인 사회의 중심인물을 통해 살펴보자. 1910년대 전후 방어진 일본인 사회의 중심인물은 향천현 출신의 합전영길合田榮吉이었다. 합전영길은 본래 포경선 선장으로 러일전쟁 전후부터 울산 근해에서 조업을 하다가 1912년 방어진에서 고등어 박망 어업을 시작으로 대성공을 거둔 인물이었다. 그는 이후 주조업, 선어운반업으로 사업을 확장하고, 1913년 인천수산회사의 어시장에서 4천왕天王의 1인(연간 취급고 4만 엔)으로 불리는 유력자로 발전했다.[36]

한편 방어진에 이주해 온 일본인들은 원래 대현면의 장생포와 내해 등 부근의 이주민과 공동으로 자치단체인 일본인회를 조직했었다. 하지만 1909년 12월 16일자로 분리하여 방어진 독자의 일본인회를 조직하였고,[37] 같은 해 말 주재소가 설치되었으며, 1910년 2월 방어진 공립소학교 및 우편소가 설치되었다. 그리고 6월에 일본인회를 대신해

35 神谷丹路, 앞의 글(1998), 118쪽.

36 合田榮吉은 1917년 바다에서 조난당하여 행방불명되었다. 이후 그를 기리는 송덕비가 방어진만 안에 세워졌다고 한다(中井昭, 『香川縣海外出漁史』(香川縣水産科, 1967)).

37 農商工部水産局, 앞의 책(1910), 501쪽.

서 학교조합이 설립되는 등 각종 시설이 정비되기에 이르렀다.[38]

일본인회 설립 시 일본인 호수 141호, 인구 613명(남 303명, 여 310명)으로 합전영길이 회장으로 취임하였다. 1910년 방어진 학교조합이 설립되면서 관리자 1명合田榮吉, 의원 6명으로 일본인회의 사무(주로 호적 사무)를 계승하였다. 학교조합은 제세諸稅 징수 등의 일본인에 관한 것은 모두 처리하였다. 그리고 일본인회에서 발의했던 방파제 건설도 학교조합에서 인계받았다. 따라서 1910년대 전반 학교조합은 사실상 지방에서 식민지 행정기관이 정리되기까지 그 기능을 대신하였다고 하겠다. 이는 마치 식민자 일본인의 자치조직과 같은 것이었다. 학교조합이 교육에 관한 사무만 취급하게 된 것은 1914년부터였다.[39]

1910년대 후반 이후 방어진 일본인 사회의 중심인물로 등장한 사람이 임겸상점의 중부기차랑이었다.[40] 방어진은 중부기차랑에게 어류 매출 및 운반에서 발전의 단서를 열어 준 곳이며, 반대로 이후 중부기차랑은 방어진의 발전에 가장 큰 영향을 준 사람으로 회자되었다. 방어진이 임겸상점의 어업근거지 가운데 하나가 된 것은 1910년부터였다. 그리고 곧이어 중부기차랑과 합전영길이 계약을 맺고 고등어 박망을 시작하였던 것이다. 생선 운반업에 집중하였던 중부기차랑이 고등어 어업의 발전에 주목하면서 그 근거지인 방어진으로 주거지를

---

38 蔚山郡教育會, 『蔚山郡鄉土誌』(蔚山郡教育會, 1933), 32쪽.

39 神谷丹路, 앞의 글(1998), 108~109쪽.

40 阿部薫, 『朝鮮功勞者銘鑑』(民衆時論社, 1935), 633~634쪽. 北垣恭次郎, 「第3篇 水産業界의 偉人 中部幾次郎翁」, 『近代日本 文化恩人と偉業』(明治圖書株式會社, 1941). 神谷丹路, 앞의 글(1998). 館野晳 편저, 앞의 책(2006)을 가지고 내용 정리(이하 관련 각주는 표기하지 않음).

옮긴 것은 1915년이었다. 1925년 임겸상점의 본사를 하관으로 옮기기까지 10년 동안 중부기차랑은 방어진의 일본인 사회에서 가장 핵심적인 인물이 되었다.

중부기차랑은 1916년부터 운반업과 더불어 어업 직영에 적극 나섰고, 1920년에는 '한손으로 돌리는片手廻 테이블식'의 고등어 기선건착망 어업으로 진출하게 되었다. 즉 고등어 어업에서 어선의 동력화, 소규모 어업에서 대규모 어업으로(어업의 기업화), 연해 어업에서 근해 어업으로의 발전을 주도하게 되었던 것이다.

특히 1918년에 방어진 학교조합 관리자가 되어 방어진 심상고등소학교 신축 교사와 부지 전부(교사 1동 23,500엔, 전지田地 3백 수십 평, 임야 3백 수십 평)를 기부하기도 하였다. 또 1918년에는 방어진 방파제 축조의 의견이 대두되자 하층민을 위해 수천 엔을 부담하는 것에 더해서 축조비로 8만 9,891엔을 기부하였다. 그 외에도 소방조 및 제국재향군인회 방어진분회의 설립을 맡으면서 명예회원이나 고문으로써 많은 재정적 원조를 하였다. 이처럼 방어진 지역 일본인 사회에서 중부기차랑은 막대한 영향력을 가지고 있었고 따라서 일본인들은 그의 행위를 덕행미거德行美擧로 크게 칭송하였다고 한다.[41]

방어진은 마치 임겸이라는 성의 성시 같은 양상을 띠었다. 임겸의 중부기차랑이 자본을 투자하여 방어진에 설립한 각종 회사들을 통

---

41 中部幾次郎(1866~1946)은 1922년과 1928년 9월에 일본 천황으로부터 훈장을 하사받았다. 이때 고향인 명석시에서 10월에 동상을 세웠고, 방어진에서도 12월에 공적비를 방어진 심상고등소학교 교정에 세웠다. 공적비는 1945년 해방 직후 한국인들에 의해 파괴되었다(神谷丹路, 『韓國歷史漫步』(明石書店, 2003), 163~175쪽). 林兼商店은 뒤에 大洋漁業(現 マルハ漁業)으로 바뀌어 현재 일본 수산계에 군림하는 3대 수산회사의 하나로 발전했다.

해 살펴보면 다음과 같다. 울산자동차조합(1918년 설립, 조합장), 전등전력 사업을 실시하기 위한 울산전기주식회사(1922년 설립, 자본금 10만엔), 방어진어망선구회사(1923년 설립, 자본금 3만엔), 임겸어업주식회사(1924년 설립, 자본금 300만엔, 이후 임겸상점으로 변경-1924년, 자본금 1,000만엔), 방어진철공조선소(1929년 설립, 자본금 10만엔), 방어진관힐罐詰공장(1933년 설립) 등이었다.[42] 이들 각종 회사와 공장들의 설립은 크게 두 시기로 나누어 볼 수가 있다. 1924년까지는 고등어 어업의 어선 동력화 즉 어업 근대화와 관련되었다면 이후의 것은 어업 자본의 독점화 즉 임겸의 종합수산회사화(독점재벌)와 연관되어 설립된 것이었다.

다음으로 1910년대부터 1930년대까지 방어진 이주어촌과 일본인 사회 형성에 커다란 영향을 준 방파제 축조와 방어진철공조선소(이하 방철)에 대해 살펴보자. 수산업은 자연에의 도전이고 풍랑과의 싸움을 수반하는 것이라 아무리 양항이라도 항만시설이 되어 있지 않으면 어항이 발달할 수가 없었다. 따라서 방파제를 만들기 위해 당시 각 지방 일본인 수산업자들의 피맺힌 진정과 소위 운동이 있었다고 한다. 이러한 항만 수축은 이주어촌과 어항의 형성·발달에 획기적인 계기가 되었다.[43]

방어진에 처음 만들어진 방파제는 1910년 2월 방어진일본인회 회장 합전영길이 어선 정번碇繋의 안전을 기할 목적으로 방어진 축항을

---

42 東亞經濟時報社, 『朝鮮銀行會社組合要錄』, 각 년도판 참조. 朝鮮總督府殖産局, 『朝鮮工場名簿』昭和 9년판·11년판(朝鮮工業協會, 1936·1938).

43 손정목, 「Ⅷ. 어항도시 형성의 과정과 그 성쇠」, 『日帝强占期 都市化過程研究』(일지사, 1996), 457~462쪽.

계획해서 부산이사청의 허가를 얻으면서부터였다. 그러나 공사비가 부족하게 되어 보조금 800엔에 총 공사비 6천여 엔으로 1910년 10월 준공하였다. 연장 50간㎜(90m)의 방파제에 6백여 평의 매축을 실시하여 유효수면적 11,500㎡를 확보하였다. 그러나 1914년에 7·8월 대폭풍으로 파손되어 1915년 1월 개수 축조하였다. 그런데 1910년대 후반부터 폭발적으로 늘어나는 고등어 어업 관련 어선들의 폭주로 도저히 기존 방파제로써는 수용의 여지가 없게 되자 더욱 큰 방파제를 쌓게 되었다.[44] 이때 중부기차랑의 역할에 대해서는 앞에서 언급하였다. 1923년 11월부터 5개년 계속 사업으로 총 공사비 70만 5천 엔(국고보조비 3만 5천 엔, 지방비 23만 5천 엔, 지방민 기부금 23만 5천 엔, 실제 공사비는 48만 7,336엔)으로 연장 154간(277m)의 방파제를 1928년 3월 31일 준공하였다. 이 방파제 축조 결과 유효수면적은 16만㎡를 확보하고 1,500여 척의 배를 수용하게 되었다. 이와 더불어 해안을 정리하고 겸해서 매립을 시행하여 조선장造船場 기타 어항 시설을 갖추게 되었다.[45] 이때의 조선장이 1929년에 설립된 방어진철공조선소 터가 되었다. 방어진 축항 준공식은 1928년 3월 원산 이남 제일 어항으로 선전되며 대대적으로 거행되었다. 그리고 기념우편엽서를 발행하기도 하였다.[46]

---

44 朝鮮水産組合 篇,『朝鮮水産組合業務成績一斑』(1915), 103쪽.『朝鮮及朝鮮人』제5권 12월호, 109~110쪽.

45 朝鮮總督府 內務局 土木課,『朝鮮港灣要覽』(1931), 67~68쪽. 해운항만청,『항만건설사』(1978), 260쪽.

46 『동아일보』(1928. 3. 29). 한편 4년 6개월간의 공사 기간 중에 48명의 인원이 희생되었다.

다음으로 1930년대 방어진 사회에 많은 영향을 준 방어진철공조선소(이하 방철)에 대해 살펴보자. 1929년 4월에 설립된 방철은 9월 22일에 개업을 하였다. 방철 설립에는 1928년 3월 완공된 어항축조공사(방어진 방파제)의 준공 영향이 컸다. 사장은 중부기차랑의 아들인 중부겸길中部兼吉이었고 전무 이하 이사·감사들은 방어진 상공업계의 유지들로 구성하였다.[47] 위치는 방어리 204번지로 초기 부지는 1천 평이었다. 조선 능력은 백 톤(1개월 평균), 엔진 제작능력은 백 마력(1개월 평균)이었고 종업직공은 40명이었다.[48] 임겸상점 소속의 어선 및 수산물 운반선의 건조 및 수리를 목적으로 하였다. 설립 시 자본금은 10만 원으로 주식의 45%를 중부기차랑과 그 일족이 출자하였다. 공장설비는 조선소와 철공소로 나누어졌는데 조선소는 목조 어선의 건조, 철공소는 어선 장착용 엔진 제작을 담당하였다. 1938년 5월에는 자본금 20만 엔 증자, 1939년에는 200명 이상의 직공을 거느린 조선 최대 조선소 중 하나가 되었다.[49]

방어진철공조선소는 1936년 하반기를 제외하고는 1930년대 후반까지 평균 20%의 높은 이익률을 내고 있었다. 특히 중일전쟁의 전시

---

47 대표 인물들을 살펴보면 다음과 같다. 大林金次郎-방어진어망선구상회, 中塚元太郎-진가옥(장유·양조), 藤本新太郎-등우조(어업), 丸尾信一-임겸상점 방어진 지점장, 橋詰永太-エビスヤ상점(잡화), 中村國一-태전조(어업), 平松秀夫-평송상점(잡화·귀금속). (長野淸, 『朝鮮商工人名錄』(朝鮮商工社, 1923) 天野謙, 『朝鮮商工大鑑』(朝鮮商工硏究會, 1929) 帝國興信所釜山支所, 『朝鮮實業要錄』(帝國興信所釜山支所, 1935))

48 『朝鮮新聞』(1929. 9. 22) (東亞經濟時報社, 『朝鮮銀行會社組合要錄』, 1931년판)

49 배석만, 「1930년대 식민지 朝鮮의 造船工業 확장과 그 실태」, 『지역과 역사』 제18호(2006), 284쪽.

특수로 인한 경기활황이 기업의 영업성적 호조로 반영되고 있었다.[50] 그런데 조선인이 방철에 들어가는 것은 매우 어려웠다. 일본인들과는 달리 조선인은 학교 성적이 우수해야 들어갔다. 특히 일본인 40~50명이 있는 철공소에는 조선인이 10여 명에 불과했고, 따라서 조선인이 더 많았던 조선소 쪽보다 선발되었다는 엘리트 의식이 강했다. 이런 환경과 조건 속에서 일했던 조선인 직공의 의식과 태도는 이중적인 것이었다. 즉 민족차별을 당하면서도 '시국'에 조화되면서 '우수한' 군국청년軍國青年으로 근무하는 것이었다. 중일전쟁 이후 방철은 군수공장이 되어 선박용 기계 엔진 외에도 1인용 돌격 보트 같은 것을 만들어 전쟁터로 보냈다. 일본인 직공은 군인 출신이 많아서 일제 말기 방철의 분위기는 완전히 군대식이었다. 특히 방철에 근무하는 조선인은 징용을 가지 않았다.[51]

2) 지역사회의 변동과 조선인 사회

일제 때 일본인들에 의해 개발된 이주어촌 방어진은 전형적인 식민지 어항도시로 발달하였다. 특히 1920년대에 본격화된 어항도시로의 발달은 지역의 조선인 사회에 커다란 변화를 일으켰다. 이를 방어진의 인구 구성 변화와 사회적 환경 그리고 지역사회 세력 변화, 마지막으로 어업조합의 변천 과정을 통해 살펴보도록 하겠다.

---

50 배석만, 위의 글, 2006, 294쪽. 한편 1936년 하반기에 유일하게 손실이 발생한 것은 8월 말에 태풍으로 방어진철공조선소가 큰 피해를 입었기 때문이었다.

51 神谷丹路, 앞의 책(2003), 171~172쪽. 일제 말기가 되면 미군기의 공습으로 인해 어업근거지로 번영을 누렸던 방어진의 어업 활동은 거의 이뤄지지 않았고 완전히 전시분위기에 휩싸였다고 한다.

먼저, 다음 〈표 5〉의 인구 구성 변화를 통해 방어진 지역사회의 변동을 살펴보자.

〈표 5〉 일제시대 방어진 인구 구성 변화 (단위: 명, 괄호는 호수戶數)

연도 \ 국적	조선인수 (戶)	일본인수 (戶)
1909	111(39)	613(160)
1916	689(164)	1,260(301)
1921	2,040	3,073(496)
1926	3,044(628)	1,715(430)
1929	2,257(431)	1,456(349)
1936	3,993	1,420

- 1909: 農商工部水産局, 『韓國水産誌』 제2집(1910), 1916: 울산군, 『蔚山案内』(1917),
1921: 경상남도, 『慶尙南道に於ける移住漁村』(1921), 1926: 『매일신보』(1926. 11. 28),
1929: 朝鮮總督府, 『朝鮮の聚落』 前篇(1933), 1936: 경상남도, 『慶尙南道道勢一覽』(1937).

1908년부터 본격적으로 이주어촌으로 개발된 방어진은 조선인들이 39호에 불과한 농업 위주에 부업으로 어업을 행하는 한촌이었다. 따라서 1921년까지만 해도 방어진 인구 구성에서 다수를 차지하고 있는 것은 일본인들이었다. 그러나 1920년대 전반 고등어 어업에서 기선건착망 어업으로 대표되는 어선의 동력화가 실시되면서 조선인들의 수가 늘어나기 시작하여 이후 방어진 인구의 다수는 조선인이 차지하게 되었다.[52] 방어진에 조선인들이 모여든 이유는 임금이 일본인의 반에 불과한 조선인을 어부로 많이 고용하였기 때문이었다.

---

52 1929년 기준으로 조선에서 일본인이 가장 많이 거주했던 어항은 포항(1,838명)이었고 그 다음이 방어진(1,456명)이었다(손정목, 앞의 책(1996), 464~466쪽).

어선의 동력화로 일본인 이주자는 숫자가 점차 감소하게 되었지만, 임금이 싼 조선인은 대거 어부, 공장노동자, 운반업, 기타 잡역부로 고용되면서 그 수가 급속도로 증가하게 되었다.[53] 특히 1923년부터 시작된 방파제 수축 공사와 해안 매립 공사에 많은 조선인들이 고용되었다. 1929년 인구가 감소하게 된 것은 수축 공사가 끝나게 된 것과 어업 불황이 영향을 끼쳤다. 하지만 1936년에 인구가 다시 증가하게 된 것은 정어리 어업의 호황이 배경이었다.

방어진의 조선인 숫자는 1920년대부터 폭발적인 증가세를 보였다. 그런데 이러한 증가세는 어선의 동력화라는 요인과 더불어 1929년 이후 경제대공황의 여파 그리고 지주소작제의 강화에 따른 농촌에서 소작지조차 얻지 못한 농민들이 거의 반프로화되면서 이들 중 상당수가 어업이 발달한 방어진 등으로 이동해서 나타난 현상이다. 과잉인구의 압박, 농업인구의 증가가 경작할 수 있는 농경지의 부족을 일으키고 결국 농민들이 농촌에서 밀려나 방어진과 같은 어업 중심지나 도시 또는 일본 등지로 이동하게 만들었던 것이다.[54]

다음으로 방어진에 모여든 조선인들이 어떠한 이주어촌(어항)의 사회적 환경 속에 있었는지 살펴보자. 먼저 이주어촌 초기인 1910년 현재 이주자의 직업별 호수를 보면 어업자 27호, 음식점 경영자 46호, 잡화업 13호, 이발업 6호, 유희 등 오락시설 경영자 6호, 과자제조업 5

---

53 神谷丹路, 위의 글(1998), 116~118쪽. 1921년 방어진에 통어 입항 어선 수는 935척, 어부는 일본인 4,325인, 조선인 3317인, 앞의 〈표 2〉 참조.

54 방어진 주위 동리인 일산리, 화정리, 전하리의 농민들은 방어진의 일본인 어선에 어부로 고용되는 경우가 많았고, 10대의 소년들도 방어진의 일본인 상점에 점원으로 고용되는 것이 적지 않았다.

호, 목욕탕업 3호, 주조업 2호, 정미업, 사진업, 목수, 석수, 관리 등 각 1호씩이었다.[55] 1918년 현재 방어진에서 영업하는 업체를 보면 전당포 4, 목욕탕 4, 이발소 5, 고인雇人주선업 1, 여관 2, 음식점 16, 매약賣藥업 8, 유곽 19, 의원 3, 극장 1, 유희장 5개소 등이 영업을 하고 있었다.[56] 1921년 현재 배목수 15호, 상업 92, 철공업 6, 목수 18, 목욕탕업 3, 이발업 4, 유희장 1, 농업 16, 관리 13, 대좌부 20호(여자 398명), 음식점 35호(여자 87명)[57]였는데 이들 업소는 전부 일인들이 경영하였다.

이 가운데 가장 주목을 끄는 것이 음식점, 유곽, 대좌부란 직업이다. 이 직업은 식민지 이주어촌이나 어항에서 전형적으로 나타나는 매춘업과 관련된 것이다.[58] 특히 유곽과 대좌부는 거의 공개적으로 어민을 상대로 매춘을 하였다.[59] 어업 전성기 때 방어진만내 인구는 선박 거주자를 포함하면 3만 명, '요릿집'이 20여 곳, 기생과 창녀가 500명이나 있었다고 한다. 방어진에서는 이 유곽이 밀집되어 있는 곳을 청루靑樓골목이라 불렀으며 밤낮으로 샤미센三味線과 북소리가 끊이지 않았다고 한다[60](<지도 2> 참조).[61]

55 朝鮮海水産組合, 『朝鮮海水産組合月報』 16호(1910), 10쪽.

56 『朝鮮時報』(1918. 9. 2).

57 慶尙南道, 앞의 책(1921), 135~136쪽.

58 孫禎睦, 「開港期 韓國居留 日本人의 職業과 賣春業 高利貸金業」, 『韓國學報』 제18집 (1980), 107~108쪽.

59 공개적이라는 의미는 다음의 증언이 참고 된다. "어업 와 가지고 몇 달쓱 바다 나가가 하다 가 여게 풀어놓으면 전부 여기 집결 안 하는교. 그거 안하면 안 됨더. 동네 시끄러바가 양민 들 괴롭히니까. 그래 일부러 해 놓아 가지고 정부에서 허가 받아가 안 하는교"(김호연 외 2인, 『울산 청년운동과 김진수』(UUP, 2007), 69쪽).

60 千在東, 『아흔 고개를 넘으니 할 일이 더욱 많구나!』(동아정판, 2007), 35쪽.

61 『大日本職業別明細図』(東京交通社, 1937). 청루골목은 지도에서 왼쪽 아랫부분의 玉乃屋과

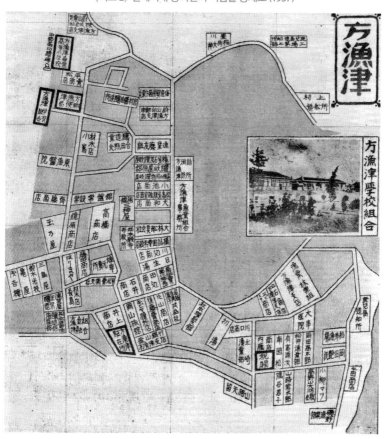

1926년의 직업별 조사를 보면 주류 제조업자 25호, 주류 판매업자 81호, 잡화상 19호 이외는 거의 전부가 어업자와 기타 노동자라면서

三島屋 사이의 거리를 말한다. 저녁 때가 되면 수백 명의 일본·한국 여자가 목욕한다고 떼를 지어 오갔다고 한다. 그리고 이를 확인할 수 있는 지도 자료를 제공해주신 울산대학교 한삼건 교수에게 감사를 드린다.

음식점이 대발전중이라고 하였다. 노동임금은 공장, 어장 노동자는 매일 2원, 운반업 기타 잡역은 매일 80전인 바 음식점이나 유곽 같은 곳에서는 노동자를 환영하여 대우하고 신사라도 어부나 노동자와 같은 환영을 받지 못한다고 하였다. 그러나 어업기가 되면 1시간만 어획을 하여도 성어기는 수만 수천의 금전을 소득하게 되는 반면에 저축심이 없고 낭비하는 폐해가 많아서 오늘의 소득금은 그날 전부를 소비하고 1일간의 생활비라도 여유를 두지 않는 것이 이곳 어부 및 노동자들 관습이라고 하였다. 따라서 이곳 주재소는 군소재지 경찰서와 같이 유치장은 언제든지 만원이 되어 있고 대개 상해와 도박범, 어업취체령 위반자들로 넘쳐난다고 하였다.[62] 이러한 방어진 지역의 어업 관련 조선인 노동자들의 증가는 방어진과 주변 지역사회운동가들의 주목의 대상이 되었다. 즉 1920년대에 이들에 대한 민족적 각성뿐만 아니라 사회·계급적 각성을 촉진하는 조직화·의식화 활동이 활발히 펼쳐지게 되었다.[63]

한편 방어진 이주어촌의 어항으로의 급속한 발달은 일제에 의한 근대 변동의 과정에서 지역의 조선인 사회에 세력 변화가 일어나고 있음을 보여주었다. 첫째, 조선시대 이래 오랜 기간 면단위 지역에서 중심지 역할을 맡았던 동리가 변화되는 결과를 초래하였다. 이를 보

---

62 『每日申報』(1926. 11. 28) 실제 당시 방어진의 분위기를 전해주는 증언을 들어보면 방어진에서는 똥 묻은 1원짜리를 개가 물고 다녔다는 식의 이야기가 많았다(김호연 외 2인, 앞의 책 (2007), 301쪽).

63 이에 대한 것은 졸고, 「1920년대 울산 東面 지역의 사회운동」, 『지역과 역사』 제20호(2007) 참조.

여주는 예가 면사무소의 방어진으로의 이전이었다.[64] 원래 동면의 면소는 조선시대 목관아가 있었던 서부리 남목이었다. 면사무소를 방어진으로 이전한 것은 방어진 지역 일본인의 세력이 커졌음을 반영함과 동시에 방어진 일대를 중심으로 한 조선인 지역민들의 세력이 강화되었음을 의미하였다.

둘째, 교육제도와 관련된 공립보통학교 이전 문제였다. 동면에는 방어진에서 20리 떨어진 서부리의 동면공보교가 유일한 학교였다. 소위 방어진 유지들은 이 학교를 인구집중지대이자 경제 중심지인 방어진으로 이전을 해야 한다고 기성회를 조직하여 이전 비용을 모으고 심지어 일본에 있던 중부기차랑에게까지 가서 출금 운동을 펼치기도 하였다. 동면공보교 설립(1920년) 이후 3회에 걸친 공보교 이전 문제가 결국 해결되지 않자 아예 학교를 세우게 되었다.[65] 이는 울산지역 17개 읍·면에서 최초의 1면 2교였다.

셋째, 일제의 식민통치 기구에서 간접적 지배기구인 면협의원의 구성에서도 세력 변화를 살펴볼 수가 있다. 1920년대까지만 해도 9개리에 1명씩 총 12명(일인 3명 포함)으로 구성되었던 면협의원은 〈표 6〉을 보면 주로 방어진과 주변 지역 동리의 인물들을 선출[66]하는 것으

---

64 면사무소의 이전은 남목 지역민들의 격렬한 반대에 부딪혀 난항을 겪기도 하였다. 특히 면협의원의 거수에 의해 이전에 대한 다수의 반대가 있었음에도 불구하고 1925년 12월에 이전이 되었다(『동아일보』(1924. 8. 30), 『조선일보』(1925. 12. 6)).

65 『동아일보』(1932. 4. 27, 7. 6, 1933. 8. 11) 동면제2공보교(방어진 공립보통학교) 설립을 주도한 이는 방어진 지역 조선인 가운데 대표적인 해산물무역상이었던 卞東允과 대표적인 1920년대 동면지역사회운동가였던 成世斌 등이었다.

66 『新民』 69호(1931), 83쪽, 『동아일보』(1935. 6. 2, 1939. 5. 24).

로 바뀌고 있었다.

<표 6> 1930년대 동면지역 읍·면협의원 명단

선거연도	명단(출신지역)
1931(면)	이종산(화정리), 윤덕호(화정리), 변동윤(방어리), 남갑두, 천우갑(화정리), 김경환(동부리) 이영춘(일산리), 김성대, 이신우(동부리) 大林金次郎(방어리), 菊地淺太郎(방어리), 大串稿(방어리)
1935(면)	이종산(화정리), 윤덕호(화정리), 변동윤(방어리), 장영극(방어리), 김기석(방어리), 장석용, 이영춘(일산리) 大林金次郎, 菊池淺太郎, 大串稿, 中塚元太郎, 橋詰永太 - 전원 방어리
1939(읍)	이종산(화정리), 변동윤(방어리), 장영극(방어리), 김기석(방어리), 김두현(방어리), 성세륭(일산리) 大林金次郎, 大串稿, 橋詰永太, 吉田義男, 松岡榮吉. 濱本又兵衛 - 전원 방어리

선거가 진행될수록 선출된 일본인들의 비율이 높아져 1939년도에는 읍의원의 50%를 차지하고 있다. 조선인들도 거의가 방어진과 주변 지역 인물들이 선출되고 있음을 확인할 수 있다. 동면 지역의 9개 리 가운데 6개 리의 대표는 전혀 선출되지 않고 있는 것이다. 이는 1937년 7월 1일자로 동면이 방어진읍으로 승격되고 일본인이 읍장으로 취임하는 것과 맞물리면서 동면지역의 세력 변화가 마무리되었음을 의미하였다.

다음으로 방어진의 조선인 어업과 밀접하게 관련된 단체인 어업조합에 대해 살펴보자. 대한제국 말기 일본인들의 이주어업과 어장 침탈로 인한 이 지역 어민들과의 충돌은 자주 일어났다. 방어진의 바로 옆 동리인 일산리에서는 우리나라 어부와 일인 어부들과의 충돌로 여러 명이 다치고 수십여 명의 우리 어민들만 경찰서에 체포되었다.[67] 특히 동면지역 어촌에서 행한 어법漁法은 일인들과 비교가 되지 않을뿐더러 피해를 쉽게 입는 것들이었다. 해안에서 사용한 온분기망鰮焚寄網(일명 불매)은 일인들의 온지예망鰮地曳網과 충돌을 하였고, 바다에서는 대도어망大刀魚網, 잡어연승雜魚延繩이었는데 일인들의 트롤어선에 쉽게 파손을 당하는 피해를 입었다. 또한 해조류 채취에서 일본인이 울산연안 해조류 매매계약을 독점함으로써 어민들에게 위기감을 주었고, 결국 천여 명이 넘는 어민들의 대규모 항의 시위가 벌어지기도 하였다.[68]

이에 울산지역 어민들은 일인 어민들의 불법 채취를 막으며 해녀들에게 입어료를 징수하고 어장을 관리할 어업조합을 설립하게 되었다. 1913년 3월 4일에 설립 신청을 해서 3월 27일 설립 허가를 얻었다. 각 조합은 대현, 온산, 서생, 동·하상(이후 동면), 강동어업조합이다. 이때의 어업조합은 1912년 4월 1일 시행된 '어업령漁業令'에 의한 것으로 제6종 면허어업에 해당하는 어업권을 향유하기 위해 조직되었다. 즉 "제6종 어업권이라 흠은 漁業令의 의한 1개 명칭이니 組合地水面에서 혹은 어업의 종류를 한ᄒᆞ야 기 水面을 專用ᄒᆞᄂᆞᆫ 權利를 云흠이라. 조합은 즉 共設立에 의ᄒᆞ야 조합의 名으로써 海藻 채취를 목적"으로 하는 것이었다. 그러나 제주도 해녀와 일본 삼중현三重縣 등의 종래 관행에 의해 입어入漁하는 채취업자를 막을 수는 없었다. 이에 입어료를

---

67 『大韓每日申報』(1910. 7. 26, 28). 신문기사의 제목이 매우 시사적이다. 제목은 '귀막혀 죽겠네'이다.

68 『慶南日報』(1912. 2. 11). 『新韓民報』(1912. 7. 1). 김수희, 「일제시대 남해안어장에서 제주해녀의 어장이용과 그 갈등 양상」, 『지역과 역사』, 제21호(2007), 312~314쪽.

1인당 4원 30전식을 징수하기로 하였으나 이후 이 문제는 계속적으로 분쟁을 일으켰다.[69]

초기 어업조합의 명칭은 동·하상東·下廂어업조합으로 두 개의 면을 구역으로 하였다. 조합은 전하리에 위치해 있었는데 조합원은 388명으로 조선인으로만 구성되었다.[70] 그러나 조합이 소극·퇴영적인 어업 구조를 유지하여 결국 당초의 목적 외에 업적이 거의 없어 유명무실한 존재가 되고 말았다. 이에 조합 개조의 여론이 일어나 1924년 구역을 동면으로 축소해서 사무실을 방어진으로 옮겼으며, 일본인까지도 가입시켜 조직 강화를 시도하였다. 상무이사를 두고 처음으로 위탁판매를 실시하고 적극적인 공동시설사업을 개시하기에 이르렀다. 1929년 1월에 지정조합이 되어 관선이사제로 되고, 1930년 위탁판매 지역 지정을 받았으며, 1931년 5월 방어진어업조합으로 개칭하였다. 1934년도의 조합원 어업별 어획고 총액은 240만 엔에 달하였다.[71]

그런데 어민들의 이익을 보장해주기 위해 조직된 어업조합이 어민들의 착취기관으로 변해 투쟁의 대상이 되기도 하였다. 즉 어획물공동판매에서 과다한 수수료만 착취하는 것, 높은 급료의 일본인 전무이사를 두고 있는 것 등이 문제가 되었다. 또한 일본인들의 불법적인 수조망 어업이나 발동기를 단 트롤어업으로 방어진 앞바다 어장이

---

69 『每日申報』(1913. 5. 7). 울산군, 『蔚山案內』(1917), 45쪽. 박구병, 「漁業權制度와 沿岸漁場所有·利用形態의變遷에 관한 研究」, 『부산수산대학논문집』 30(1983), 26쪽.

70 울산군, 위의 책, 61~62쪽. 초대 조합장 오태진, 이사 유찬팽, 감사 이득우.

71 朝鮮水産會, 앞의 책(1936), 83쪽. 조합장 윤덕호(7대), 조합원 580명(일본인 64명, 조선인 513명).

남획되어 민심이 흉흉해지고 어민들이 큰 피해를 입었지만 어업조합은 책임 회피로 일관하여 어민들의 격분을 사기도 하였고, 일본인 이사와 조합원 사이에 총대선거와 관련하여 분쟁이 발생하여 결국 조합원 측이 승리하기도 하였다.[72]

한편 어업 분야에서 일본인과의 접촉 과정에서 빚어진 방어진 최대의 대부망(정치망) 어업이었던 방어 어장 침탈에 대한 예를 살펴보자. 어업조합 초대 감사였고 2대 면장이었던 이득우 소유의 방어잡이 어장이 방어 운반과 관련된 소송에서 패하여 결국 임겸상점의 중부기차랑에게 넘어가고 말았다. 이후 이 방어 어장은 남획으로 인해 지금은 사용되지 않고 있다. 그리고 이때 재판에 거짓 증언을 했던 조선인은 이후 지역사회에서 배제되었다고 한다.[73]

1930년대 전반기까지만 해도 방어진은 단순히 이주어촌 정도의 수준이 아니라 동해안 지역의 대표적인 어항으로서 인식되고 있었다.[74] 즉 당시 표현대로 울산군의 자랑이오, 동해안에 굴지하는 대어항, 조선 수산계에 군림하는 지역으로 인식되고 있었다. 어항 시가지에 거주하는 일인들의 수가 많고 매사에 위세를 떨치고 있기 때문에도나 총독부 당국자와의 교섭도 빈번하여 각종 공공시설, 항만시설, 전기, 상하수도 등 근대 문명을 상징하는 각종 시설들이 타 읍면보다

---

72 『동아일보』(1926. 1. 11, 1933. 2. 27, 1934. 2. 4). 『조선일보』(1926. 4. 11). 일본인 어부와의 충돌로 인하여 생명에 위협과 공포를 느낄 정도로 대공황에 빠지기도 했는데 특히 일산리의 피해가 가장 심했다.

73 千在東, 앞의 책(2007), 57~58쪽.

74 「東海岸の大漁港 方魚津港の全貌」, 『朝鮮民報』(1933. 12. 10).

훨씬 우선할 수 있었다.[75]

그러나 이러한 인식 속에는 실제 1920년대 전반까지의 전성시대를 되찾지 못할 것이라는 초조감이 반영되어 있기도 하였다. 방어진은 1930년대부터 전반적으로 쇠미의 기운을 보였는데, 1930년대 말부터 정어리를 비롯한 어업의 심각한 불어不漁와 중일전쟁 이후 강화된 전시 통제경제(어선의 징발 등)로 방어진 지역 일본 유력자의 일본, 부산 등지로의 이거가 속출하기 시작하였다.[76] 결국 방어진은 1940년대에 들어서면서 결정적으로 쇠퇴해버렸다. 쇠퇴의 원인으로 정어리로 대표되는 연근해 수산자원의 변동, 태평양전쟁 발발 후 어항 관련 물자의 징발, 해방 직후 일본인들이 어선과 각종 어로기구들을 가지고 귀국한 것 등을 꼽을 수 있다.[77]

75 방어진에는 울산군청 소재지(울산읍)보다 훨씬 이른 시기부터 극장이 있어 소위 근대문물과의 접촉 빈도가 높았다. 그리고 울산군 유일의 공설운동장이 있어서 여기서 일본인들의 자전거 경주대회와 야구 시합이 펼쳐지기도 하였다. 해방 이후 야구는 우익 쪽에서, 축구는 좌익 쪽에서 자신들의 운동으로 삼아 대립하였다는 회고는 시사하는 바가 크다고 하겠다(千在東, 앞의 책(2007), 214쪽).

76 『동아일보』(1939. 4. 7).

77 손정목, 앞의 책(1996), 484~489쪽. 해방 직후 방어진의 일본인은 다른 지역 일본인들과 달리 배를 소유하고 있었기 때문에 그들의 재산을 모두 싣고 귀환하였다고 증언하고 있다(神谷丹路, 앞의 책(2003), 173쪽).

4. 맺음말

  방어진은 대한제국 말부터 일제시대에 걸쳐 일본인들에 의해 건설된 전형적인 식민지적 이주어촌이었다. 방어진은 처음에 자유이주어촌으로 시작해서 보조이주어촌이 더해졌다가 다시 자유이주어촌으로 발전한 곳이다. 이주어촌으로 형성되고 변화하는 데 가장 큰 영향을 미친 것은 방어진 앞바다의 어업자원이었다. 1900년대에서 1910년대 초반까지는 방어진의 삼치 시대가 열렸었고, 1910년대 중반부터 1920년대 중반까지는 방어진의 고등어 시대가 펼쳐졌었다. 그러나 자본주의적 어업의 발달, 즉 고등어 어업에서 기선건착망으로 대표되는 어선의 동력화, 어업의 기업화, 근해어업으로의 발전은 어업자원에 대한 남획을 불러왔고 결국 방어진 전성시대의 막을 내리게 하였다. 그러나 이 과정 속에서 중부기차랑으로 대표되는 생선 운반업자가 방어진에서의 어업을 기반으로 대어업자본가로 성장하게 되었다.

  이주어촌 방어진의 발달 과정에서 주요한 역할을 한 것은 일본인 사회를 대표하는 2명의 인물, 합전영길과 중부기차랑의 활동이었다. 특히 중부기차랑은 방어진을 마치 자기 소유의 회사인 임겸상점의 작은 소도시로 만들었다. 그리고 일본인 사회가 방어진에 뿌리를 내릴 수 있도록 한 방어진 축항(방파제 축성)도 주요한 계기가 되었다. 또한 급격히 식민지적 어항으로 발전한 방어진에는 어업 관련 직업에 종사하는 조선인들의 인구 집중 현상을 일으켰다. 한편 방어진 중심의 사회경제적 집중 현상, 즉 면사무소의 이전, 공립보통학교의 이전 문제, 식민지 간접지배기구인 면협의원 선출, 어업조합의 방어진으로의 이전과 관선이사제를 통한 통제 등 이러한 현상들은 일제에 의한 근대 변동의 과정에서 지역사회의 세력 변화를 일으켰다. 즉 전통적인 중심지 역할을 맡았던 지역이 쇠퇴해 버리고 일본인들이 건설한 식민지 이주어촌이 지역사회의 중심지로 성장하게 되었던 것이다.

1945년 해방이 되자 일본인들은 자신들의 나라로 돌아가 버렸다. 일제가 개발한 식민지 이주어촌 방어진은 개발 주체가 사라지자 일순간에 붕괴되었다. 남겨진 방어진은 사람들의 입에 '망어진'으로 오르내렸다. 1960년대 이후 조선소와 자동차로 대표되는 울산의 근대 자본주의 발달 과정에서도 여전히 방어진은 이주어촌의 흔적을 지닌 채 남아 있다.

(참고문헌은 각주로 대신함)

근대 시기 방어진 아동들의 생활과 놀이문화

1930~1940년대 중심으로

서종원_ 단국대학교 동양학연구소 연구교수

1. 머리말

일제강점기 일본인 이민부락 중 하나인 울산 방어진에는 여느 지역보다 많은 수의 일본인들이 일제강점기에 거주하고 있었다. 적지 않은 수의 일본인들이 이곳으로 이민을 오기 전까지만 하더라도 방어진은 평범한 촌락에 불과하였다. 그러나 방어진은 그 이후부터 해방 직전까지 전국에서 손꼽을 정도로 큰 규모의 촌락으로 발전하였다. 방어진은 특히 1920년 중·후반부터 본격적으로 발전하였는데, 이 과정에서 남해안·동해안 일대에서 생계 목적으로 방어진을 찾은 내지인의 수도 증가하였다. 이런 흐름은 해방 직후까지도 지속되었다. 일제강점기의 방어진 지역은 본래 있었던 방어진 토박이를 비롯해, 이 무렵에 이민을 온 일본인, 그리고 타 지역에서 온 내지인까지 함께 거주하면서 다양한 문화가 공존하였다.

오늘날 울산광역시 동구에 해당하는 방어진은 일찍부터 학계의 주목을 받았음에도 불구하고 일본인이 대거 거주했을 당시의 또 다른 계층인 아동들의 삶에 관한 연구는 활발하게 이루어지지 않았다. 일제강점기의 아동들은 비록 가치관이 어른들처럼 확고하게 형성돼 있지 않았지만 나름대로의 삶의 방식을 통해 당시를 살았던 또 다른 국민이라는 점에서 보면 결코 무시할 수 없는 대상이다. 이런 점에서 필자는 일제강점기 이민 부락의 하나였던 방어진 아동들의 생활양상과 그들이 영위했던 놀이문화를 현지 조사 내용을 토대로 살펴보고자 한다. 이 과정을 통해 그 동안 주목을 받지 않았던 일제강점기 아동들의 삶과 문화를 재조명해 볼 것이다.

필자는 본 연구를 위해 오늘날 울산광역시 동구에 속한 방어진 지역을 세 차례 현지 조사 했으며, 조사 과정에서는 당시 생활을 엿볼 수 있는 문헌 자료도 확보하였다. 현지 조사 일정과 함께 조사 과정에서 도움을 주셨던 귀중한 제보자들을 표로 정리하면 다음과 같다.[1]

조사 시기	제보자 명단	주요 제보 내용	비고
1차 조사 (2010. 10. 19~21)	최○○(여·78세)	생활 모습, 시가지, 놀이, 학교생활	방어진수산중학교 1회 졸업
	장○○(남·58세)	방어진의 역사, 지명유래	동구지역사연구소소장
	이○○(남·80세)	일제시기 학교생활, 방어진 역사 및 당시의 생활 모습	예비군중대장
2차 조사 (2010. 11. 20~22)	김○○(남·62세)	해방이후의 놀이, 역사	부동산 운영
	송○○(남·78세)	의식주, 시가지모습, 놀이, 아버지 사이다 공장 이야기	아버지가 사이다 공장 운영
	최○○(여·78세)	개별 놀이 추가(놀이 방법)	추가 조사
3차 조사 (2011. 1. 16~18)	최○○(여·78세)	학교생활, 의식주, 놀이	추가 조사
	주○○(남·72세)	일본 아동들과의 교류 및 관계, 놀이, 생업, 역사	동진경로당 총무
	박○○(여·87세)	여성들의 놀이와 삶	동진경로당

---

1 본 연구에서는 제보자들의 구술 자료와 함께 당시 시대상을 엿볼 수 있는 신문자료를 적극 활용하였다. 논의 과정에서는 구술 자료에 대해서는 별도로 출처를 밝히지 않을 것이다. 다만 본문 내용에서 직접적으로 인용한 부분에 대해서는 내용을 직접적으로 구술해준 제보자의 신상 명세와 함께 조사 일시를 명확히 밝혔다. 본 연구에서 인용한 신문자료는 울산동구문화원 (부설) 동구지역사연구소에서 발간한 『동구문화』4집(2008년 12월)을 참고하였다(장세동, 「동면지역 일제강점기 약사−신문기사를 중심으로−」, 『동구문화』4집(울산동구문화원 (부설) 동구지역사연구소, 2008.12)).

2. 아동들의 생활 모습

1) 가정생활

일제강점기 일본인 이민 부락이었던 방어진 아동들의 가정 생활은 개별 가정에 따라 많은 차이를 보인다. 더불어 성별에 따라서도 각기 다양한 양상을 보이는 것으로 조사되었다. 여기에서는 현지 조사 과정에서 만난 제보자들의 구술 자료를 토대로 당시 아동들이 가정에서 어떻게 생활했는지를 간략하게 살펴보고자 한다.

일제강점기 방어진 아동들의 가정생활을 엿보는 데 있어 제일 먼저 주목해야 할 부분은 의·식·주이다. 그 중에서도 특히 의와 식이 중요한데, 먼저 의의 경우를 살펴보면 일제강점기는 전통 의상과 더불어 근대식 의상이 공존하던 시기임을 알 수 있다. 그렇지만 당시 아동들이 주로 입던 평상복은 여자의 경우 치마와 저고리 정도가 전부였으며, 남자 아동의 경우도 전통적으로 입던 옷에서 크게 변화하지 않았다. 다만 학교를 다니는 아동들은 학교에 맞는 별도의 교복이 있었다. 당시 아동들이 입던 옷은 가정에서 어머니나 혹은 할머니가 직접 지어 주었다. 그리고 신발은 볏짚을 엮어 만든 짚신을 많이 신었으며, 고무신이 등장하면서부터 고무신을 신는 아동들도 많아졌다고 한다.

당시 가정생활의 모습을 살펴보는 데 있어 무엇보다 중요한 일상식의 경우 하루에 세 끼를 먹는 경우가 드물었다. 당시 아동들이 주로 먹던 음식은 자연에서 직접 얻은 재료에 약간의 곡식(보리, 조, 쌀) 등을 넣고 끓인 죽이었다. 아동들이 먹는 음식은 어른들의 경우도 크게 다르지 않았다. 그리고 아동들은 특별한 음식을 먹을 수 있는 기회는 많지 않았으나 운동회와 소풍을 갈 때, 아니면 어른들의 생일이 있을 때 평소와 다른 음식을 먹는 게 전부였다. 물론 살림이 넉넉한 집이나 일본인 가정집에서 일을 하는 부모를 둔 아동들은 생선을 많이 먹었으며, 가끔 일본 음식도 접할 수 있었다. 조사 과정에서 만난 최00(여, 78) 씨의 경우는 '어린 시절에 어머니가 일본 음식을 특별한 날(소풍, 운동회)에 자주 해주셨다'고 한다. 당시 어머니가 해주던 특별한 음식은 일본인들이 자주 먹던 스시·유부초밥 등이었다.

이 시기 아동들은 일본에서 들어온 여러 가지 새로운 음식도 접할 수 있었다. 가령 오늘날 우리가 마시는 사이다와 아이스크림 등이 대표적인 음식이었다. 방어진에는 당시 사이다 공장이 있었는데, 아동들은 여기에서 판매하는 사이다를 마셨다. 또한 오늘날 아동들이 즐겨 먹는 아이스크림 일종인 '아이스께끼'가 있어 일부 아동들은 더운 여름철에 이것을 먹기도 하였다. 당시의 정확한 가격을 알 수 없지만 아이스께끼 한 개의 가격은 대략 10원 정도였다고 한다. 그리고 다른 기호 식품으로는 사탕의 일종인 '오다마'가 있었다. 사탕은 가정집에 만들어 파는 것이었는데, 오늘날처럼 종류가 다양하지는 않았다. 그 이외는 별다른 기호 식품은 없었다.

가정의 규율이나 분위기에 따라 차이가 있었긴 하나, 비교적 유교적 색채가 강했던 가정에서는 여자 아동들의 행동에 각별히 신경을 썼다. 이는 당시 방어진 시가지를 일본인들이 장악하고 있었던 것과 관련이 있다. 당시 방어진에는 일본인들이 운영하던 다양한 상점과 여관, 여러 유형의 공장 등이 있었다. 그리고 어부들을 상대로 한 유곽이 있었는데, 부모들은 아동들이 일본인 거주지로 오가는 것에 대해 민감하였다. 호기심이 많은 아동들이 부모 몰래 유곽을 갔다 발각돼 혼이 나는 경우도 종종 있었다. 그래서 아동을 둔 부모들은 가급적 일본인들이 거주하는 지역으로 아동들이 가지 않도록 신경을 썼다. 여자 아동을 둔 가정에서는 학교를 가거나 동네에서 또래 아동들과 놀 때를 제외하곤 아예 외부 출입을 금지하는 경우도 있었다.

가정에서의 생활을 보면 여자 아동들은 부모님으로부터 바느질이나 혹은 옷 만드는 방법을 배웠다. 부모님의 가사를 도와주는 경우도 많았으며, 학교에서 돌아오면 농사일을 도와주거나 동생이 있는 아동은 어머니를 대신하여 동생을 돌보기도 하였다. 당시 방어진 지역의 여자 아동들이 했던 대표적인 가정에서의 일은 산에 가서 나물을 채취하거나 혹은 해변에 가서 미역 등의 해초를 채취하는 것이었다. 그리고 일부 여자 아동들은 일본인 가정에 식모로 살면서 일본인 아이를 돌보기도 하고, 빨래를 대신하면서 살기도 하였다. 그래서 당시 한국인 가정에서는 시집을 가기 전의 여자 아동들에게 일본어를 배우라고 강요하기도 하였다. 일본어를 할 줄 알아야 일본인 가정에서 일을 할 수 있는 기회가 주어지기 때문이다. 실제로 당시 일본인 가정에서 일을 할 경우 다른 일을 하는 것보다 훨씬 더 보수가 좋았다고 한다.

이에 비해 남자 아동들은 가사를 도와주는 경우도 있었지만 가족의 생계를 목적으로 일찍부터 생업활동에 뛰어드는 경우가 많았다. 남자 아동들은 어업에 종사하기도 하였으며, 다른 집에 가서 일을 대신하고 일당을 받으며 생활하였다. 집에서 소를 키우는 남자 아동들의 경우는 낮은 야산이나 풀이 많은 곳으로 소를 몰고 다니며 부모님 일손을 덜어주기도 하였다.

전체적으로 보아 1930~40년대 가정에서 아동들의 생활은 오늘날 우리가 상상하는 이상으로 매우 궁핍했음을 알 수 있다. 당시 우리나라를 지배하던 일본 측과 서구적 사고에서 볼 때 아동들의 삶은 인권적으로 많은 문제를 안고 있었던 것을 알 수 있다. 실제로 이 무렵의 일본은 여러 가지 목적을 위해 우리나라의 가정생활, 특히 아동의 가정생활 문제를 여러 매체 등을 통해 언급하면서 우리네 가정에서도 변화가 반드시 필요하다는 사실을 재차 강조하고 있다. 이는 당시 우리네 가정에서 아동들의 생활의 문제를 지적하고 개선하기 위한 목적도 있을 것이다. 그렇지만 자기네 목적에 맞는 아동을 길러내기 위해서는 학교에서의 교육도 중요하지만 가정에서의 교육이 무엇보다 중요하다는 측면에서 시작된 것으로 이해할 수 있다.

2) 학교생활

근대식 교육이 도입되는 과정에서 울산 방어진 지역에도 갑오경장 이후 다양한 근대식 교육 기관이 등장한다. 1910년대 울산 지역에는 굴화리 진명학교, 병영일진학교, 구영리 일신학교, 남목 개운학교, 그리고 방어진 심상고등소학교 등이 있었다. 이 가운데에서 방어진과 관련 있는 방어진 심상고등소학교는 일본인 자녀들이 다니던 학교였다. 1922년에는 내지인 성세빈 선생이 일산동에 설립한 보성학교가 생겼는데, 훗날 이 학교는 민족정신을 일깨우면서 동면 지역 교육 발

전에 크게 이바지하였다.[2]

　일제강점기 방어진에는 일본인만이 다닐 수 있었던 학교를 비롯해 여러 유형의 학교가 있었다. 이 시기에는 전통 시대에 볼 수 있었던 서당도 있어, 일부 아이들은 서당에서 한자 등을 배우기도 하였다. 당시 근대식 학교 중에서 일산리 보성학원에서 야학이 있었던 사실을 확인할 수 있었는데 그 내용은 다음과 같다.

　울산동면 일산리 보성학원에서 야학을 3년간이나 계속한 결과 기 附近里의 초동과 漂娥라도 대개는 조선어 독본 3, 4권은 독파한다는데 다시 거 25일부터 야학을 개시한바 남자부 47명이오, 여자부가 45명에 달하엿다 하며 담임강사는 박학규, 장병준, 한재은, 정명수, 천호문제 선생이라고 한다[3].

　위의 1924년 동아일보 기사에 따르면 보성강습소 내에 여자 야학회가 동면 일산리에 개설되었음을 알 수 있다. 당시 야학에서 개설된 과목에는 다음과 같은 내용이 있었음을 아래 신문 기사를 통해 알 수 있다.

　경남 울산군 동면 일산리에는 본래 여자교육기관이 전무하든 바 此를 유감으로 생각하야 同里 서진문씨 외 제씨는 당지 보성강습소 내

2　김문술, 「울산 교육의 큰 별 이종산 선생」, 『동구문화 어풍대』2009년 제6호(울산동구문화원, 2009), 11쪽.

3　『동아일보』(1925. 5. 29).

에 여자야학회를 개설하고 조선어, 산술, 手工 등을 교수하는바 방금 40여 명의 강습생을 수용 중인데 여자 교육계에 공헌이 다대하야 일반의 칭송이 자자하다러라.[4]

여러 자료를 종합해 보면 1920년대 중·후반 무렵 방어진을 비롯한 동면 일대에 근대식 교육기관이 본격적으로 설치되기 시작하였음을 알 수 있다. 하지만 이러한 환경에도 불구하고 1930년 무렵만 하더라도 교육에 관심을 갖거나 학교를 다니는 아동들의 수는 매우 적었다. 방어진에서 만난 제보자들의 증언에 따르면 당시만 하더라도 아동들이 학교를 다니려면 돈도 많이 들고, 집안일을 해야 하기 때문에 학교를 다니던 아동들의 수는 극히 적었음을 확인할 수 있다. 1929년도 조선일보의 다음 기록을 보면 이러한 실상을 구체적으로 엿볼 수 있다.

경남 울산군 동면 일산리에는 일반 농민부녀들은 물론이요 어린 소년들까지도 어무나 배움에 무성의하고 아직까지도 'ㄱ'자를 모르는 농민이 잇슴으로 이것을 유감으로 녁여 오던 該地 5월청년동맹에서 오래 전부터 이 대책을 강구하고저 백방 노력하든 바 지난 16일은 음4월초8일인 것을 기회로 하야 문맹퇴치데-를 정하고 구체적으로 대선전 하엿다는데 "비라"는 금지되고 요소요소마다 "포스타"를 貼付하고 청년을 중심으로 소년을 망라하야 旗行列를 선두로 하야 일산리,

4 『동아일보』(1924. 5. 29).

번덕리, 화정리, 방어진을 일주하엿다더라.[5]

　이런 사정은 방어진 이외 다른 지역의 경우도 마찬가지였던 것으로 보인다. 식민지 시기 보통학교 취학률을 보면 이런 사실을 보다 구체적으로 알 수 있다.

연도	전 체(%)	남 자(%)	여 자(%)
1915	2.8	4.9	0.6
1920	4.4	7.4	1.2
1925	15.3	25.3	4.8
1930	17.3	28.0	6.2
1935	23.4	36.7	9.8
1940	41.6	60.8	22.2
1942	47.7	66.1	29.1

- 朝鮮總督府學務局學務課, 『朝鮮諸學校一覽』(오성철, 「1930년대 한국초등교육연구」, 서울대 박사학위논문(1996), 126쪽 재인용)

　당시 정규 학교에 참여했던 아동들의 수가 적었음에도 불구하고 교육 기회를 얻을 수 있었던 국내 아동들 대부분은 내국인이 운영하던 학교를 다녔다. 다만 소수의 내지인 아동들은 일본인만이 다닐 수 있는 방어진 심상소학교를 다니기도 하였다. 내국인 중에서 일본인만이 다닐 수 있던 방어진 심상학교에 입학할 수 있었던 아동은 한 학년에 겨우 1~2명에 불과했다. 조사 과정에서 만난 주○길(남·72세) 씨와

---

5 『조선일보』(1929. 5. 24), 赤虎少年會에서는 하기휴가를 응용하야 문맹퇴치를 대대적으로 선전하기 위하야 순회강연회를 개최한다는데 순회일자는 다음과 갓다더라. 방어진 11일(조선일보, 1929. 8. 5).

그의 형님인 주○규(남·79세) 씨가 당시 일본인 학교를 다녔던 극소수 사람들이었다.

당시 학교에서의 생활은 두 유형(일본인·내지인 학교)의 학교에 따라 차이를 보였지만, 제보자들이 기억하고 있는 1930~40년대의 학교생활은 일본의 전쟁 준비와 맞물렸던 이유로 비교적 억압이 심하고, 지켜야할 규율이 많았던 시기로 기억하고 있었다. 특히 해방 직전의 학교교육과 학교 내에서의 생활은 이러한 분위기가 지배적이었다. 제보자들의 증언에 따라 조금의 차이가 보이긴 하나, 여기에서는 1930~40년대를 중심으로 당시 방어진 아동들의 학교에서의 생활을 정리하고자 한다.

당시 내지인이 운영하던 학교 선생님들 대부분은 일본인이었다. 학교 선생님들은 1930년대 후반부터 일본어만을 사용할 것을 강요하였는데, 만약 학교에서 일본어를 쓰지 않고 한국어를 사용할 경우에는 체벌이 있었다. 이는 1938년도에 제정·공포된 〈제3차 조선교육령〉(191938.3, 칙령 103호)에 따른 것이다.[6] 이 내용을 통해 당시 소학교는 국민 도덕의 함양과 국민생활의 필수적인 보통의 지능을 갖게 함으로써 충량한 황국신민을 육성하는 데 있음(1조)을 알 수 있다.

그리고 당시 학교에서 배우던 과목은 수신·국어·산술·국사·지리·이과·직업·도화·수공·창가·체조였다. 학교에 따라 여자 아동들을 위해 가사 및 재봉을 채택할 수 있었으며, 조선어는 수의 과목으로 채택한 경우도 있었다. 그리고 당시 교육의 궁극적인 목적 중에

---

6 손인수, 『한국근대교육사』(연세대학교출판부, 1971), 236~238쪽 참조.

서 아동들의 황국신민화 정책을 빼놓을 수 없는데, 이로 인해 당시 소학교의 전반적인 학교생활은 이러한 기조 아래에서 진행되었다. 이러한 분위기를 잘 보여주는 것이 앞서 소개한 바 있는 학교 내에서의 조선어 사용 금지다. 아울러 창씨개명이라는 명목 아래 아동들의 이름을 일본식으로 개명하기도 하였다. 그리고 소학교에서는 일주일에 한 번씩 신사참배를 강요하였다. 당시 방어진 시가지에 일본인이 지어 놓은 신사가 있어 학교에서 일주일에 한 차례씩 신사에 가서 참배를 하였다. 만약 신사 참배에 불응할 경우에는 체벌이 있었다고 한다. 그리고 음악 시간에는 일본의 노래인 창가를 주로 불렀다.

또한 당시에는 아동들이 어린 나이임에도 불구하고 교육 전반에 걸쳐 강제적 요소가 많았음을 알 수 있다. 일제는 그들의 궁극적인 목표를 달성하기 위해 거기에 걸맞은 다양한 교육정책을 시행하였다. 특히 당시 일본이 전쟁준비에 많은 심혈을 기울였던 시기인 만큼 이런 모습이 아동들의 교육에도 적지 않은 영향을 끼쳤다. 이러한 사례는 비교적 다양한 곳에서 찾을 수 있다. 등교와 함께 모든 학생이 운동장에 모여 조회를 하는 일이 대표적인 사례다. 조회를 할 때 아동들은 일본 천황에게 인사를 드리고 나름대로의 해야 할 일에 대해 맹세하거나 자기 스스로 다짐하는 시간을 가졌다. 또한 전쟁 준비를 위해 학교 담임선생님들은 아동들에게 특정 물건, 가령 솔방울이나 떼 등의 할당량을 학교로 가져오도록 강요하였으며, 쉬는 시간이나 방과 후에는 아동들이 삽을 들고 비행장으로 가서 땅을 파거나 땅을 정리하는 일을 하였다. 그리고 조회와 음악 시간 등에는 일본의 군가와 노래를 부르도록 강요받았는데, 이러한 것들은 모두 당시의 시대상을 보여주는 것이라 할 수 있다.[7] 당시 학교에서는 아동들의 신체를 튼튼하게 하기 위해 아침마다 남·녀 구분 없이 십 리 정도를 구보하였으며, 체육시간에는 무용·보건체조·뜀틀 등을 하였다. 남자 아동들에게는 일본의 무예인 검도를 배우도록 하였다. 또한 화재 예방 훈련이 불규칙적으로 있었는데, 훈련 시간에는 교실에 있는 플라스틱 통을 들고 밖으로 나가 불 끄는 연습을 하였다.

이 무렵 학교에서는 운동회와 소풍 등의 행사가 있었다. 운동회는 가을철에 했는데, 학생들만의 잔치가 아닌 마을 주민들 모두가 참여하는 마을 축제였다. 그리고 소풍은 마을에서 얼마 떨어져 있지 않은 일산해수욕장이나 대왕암으로 봄·가을에 갔다. 아동들에게 운동회와 소풍은 즐겁게 놀 수 있어 좋았던 것만은 아니다. 평소에 먹어보지 못한 음식을 이 때 먹을 수 있었기 때문에 많은 아동들이 이날을 손꼽아 기다렸다고 한다. 방어진에서 만난 최○○ 씨(여·78세)의 어머니는 운동회 날에 일본인들이 즐겨 먹던 '초밥'을 도시락에 넣어 가지고 왔는데, 최 씨는 여러 초밥 중에서 장어를 올려놓은 초밥 맛을 지금도 잊을 수 없다고 한다. 또한 당시 소풍과 운동회 때는 유부초밥도 많이 먹었다. 당시 소풍 때는 부모들이 오늘날 도시락과 같은 '벤또'를 싸 가지고 왔다. 평소의 도시락은 보리밥에 미역 등의 해초를 된장과 비벼 먹는 것[8]이 전부였던 아동들에게 소풍과 운동회는 재미있게 놀기

---

7 현지 조사 과정에서는 이러한 모습을 다양한 사례를 통해 확인할 수 있었다. 가령 수업 과목에 오늘날 교련 수업과 관련된 군사교육 수업이 있었으며, 사이렌이 울리면 대피를 하는 행동들이 모두 이와 관련된 것으로 보인다.

8 일부 아동들은 고구마나 감자를 삶아 도시락 통에 넣어 가져오기도 하였다.

도 하고, 맛난 음식도 먹을 수 있어 무척 기다리던 행사였다고 한다. 그리고 당시에는 학예회가 있어 아동들이 준비한 것을 부모님 앞에서 선을 보이기도 하였다.

3) 일본 아동들과의 관계

어업과 기타 다른 목적으로 일본에서 많은 수의 이주민이 방어진에 몰려옴으로써 일제강점기 방어진은 여느 부락과 비교해도 손색이 없을 정도로 비약적인 발전을 하였다. 제보자들의 증언에 따르면 1920년대에 가장 많은 수의 일본인들이 방어진에 머물러 있었던 것으로 보이는데, 전성기 때 방어진에 거주하던 일본인들은 2만 명이 훨씬 넘었고, 가구 수는 무려 400~500가구 정도였다고 한다.

당시 방어진에 있었던 일본인들 중에는 어업을 주된 목적으로 일본에서 방어진으로 이민을 온 이들이 절반을 차지하였고, 어업 이외에 다른 목적으로 방어진으로 건너온 이들의 수도 적지 않았다. 특히 당시에는 일본에서 건너온 선생님들이 방어진에 많이 거주해 있었다고 한다. 많은 수의 일본인들이 방어진에 거주함에 따라 하루에 한 번씩 부산을 오가는 여객선이 생기고 방어진 시가지에는 넓은 신작로가 생겨나기도 하였다.

일제강점기에 방어진 지역에 많이 거주했던 일본인은 오카야먀岡山현 히나세日生 주민들이었다. 히나세 주민들은 일본인 가운데서 방어진 지역을 제일 먼저 찾았던 이들이기도 하다. 기존의 연구를 종합해 보면 히나세 주민들이 처음에는 어떤 목적을 가지고 방어진을 찾았던 것은 아니다. 히나세 주민들이 방어진을 처음 온 것은 1897년경인데 어업 도중 조류에 떠내려 와 우연히 방어진으로 오게 된 것이다. 당시 히나세 어민들은 대략 40여 명 정도가 방어진에 왔는데, 이를 계기로 일본인 통어자의 방어진 내항이 시작된 것이다. 당시 방어진 앞바다에서 삼치가 많이 잡히는 것을 알고 그들은 방어진을 그들의 어업 근거지로 정하게 되었다.[9]

이렇게 시작된 오카야마현 히나세 주민들의 방어진 이주는 1900년대로 오면서 본격적으로 진행되었다. 보다 구체적으로 말하자면 1905년부터 본격적으로 시작되었다. 이주자의 수는 해를 거듭할수록 증가하여 1909년에 98호로 급증하였고, 1910년에는 120호로 늘어나 전성기 무렵인 1920년대에는 400~500호가 거주하고 있었다.[10] 1912년대 자료에 의하면 조선 내 일본인 어촌은 41곳, 1,330호, 인구 5,600여 명에 달했다. 당시 일본에서는 조선이 70여만 명의 이민을 포용하였다고 선전을 하였다.[11]

방어진은 1930년대에 오면서 보다 다양한 측면에서의 발전이 진행되었다. 이 무렵에 오면서 후쿠오카현 지쿠호筑豊 수산조합 이주어촌 30호가 건설되었다. 또한 같은 해 봄 이미 98호의 일본인이 거주하고 있었는데, 이 가운데 73호는 요리점으로, 여기에는 매춘부 260여 명이 있었다. 그리고 다음 해에는 오카야마현 40호, 가가와현 15호, 후

---

9 朝鮮水産會, 「組合行脚(十一)」, 『朝鮮之水産』제131호, 1936, 81쪽(이현호, 「일제시기 이주어촌 "방어진"과 지역사회의 동향」, 『역사와 세계』33(효원사학회, 2008), 51쪽 재인용).

10 이현호, 앞의 글, 52쪽 요약.

11 原田彦熊·小松天浪, 『朝鮮開拓誌』(朝鮮文友社, 발행년 미상), 서문은 1913, 241쪽.

쿠이현 8호가 각각 보조이주어촌을 건설하였다.[12]

일본인들이 대거 방어진으로 이주해 오면서 이 지역은 부산·통영과 함께 당시 최대의 어항으로 부상하였다. 그리고 이런 과정에서 국내의 다른 지역에서도 적지 않은 이주민들이 방어진으로 이주해 왔다. 실제로 방어진에서 만난 제보자들의 증언에 따르면 그들 부모님들의 고향이 방어진이 본토박이인 사람들도 있었지만 경상남·북도에서 이주해 온 이들도 적지 않았다. 국내 내지인들이 방어진으로 이주해 온 이유는 돈을 벌기 위한 것이 주된 이유였다. 당시 방어진에 오면 '적어도 굶어죽지 않는다'는 소문이 널리 퍼져 타 지역의 젊은이들이 방어진을 많이 찾았다.

방어진에 한국인들의 숫자가 적지 않았음에도 불구하고 당시 방어진 지역을 장악하던 이들은 일본에서 온 이주민들이었다. 일본인 이주민들은 방어진의 상권은 물론 여관 및 숙박업, 음식점, 선구점, 주조업 등을 경영하면서 많은 돈을 벌었다. 이러한 모습은 초창기이주 시기부터 볼 수 있었는데, 1918년도 조선일보 기사에 따르면 당시의 모습을 개략적이나마 살펴볼 수 있을 것이다.

> 울산군 방어진은 부산에서 朝鮮郵船의 포항선 정기선으로 오전 10시에 출발하면 오후 2시경에 장생포에 기항하며 다시 1시간 후인 오후 3시에는 방어진항에 이르는데 방어진은 근래 눈부신 발전을 거듭하고 잇는 어항이다. 작금의 어업은 폐쇄기였으나 11~12월에는 성어

---

12 吉田敬市, 『朝鮮水産開發史』(朝水會, 1954), 468~469쪽.

기에 접어든다. 성어기에는 매월 6~7백척의 어선과 3~4천명의 어부가 방어진을 드나들며 이들 어부 중에는 岡山縣 출신이 가장 많고 다음으로 香川縣 사람들이다. 1918년 현재 방어진에서 영업을 하던 업체를 보면 전당포 4개, 목욕탕 4개. 이발소 5개, 고용인주여업 1, 여관 2, 음식점 16, 賣藥業 6개, 유곽 19개, 의원 3개소, 극장 1개, 유희장 5개 등이 있다[13].

일본인들은 물론 국내 내지에서 적지 않은 수가 방어진에 찾아옴으로써 일제강점기의 방어진은 전통적인 마을에서 벗어나 우리나라를 대표하는 어항으로 발돋움한다. 더불어 여러 지역에서 온 이들이 모여 살면서 전에 볼 수 없었던 다양한 문화 현상들이 생겨나기도 하였다.

하지만 당시 일본인들과 국내인들과의 교류는 그리 빈번하지 않았다. 특히 아동을 둔 가정에서는 일본인들과의 접촉 및 교류에 있어 비교적 부정적이었다. 이는 방어진 어른들의 입장에서는 일본인과 부딪히는 일을 사전에 방지하기 위한 측면도 결코 무시할 수 없었다. 실제로 빈번한 경우는 아니지만 당시 일본인과 내지인이 다투거나 혹은 일방적으로 구타를 당하는 경우가 있었다고 한다. 현지 조사 과정은 물론 당시 신문 기사에서도 이런 사실을 확인할 수 있었다.

3월25일 울산방어진에서 일순사 伊藤과 일본인 川邊이가 협력하야

---

13 『조선일보』(1918. 9. 2).

무고한 인민을 구타하엿다는 사실은 이미 보도한 바와 갓거니와 당지 울산 청년동맹 동면지부와 울산신가회지회 동면분회에서는 이 소문을 듯고 그 진상을 철저히 조사하야 지난 4일에 그 진상보고 연설회를 개최하고저 모든 준비를 맛치고 그 전일에 제출 교섭하엿든 바 서장의 명령이라는 리유로 금지를 당하엿다더라[14]

위의 신문 기사는 일본 순사에게 내지인들이 구타를 당한 경우에 대한 소개이다. 이와는 달리 일본인 아동을 우리 아동들이 괴롭히는 경우도 있었다. 다음 내용은 일본인 아동과 내지인 아동이 노는 과정에서 벌어졌던 일이다.

우리 형님이 지금 감포에 사는데 우리 형님이 우리 어릴 때 일본놈들이 한창 지붕 위에다 돌 던지고 왜냐하면 (형님 성함이?) 주두규. 어릴 때 보면은 짤짜리, 쌈치기. 옛날에 보면 일본 사람들이 사거리에다 보면 절을 조그맣게 사메사마 모셔놓고 쌈치기를 하거든, 학생들끼리 친구들하고. 일본놈들하고 조선사람들하고 싸워가 뚜드려 팬거야. 일본아들이 즈그 친구들 뚜드려 패놓으면 자기 부모들이 일본 경찰서에다가 이르거든. 경찰차가 오면 도망가삔다고. 그러다가 밤 되면은 자갈을 호주머니에 이빠이 담아와 갖고 주던진다. (그 당시에 집이 하꼬방이었어요?) 우리는 초가집이었고, 즈그는 개집아니면 함석집이지. (그 당시에 집은 어떻게 생겼습니까?) 형태가 지금 보자. 함석집은 주로 배집

---

14 『조선일보』(1930. 4. 7).

식이지. 그 다음에 또 삼각자로 집을 이쁘게 지은 집도 있었어[15].

위의 인용문에서 알 수 있듯 일부 어른들은 일본인과 관계가 좋지 않은 경우도 있었지만 현지 조사과정에서 만난 대부분의 제보자들은 일본인과의 관계가 그리 나쁘지 않았다고 증언하였다. 특히 생계를 목적으로 일본인과의 교류가 불가피했던 내지인들은 일본인과의 관계가 가까운 친척이나 이웃사촌처럼 무척 좋았다고 한다. 이런 가정의 아동들은 어른들과 마찬가지로 관계가 무척 좋았을 뿐만 아니라, 일본인 아동들과 어울려 노는 경우도 많았다. 그리고 일본인 가정집에서 일을 하던 부모를 둔 아동들 중에는 일본 아동들만 다닐 수 있는 학교에 다니기도 하였다. 실제로 현지 조사에서 만난 주○○(남·72세) 씨는 아버지는 일본인이 운영하던 어업을 도와준 연유로 일본인과의 교류가 많았다. 그래서 그는 어린 시절에 일본인 아동들만 다니던 학교에 입학할 수 있었다. 주 씨가 학교를 다니던 당시 일본인 학교는 한 반의 학생수가 60명이었는데, 그 가운데 내지인이 1~2명 정도였다. 당시 일본인 학교에 다니던 아동들은 여유롭게 사는 집의 아동들도 있었지만 대부분 일본인과 관계가 좋았던 집안의 자제들이었다고 한다.

당시 방어진의 대다수 아동들이 일본인 아동들과 교류가 많지 않았지만 일본인 아동들과 직·간접적으로 교류가 많았던 아동들은 다양한 놀이를 하면서 어린 시절을 보냈다. 이 시기 일본인 아동들과 주

---

15 주○○(남·72세), 2010. 11. 22 현지 조사.

로 했던 놀이에는 구슬치기가 있었다. 그리고 방어진에서 만난 제보자 중에는 당시 장난감(인형)을 가지고 놀던 일본 아동들을 무척 부러워하였다. 일본 아동들이 예쁘게 생긴 인형을 가지고 놀면 그것을 갖고 싶어 했는데, 당시 인형이나 장난감은 극소수의 일본인 아동들이나 가지고 놀았지 내지인 아동들은 장난감을 가지고 노는 경우가 거의 없었다고 한다.

이 장에서 살펴본 내용을 정리하면 당시 방어진 아동들은 일본 아동들과의 교류가 거의 없다고 해도 과언은 아니다. 다만 일부 아이들은 일본인 아동들과의 교류가 있었던 것으로 보인다. 특히 후자처럼 일본인 아동들과 교류가 많거나 비교적 관계가 좋았던 아동들은 해방 후 일본 아동들이 그들의 본국으로 돌아갈 때 눈물을 흘리며 배웅을 하는 경우도 있었다고 한다.

3. 놀이문화

일제강점기 방어진 아동들이 즐겨 하던 놀이는 매우 다양하다. 근대 시기라는 시대적 배경으로 전통적인 놀이와 함께 외부에서 소개된 다양한 놀이가 혼재해 있었기 때문에 이 시기는 여느 시기보다 놀이가 다양했던 것으로 보인다. 이 시기는 서구에서 근대식 학교가 소개됐다는 점에서 보면 기존의 전통적인 놀이와 달리 놀이 공간이 확대되었을 가능성도 배제할 수 없다. 물론 이러한 모습이 본 연구 조사 지역인 울산 방어진에서만 보이는 양상으로 치부하기에는 다소 무리가 있을 것이다. 이런 모습은 이 시기 무렵 우리나라에서 보편적으로 볼 수 있었던 양상일 가능성이 높기 때문이다.

현지 조사 등을 토대로 근대 시기 방어진 아동들이 즐겨하던 놀이에는 전통적인 놀이와 이 무렵에 새롭게 등장한 놀이가 있었으며, 남자와 여자 아동에 따라 행하는 놀이가 조금 차이가 있었음을 알 수 있다. 개별 놀이에 따라서는 전통적인 요소와 근대적 요소가 가미된 놀이가 있기도 하며, 남자와 여자 아동 구분 없이 함께 즐기던 놀이도 이전에 비해 훨씬 다양했던 사실도 확인할 수 있었다. 과거에는 여자 아동들만이 즐기는 놀이가 많았던 반면, 근대 시기에 오면서 여자와 남자 아동이 함께 참여하여 놀 수 있는 놀이가 이전에 비해 다양해졌다는 사실도 현지 조사 과정을 통해 확인할 수 있었다. 아울러 이 시기는 학교와 가정, 그리고 동네 골목길에서 행해졌던 놀이들이 각각 차이가 있었다. 다시 말하자면 학교에서 주로 했던 놀이와 동네 골목에서 하던 놀이가 차이가 있었다는 것이다. 이런 양상이 보이는 이유는 아마도 당시 일본의 교육정책에 따른 이유와 함께 당시가 식민지 시기였다는 점에서 보면 공개적으로 할 수 있는 놀이와 그렇지 않은 놀이가 구분되어 있었던 것과 관련이 있는 것으로 보인다.

근대 시기 특히 1930~40년대 방어진 아동들의 놀이는 전통적인 놀이와 근대 시기에 새롭게 소개된 놀이로 정리할 수 있다. 전통적인 놀이는 근대 시기 이전부터 행해졌던 놀이를 말하는데, 연날리기와 널뛰기 등 우리가 오늘날 민속놀이로 부르는 놀이가 여기에 속한다. 반면 새롭게 소개된 놀이는 근대 시기에 오면서 외부에서 소개된 놀이를 말한다. 이들 놀이는 일본의 영향을 간과할 수 없다. 물론 놀이에 따라서는 일본에서 소개되었다고 단정하기 힘든 경우도 있다. 하지만 현지 조사 과정에서 개별놀이들의 그러한 구분을 비교적 명확하게 정리할 수 있었다. 이런 분류를 토대로 남·녀 놀이로 다시 구분하여 정리하고자 한다.

근대 시기 방어진 아동들이 일상적인 여가문화를 보면, 여자들은 해안가에서 백합 등의 조개를 줍거나 파고, 물이 맑을 날에는 소라 등을 잡아 삶아 먹으며 무더운 여름을 보냈다. 남자 아동들은 마을의 어른들을 따라 배를 타고 다니며 수영 등을 많이 하였다. 그리고 일제강점기라는 시대적 배경에도 불구하고 아동들은 친구끼리 다양한 놀이를 하면서 아동기를 보냈다. 여기에서는 현지 조사를 바탕으로 일제강점기 무렵 울산 방어진 지역 아동들이 즐겼던 세부적인 놀이에 대해 소개하고자 한다.

1) 전통적 놀이

1930~40년대 방어진 아동들이 즐겨하던 전통적인 놀이는 매우 다양하다. 오늘날까지 행해지고 있는 전통적 놀이 대부분이 이 시기에도 행해졌다. 방어진 아동들의 전통적 놀이 개별놀이와 단체놀이로 구분된다. 개별놀이는 연날리기·살구받기·널뛰기·씨름·제기차기 등이며, 단체놀이는 개별놀이에 비해 그리 많은 것은 아니지만 자치기 등이 있었다. 이들 전통적인 놀이 가운데서 대표적인 전통적인 놀이를 남자·여자로 구분하여 살펴보고자 한다.

(1) 남자

○ 연날리기

근대 시기, 특히 현지 조사 과정에서 엿볼 수 있었던 1930~40년대 울산방어진 남자 아동들의 즐겨하던 놀이 중에서 활발하게 했던 놀이는 연날리기·제기차기·썰매타기·칼싸움 등이 있었다. 특히 남자 아동들이 즐겨 하던 놀이는 정초에 놀았던 연날리기가 있었는데, 연은 주로 학교 운동장이나 혹은 마을의 높은 언덕에서 많이 날렸다. 겨울철에 방어진은 바람이 잘 불어 연날리기에 매우 적합하여, 겨우내 연날리기를 많이 하였다. 즐겁게 연날리기 놀이를 하다, 정월대보름 무렵에는 연줄을 끊어 멀리 보냈다.[16] 현지 조사를 통해 조사된 당시 연날리기의 내용을 간략하게 소개하면 다음과 같다.

(그 당시에 연날리기도 했었어요?) 연날리기 했지. 우리 집에는 우리 오빠만 연날리기 했지. 여자들은 안하지. 구경하는데 실에다가 감 먹인다고 하거든. 실에다가 풀을 먹이는데 그거는 엄마가 해줬지.[17]

---

16 조선의 소년들이 가장 즐기는 가장 훌륭한 놀이는 연날리기일 것이다. 그들이 날리는 연은 가벼운 대나무 뼈대 위에 펴바른 사각진 종이 위에 그림을 그린 것으로서 가운데서 구멍이 뚫려 있다. 줄은 손잡이가 긴 얼레에 감겨 있는데 아동들은 얼레를 매우 능숙하게 다루어 바람이 조금만 불어도 연을 보이지 않는 곳까지 날릴 줄 안다(호레이슨 N 알렌(윤후남 옮김, 이순자 감수), 『알렌의 조선체류기』(예영커뮤니케이션, 1996), 143쪽).

17 최○○(여·78세), 2011. 11. 21 현지 조사.

○ 제기차기[18]

당시 방어진 남자 아동들이 많이 했던 놀이에 제기차기가 있다. 제기차기는 오늘날처럼 동전을 이용하여 제기를 만들어 차기도 했으며, 풀을 뽑아 제기를 대신하여 놀았다. 누가 많이 차는가를 겨루기도 하고, 술래를 뽑아 술래가 제기를 던져주면 발로 찬 다음 손으로 잡아서 술래가 뺏는 동안 제기를 발로 많이 찬 후에 개수대로 술래를 때리기도 하였다. 여자 아동들도 제기를 차는 경우도 있었지만 제기차기는 주로 남자 아동들이 많이 하였다.

(2) 여자

○ 널뛰기

여자 아동들이 주로 가정에서 많이 했던 놀이에 널뛰기가 있다. 널뛰기는 정초에 마당에서 많이 하던 놀이다. 이웃집 여자들끼리 하기도 했으나, 조사 과정에서 만난 여자 제보자의 경우는 아버지가 매우 엄격하여 집 마당에서 식구들끼리 널뛰기를 했다고 한다. 여자가 외부 출입을 하는 것에 대해 반대했던 아버지 때문에, 집 마당에서만 널뛰기를 했던 것이다. 엄격한 아버지가 정초에 집 마당에 널판을 깔아주면 언니 동생 등과 이 놀이를 즐겼다. 집안에서 널뛰기를 하고 있으면 같은 또래의 여자 아동들이 집으로 찾아와 같이 널뛰기를 하였다.

---

18 서양인들은 제기차기를 "발로 하는 배드민턴"이라고 불렀다. 이 놀이는 셔틀콕이라 말 할 수 있는 제기를 배드민턴처럼 라켓으로 치는 것이 아니라 발 안쪽으로 차올린다(백성현·이한우, 『파란 눈에 비친 하얀 조선』(새남, 1999), 249쪽).

○ 그네뛰기

방어진 여자 아동들은 봄철이면 그네뛰기도 많이 하였다. 봄철이면 남자 어른들이 그네를 매주었다. 당시 마을에 큰 버드나무가 있어, 버드나무 가지에 그네를 설치해 주었다. 그네를 잘 타던 여자 아동들은 하늘을 날아다닌다는 말을 들을 정도로 그네를 잘 탔다. 해방 무렵에 오면서 여자들만 참여하는 그네 대회가 열리기도 하였다.

이밖에 당시의 방어진 아동들이 즐겨 하던 전통놀이 가운데는 남자 아동들이 즐겨하던 씨름이 있었다. 씨름은 특별한 날을 잡아 즐기는 것이 아니라, 운동장이나 해수욕장, 혹은 집안의 안방에서 친구들끼리 수시로 하던 놀이였다. 남자 아동들이 씨름을 했던 이유는 조금씩 차이가 있겠지만 주로 서로 힘을 겨루기 위한 목적이었다. 현지 조사 과정에서 울산 지역 여러 곳에서 당시 큰 씨름 대회가 열렸다는 이야기는 들을 수 있었지만 그 내용에 대해서는 구체적으로 확인할 수 없었다. 그러나 이러한 흔적을 신문 기사에서 찾을 수 있었다. 내용은 다음과 같다.

경남 울산군 동면에서는 유사한 부락일 뿐 아니라 항구로도 유망할 방어진은 차차 발전하여 가는 중 정기시장이 업습을 유감으로 사하든 지방인사들은 맹렬히 그 설치를 운동하야 수일전에 인가되야 래 29일에 시장개최와 청년회 노동친목회 宿屋聯合 시대 동아 각 분국 후원하에 성대한 축하식을 거행할 터이며 여흥으로 3일간 남선각희

대회를 개최한다는데 방금 주최측 후원측에서는 준비에 분망하다고.[19]

2) 외부에서 도입된 놀이

(1) 남자

○ 야구공 치기(하블러시)

당시 방어진 아동들이 학교에서 많이 했던 놀이로 야구공 치기가 있다. 제보자들은 이 놀이를 일본어인 '하블러시'라 불렀는데, 이 놀이는 오늘날 인기가 많은 야구와 비슷하다. 현대식 야구는 투수가 공을 던져 방망이로 치는 놀이인데 비해, 하블러시는 딱딱하지 않은 고무공을 공격하는 타자가 직접 공을 던져서 주먹으로 치는 놀이다. 야구와 마찬가지로 주먹으로 공을 치고 나면 1루로 달려가 2루, 3루를 거쳐 홈으로 오면 1점을 얻을 수 있다. 이 놀이는 남자 아동들이 즐겼으며 방과 후에 학교 운동장이나 넓은 공터에서 많이 하였다. 야구공 치기는 해방 이후에도 방어진 아동들이 많이 하던 놀이다. 이 놀이는 여자 아동들도 하는 경우가 있긴 했으나 주로 남자 아동들이 즐겼다고 한다. 다음의 내용은 하블러시에 대한 제보자의 구술 내용이다.

(하불로시는 야구공, 그거는 남자 대 여자로 하는거예요?) 아니, 여자들끼리 하고 남자들끼리 하고. 그때는 남녀 같이 어울리는 거는 없었지.

---

19 『동아일보』(1925. 5. 26).

(하불로시는 학교에서도 체육시간에 했었어요?) 학교서도 체육시간에 하지. 하불로시는 하는데 내가 이래 앉아가지고 탁 던져가 저쪽에서 받으면은 나는 아웃되가 죽고. (그럼 야구하고 똑같아요?) 똑같지. (1루가 있고 2루가 있고 3루가 있고, 투수는 없었겠네?) 아니, 공 받는 사람은 있지. (그건 몇 명이서 하는거예요?) 그건 열명 가 다섯명 짜서 하고 몇 명 마 편만 가르면. (공은 어떤 공이었어요?) 공은 말랑말랑한거. (학교에서도 했고) 하불로시는 주로 우리 집 같은데는 공간이 안되니까네 운동장에서 수업 끝나고 선생님이 체육시간에 아들을 다 몰아내가지고 가서 구경하는 사람, 반을 나눠가지고 선수를 뽑아가지고 양쪽에 붙어가 응원하고 담임선생님이 한 시간을, 체육시간을 요번 시간에는 하불로시다 그러면. 피구 같은 거는 수업시간에 많이 했어요. (라인을 그려가지고) 웅, 그래갖고 쭉 서가지고 상대가 공을 치면 안 맞고 일로 달아나야 되는데 못 달아나고 그거하면은 죽는거지. 그거는 주로 체육시간에[20]

○ 구슬치기

남자 아동들은 구슬을 가지고 다양한 놀이를 하였다. 구슬치기는 상대방이 가지고 있는 구슬을 많이 가져오는 것인데, 여러 가지 놀이 방법이 있다. 조금 떨어진 곳에 상대방의 구슬을 놓고 맞추는 것이 있는가 하면, 일정한 양을 삼각형 모양 안에 넣어 놓고 일정한 거리에서 맞추면 놓인 구슬을 가져가는 놀이가 있다. 다른 놀이 방법에는 동전

---

20 최○○(여·78세), 2010. 10. 20 현지 조사.

치기 중 일명 "짤짤이(삼치기)"라 부르는 놀이와 마찬가지로 상대방이 손에 쥐고 있는 구슬의 개수를 맞추는 것이 있다. 당시 구슬치기는 남자 아동들이 많이 했는데 구슬은 학용품상에서 팔았다.

(2) 여자

○ 고무줄놀이

고무줄놀이는 두 사람이 마주서서 고무줄 양 끝을 잡고 놀이를 하는 사람을 위하여 노래를 부르는 기본적인 것과 U자형, 삼각형으로 잡고서 하는 방법이 있다. 방법은 단계가 있어서 고무줄을 복숭아뼈 있는 곳부터 손을 쳐들어 높게 한 곳까지 이르는 고무단 뛰기와 편족 뛰기, 고무줄 얽히기, 줄을 건드리지 않고 넘기, 한발 걸고 외발뛰기 등이 있다.[21]

방어진 여자 아동들도 고무줄놀이를 많이 하였다. 당시의 고무줄 놀이에 이용하던 고무줄은 오늘날 많이 하는 검정 고무줄이 아닌, 노란 고무줄을 서로 엮어 길게 늘어뜨린 것이었다. 아버지나 어머니가 노란 고무줄을 사오면 여자 아동들이 그것을 엮어 고무줄놀이를 하였다. 고무줄놀이를 할 때는 노래를 부르는데, 무릎에서부터 머리끝까지 높이를 옮겨가면서 노래에 맞춰 아동들은 고무줄을 넘었다. 주로 같은 나이 또래 여자 아동들끼리 놀았으며, 편을 갈라 놀기도 하였다.

3학년땐가, 요새 고무밴드 안 있나, 저거를 어디서 사왔는지 엮어가지

---

21 좌혜경, 「한·일 아동놀이의 비교」, 『한국민속학』23(한국민속학회, 1990), 147쪽.

고 고무줄 뛰는 거 할 때 쓰라고 그래 해주고. (고무줄은 학교에서만 했어요, 집에 와서도 했어요?) 집에 마당이 많으니까, 내가 형제간이 많으니까 울타리에서 형제간에 많이 했지. 그러니까네 둘째딸하고 셋째하고 내가 넷째고, 다섯째까지는 이래 한 집에서 살면서 생활을 오래 했는데 지금도 막내가 지금 육십아홉인가 칠십인데 가도 옛날 노래를 참 잘해요. 지가 요만할 때 애기가 기어댕길때 삼천리 강산에 이거 다 우리 한국 건전가윤데, 걔가 노래 잘해요. (고무줄놀이는 누구한테 배웠어요?) 학교에서 선배들이 하는 거, 우리가 놀이가 없으니까는 이제 그런 거 따라하지. (학교 들어가서 고무줄 배우신거죠?) 그렇지. (고무줄은 그 당시에 어디서 사셨어요?) 아버지가 사다줬지, 딴 아들은 검은 고무로 하는데, 나는 우리 부친이 고무를 엮어줘가. 그래서 아버지 어디서 구해왔냐 하니까 조양백화점에서 구해왔다. 이거는 해방되고 난 후에, 내가 좀 성장했을 때. 이 노래 부를 때, 삼천리 강산에 햇빛이 돋는날, 우리 OO은 무궁화 피었네 동포야 동포야 이날을 잊지를 말고 OO의 자유를 누리세로세 우리가 광복되고 난 후에. 일제때는 이 노래 아니고 그때 노래는 잘 모르겠네. 내가 4학년에 해방되가 5학년 될때. 이 밴드만 보면 우리 아버지 생각이 나요. (놀 때는 어떤 식으로 놀아요?) 네 사람이 둘이가 잡고 팀을 나눠가, 퍼떡퍼떡 뛰다가 걸려가 넘어지면 팀을 바꾸고. 전에는 발목에 했다가 고 다음에는 올렸다가 고 다음에 잘 뛰는 아는 허벅지까지 가고. 둘이 마주 서가 있으면 자꾸자꾸 올리고. 요즘걸로 하면 장대높이뛰기, 그때부터 그런 게 있었어요.[22]

---

22 최○○(여·78세), 2010. 11. 22 현지 조사.

○ 사방치기(시찰내기)

방어진 여자 아동들이 즐겨 하던 놀이에 사방치기가 있다. 이 지역에서는 사방치기를 시찰내기라 부르는데, 당시 여자 아동들이 운동장이나 공터, 아니면 집 마당에서 많이 하였다. 이 놀이는 돌멩이를 가지고 바닥에 그려 놓은 일정한 공간을 통과하는 놀이다.

> 그렇지, 시찰내기 안 있나. 남자들은 자치기를 하고 여자들은 시찰내기 하고. 돌멩이 차기를 시찰내기라 했다. 그런 거는 내거는 내가 갖고 다니고, 잘 나가는 거는. 차가지고 상대하고 딱 맞으면은 지가 죽지, 나는 차서 이겼으니까네. 차서 죽였으니까. 요런 돌은 가방에 넣어가 다녔었어요, 돌을 산에서 주워 오면은, 요런 돌은 옛날에 시찰내기 하기에 알맞다 해서 주워왔어요.[23]

(3) 남·녀 혼성놀이

○ 깡통차기(깬또바시)

당시 방어진 아동들이 즐겨 하던 놀이에 깡통차기가 있다. 일본말로 '깬또바시'라 부르기도 하는데, 주로 골목에서 많이 하였다. 빈 깡통(통조림 통)을 가운데에 놓고 미리 뽑아 놓은 술래가 숫자를 세는 동안 한 아동이 깡통을 멀리 차면 술래가 깡통을 주우러 간 사이에 다른 아동들은 술래가 찾기 힘들거나 보이지 않는 곳에 숨는다. 술래가

---

23 최○○(여·78세), 2010. 11. 22 현지 조사.

깡통을 찾아 동그라미가 그려진 원 안에 놓으며 다른 아동들은 술래에게 잡혀서는 안 된다. 술래가 다른 아동들을 잡고 깡통이 세워진 곳에 오면 잡힌 아동이 다음 술래가 된다. 반면 술래가 자리를 비워 놓고 없을 때 다른 아동들이 깡통을 차게 되면 술래는 다시 술래가 된다. 이 놀이는 남자, 여자 구분 없이 같이 할 수 있었던 이 시기 대표적인 놀이다.

○ 가이리(가이셍)

가이리는 호미나 나뭇가지로 땅에 놀이를 할 수 있도록 선이나 그림을 그려 놓고 두 팀으로 나눠 진행하는 놀이다. 수비하는 팀은 공격하는 팀이 일정한 공간이나 장소를 갔다 와서 다시 처음 공격하던 장소로 가지 못하도록 저지하면서 노는 놀이 등을 총괄하여 부르는 놀이가 바로 가이리(가이셍)이다. 지역에 따라서는 가이셍이라고 부르기도 하는데, 놀이 형태와 방법은 매우 다양하다. 사각형 모양으로 그림을 그려 노는 방법도 있고, 여러 개의 동그란 원을 바닥에 그려 노는 놀이 등이 있다. 충남 청양 지역에는 다음과 같은 놀이가 있는데, 이 지역에서는 가이셍이라 하였다.

가이셍은 여자끼리 10명 정도가 두 편으로 나뉘어 학교나 동네에서 많이 했던 놀이다. 경우에 따라서는 남녀가 섞여서 하는 경우도 있다. 먼저 가위 바위 보로 해서 5대 5로 편을 나눈다. 그러면 진 사람 5명이 오니(술래)가 되어 가운데에 들어가고 이긴 사람 5명은 작은 집에 들어간다. 이긴 사람의 경우, 처음 시작은 작은 집에서 하지만 놀이가 시작되면서 작은 집과 큰 집을 번갈아 이동할 수 있다. 진 사람과 이긴 사람은 서로 밀고 당기며 상대편 놀이 영역 밖으로 내보낸다. 죽게 되면 자동으로 밖으로 나가야 한다. 이렇게 해서 마지막까지 한 명이라도 살아남은 편이 이기게 된다. 8자 가이셍도 있는데 이것은 땅 바닥에 8자로 그림을 그려서 위의 방식과 비슷하게 한다.[24]

충남 청양 지역에서 볼 수 있는 놀이는 두 팀으로 나눠 땅에 놀이 모양을 그려 서로의 영역을 뺏는 놀이다. 이런 놀이 이외에 일정한 공간을 통과하여 다시 돌아오는 놀이도 있다. 실제로 방어진 지역에서도 당시 이러한 유형의 놀이를 아이들이 즐겨 하였는데, 구체적인 구술 자료를 통해 이를 확인할 수 있었다.

제보 1

우리가 어릴 때에 소 먹으러 다니면서 가이리를 했거든. 두 패로 갈라 가지고 가이리를 하는데 거기는 늘 아들이 뛰니까 잔디가 안나는기라. 잔디가 딱 표가 나. 술래가 서는 데하고. 그 자리를 우리가 가이리 땅에 가자 해가 그 가가지고 가이리놀이를 하는거야. 가이리땅이라고. 제일 꼬마들은 소 보러 다니고. 논에 못 들어가도록 해야 될 거 아니가. 그 다음에 좀 큰놈들은 이거 하고. 축구도 하고. 도꼬다이하는 거 아는교? 그 놀이가 있단 말이야. 우리가 도꼬당 땅이 있어. 거기 가서 축구도 하고 하는데 도꼬당 그 말이 무슨 말인지 모르겠는거라. 당

---

24 임동권·정형호·임장혁, 『청양의 전통오락과 놀이문화』(청양문화원, 2007), 229~230쪽.

하는 말이 땅하고 같은 말이야. 해방 이후에 그 놀이문화가 계속 남아 있어 가지고 우리 어릴 때도 가이리땅, 가이리 하고 겐또바시하자 이런게 있었단 말이야.[25]

제보 2

가이리나 내꼬동이나 똑같다. 똑같은 거는 여기서 살아남는 사람이 숫자가 네 사람이 출발했으면 요 숫자에 따라가지고 편을 갈라하는데 여서 출발해가지고 그래 하나 잡을라고 이 사람들이 다 쭉 내려오는 거라. 내려와가지고 요령 있게 피해갖고 다 내려가고 나면 앞사람하고 뒷사람하고 손을 맞춰가 잡히면 죽어뿌고. 죽어서 나오면은 살아남은 사람이 숫자가 적보다 많으면 다시 부활되고. 그게 내꼬동, 가이리다. 가이리는 돌아왔다 이 말이다. 산 사람이 돌아갈 때 "가이리" 하거든.[26]

방어진 지역 아동들이 즐겨 하던 가이리 놀이는 사각형으로 일정한 공간을 나눈 다음 수비가 그 사각형으로 들어가 있으면 공격하는 사람들이 그 수비수들을 피해 맨 뒤에 있는 선을 밟고 본래 출발했던 곳으로 돌아오면 이기는 놀이다. 당시 아동들은 이 놀이가 너무 재미있어 시간 가는 줄 모르고 놀았다고 한다.

25 최○○(여·78세), 2010. 11. 21 현지 조사.
26 최○○(여·78세), 2010. 11. 21 현지 조사.

○ 줄넘기

줄넘기는 오늘날 아동들도 많이 하는 놀이이다. 이 놀이가 외부에서 유입된 놀이인지에 대해서는 논란의 여지가 있긴 하나 방어진에서 만난 제보자들은 줄넘기가 일본에서 왔다고 한다.

단체줄넘기도 했는데 구령을 붙이면 거기에 맞게 뛰었어요. 주로 학교에서 하는 거니까 요즘과 똑같이 하나 둘 숫자를 시아리고, 혼자 이래 할 때는 노래를 부르고(줄넘기도 일본에서 왔어요?) 그것도 인자 줄넘기도 일본에서 왔다고 생각되요. 내가 국민학교 2학년 때 학교에서 배왔으니께, 특히 일본인 선생님이, 왜 야가가, 한국 선생님이 하나 있는데, 내가 봐도 한국 선생님이, 품위가 없고, 야마구치 센세이가, 교육 품위가, 선생님이 교장이라카 나 아니고 아침마다 탁 해가지고 대대장 있거든요[27],

당시 줄넘기 놀이에 사용하는 줄은 새끼를 꼬아 만든 것으로 여자 아동들이 주로 했지만 남자 아동들도 종종 즐겨 하였다. 줄넘기를 할 때는 일본의 노래를 많이 불렀다. 내용은 군가나 혹은 전쟁과 관련된 노래가 많았다.

이들 놀이 이외에 이 시기에는 다양한 스포츠가 있었다. 축구·야구와 같은 스포츠가 오늘날과 달리 당시에는 아동들의 놀이로 인식되었다고 한다. 당시 아동들이 즐겨하던 스포츠 형태의 놀이에는 땅

---

27 최○○(여·78), 2010. 10. 20 필자 조사.

바닥에서 하는 탁구가 있었다. 이것은 오늘날의 탁구채보다 2배 정도 크기로 나무판을 잘라 채를 만들고, 호미로 땅에 테니스 코트 모양으로 선을 그린 다음 그 안에서 탁구를 하듯 공을 치면서 노는 놀이다. 이 놀이에 대한 정확한 명칭은 알 수 없으나 당시에 '땅바닥 탁구' 혹은 '땅바닥 테니스'라 불렀는데, 주로 학교에서 많이 하였다.

그리고 오늘날 스포츠로 자리 잡은 축구는 이 시기 방어진 지역에서 인기가 많았다. 당시 방어진 학교의 축구 실력은 울산 지역은 물론 인근 다른 지역에서도 알아줄 정도로 매우 뛰어났다. 다른 팀과의 축구 시합이 열리면 축구를 보기 위해 몰려온 사람들로 인산인해를 이뤘다고 한다.[28] 방어진 아동들은 다른 지역에 비해 축구를 거칠게 하여, 다른 지역에서 축구시합을 마치고 돌아올 때면 다른 지역 사람들이 방어진 축구 선수들이 무사히 돌아가지 못하도록 폭력을 행사하는 경우도 있었다.

한편 당시 방어진에는 여러 유형의 공연단이 있었는데, 이들 공연을 보기 위해 아이들은 물론 많은 사람들이 공연장을 찾아 관람을 하였다.[29]

일제강점기 울산 방어진 사람들의 삶과 문화

---

28 경남 울산군 동면 5월 청년동맹 주최로 전동면 제2회 축구대회를 동면 방어진 우암에서 개최한다함은 기보와 같거니와 과연 굴지하야 기대하던 去8일은 연일 雲霧로 사방을 분별치 못하던 天氣가 일흔 아침부터 청명하여지며 早朝부터 수천 관중이 인산인해를 이루어 대성황을 보게 되었다는데 특히 驚異할 바는 농촌청년소년의 澄澄한 용기와 아름다운 기술은 도시에 손색이 무할 만큼 장관이였다 하며 참가한 9개 단체와 우승팀은 여좌하다고 한다. 참가단체: 용진단, 동부군, 화정군, 전하군, 전력단, 구미군, 용렬단. 일성단, 주전, 용진단(조선일보(1926. 8.11))

29 경남 울산 방어진 적포단에서 거 7,8일간 당지 상무관에서 소인극을 상연하였는데 정각 전부터 밀려드는 관중은 상하층에 대만원을 일우엇스며 개막이 되자 일어나는 拍手聲은 그야말로 청천벽력이엿고 끗까지 갈채리에 무사 終幕하얏는데 동정금도 답지하야 방어진 초

4. 맺음말

지금까지 근대 시기 울산 방어진 아동들의 생활과 놀이문화를 개략적으로 살펴보았다. 물론 본 연구에서 살펴본 울산 방어진의 내용이 여타 다른 지역에서도 볼 수 있는 내용인지에 대해서는 정확히 알 수 없다. 그러나 당시의 시대적 배경을 보면 당시 아동들의 생활과 놀이문화는 다른 지역의 경우도 이와 크게 다르지 않을 것으로 보인다. 다만 일제강점기 이민 부락 중 하나인 방어진 지역은 일본인과의 교류가 다른 지역에 비해 활발했다는 점에서 보면 그러한 변화가 다른 지역보다 활발하게 진행되었을 가능성은 충분하다.

이상에서 본 내용을 통해 우리는 근대 시기 아동들의 삶, 특히 본 연구에서 살펴본 1930~40년대 아동들의 삶은 오늘날과 비교해 볼 때 매우 궁핍하였다는 것을 알 수 있다. 특히 의·식·주 부분에서 더욱 그러했음을 알 수 있었다. 그리고 당시 우리나라를 지배하고 있던 일제가 전쟁을 준비하고 있었던 시기인 연유로 아동들의 전반적인 생활은 이러한 기조 아래에서 크게 벗어나지 못했던 것 같다. 이러한 모습은 당시 학교생활에도 고스란히 반영되었는데, 교육의 전반적인 내용과 학교에서의 생활이 이러한 기조에 주안점을 두었기 때문이다. 방어진 지역이 당시 우리나라를 대표하는 일본인 이민 부락이었던 것을 감안하면 이러한 모습이 여느 지역 못지않게 두드러졌을 가능성도 결코 배제할 수 없다.

유의 대성황을 일우엇다더라(중외일보(1927. 8. 21)).

이에 비해 방어진 아동들의 놀이문화는 전통적인 놀이와 외부에서 유입된 놀이가 공존하고 있었던 것으로 보인다. 당시 외부에서 유입된 놀이를 정확하게 규정할 수는 없으나, 일본 아동들과의 교류, 그리고 학교 교육을 통해서 전에 즐겨 하지 않았던 놀이들이 생겨났다. 이 전 시기에는 남·녀의 구분을 두었던 놀이가 많았던 반면 이 시기에는 이러한 벽이 어느 정도 허물어져 남·녀가 함께 즐기는 놀이들이 많이 생겨났다. 학교 운동장에서 수업시간에 즐겨 했던 피구, 깡통을 발로 차면서 놀던 하블러시[깡통차기] 등이 모두 남자와 여자 아동이 함께 즐길 수 있던 놀이다. 외부에서 유입된 놀이와 함께 당시에는 우리네 민속놀이도 많이 행해졌다. 남자 아동들의 연날리기, 여자 아동들의 널뛰기 등이 이 시기에 즐겨 하던 대표적인 민속놀이다.

본 연구는 울산 방어진 현지 조사를 토대로 근대 시기 방어진 아동들의 생활과 놀이문화에 대해 살펴보았다. 부족한 부분은 기존의 연구 자료를 활용하여 진행되었으나 미비한 구술자료를 통해 총체적으로 당시의 모습을 정리하는 데에는 많은 한계가 있었던 것 같다. 연구 과정에서 부족한 부분은 추후 다양한 문헌과 현지조사 등을 통해 좀 더 보완하여 근대시기 아동들의 삶과 문화를 깊이 있게 고찰할 계획이다.

일제강점기 울산 방어진 사람들의 삶과 문화

참고문헌

「동아일보」

「조선일보」

「중외일보」

原田彦熊·小松天浪,『朝鮮開拓誌』(朝鮮文友社, 발행년 미상).

吉田敬市,『朝鮮水産開發史』(朝水會, 1954).

김문술,「울산 교육의 큰 별 이종산 선생」,『동구문화 어풍대』2009년 제6호(울산동구문화원, 2009).

백성현·이한우,『파란 눈에 비친 하얀 조선』(새날, 1999).

손인수,『한국근대교육사』(연세대학교출판부, 1971).

오성철,「1930년대 한국초등교육연구」(서울대 박사학위논문, 1996).

이현호,「일제시기 이주어촌 "방어진"과 지역사회의 동향」,『역사와 세계』33(효원사학회, 2008).

임동권·정형호·임장혁,『청양의 전통오락과 놀이문화』(청양문화원, 2007).

장세동,「동면지역 일제강점기 약사-신문기사를 중심으로-」,『동구문화』4집(울산동구문화원 (부설) 동구지역사연구소, 2008.12).

좌혜경,「한·일 아동놀이의 비교」,『한국민속학』23(한국민속학회, 1990).

호레이슨 N 알렌(윤후남 옮김, 이순자 감수),『알렌의 조선체류기』(예영커뮤니케이션, 1996).

일제강점기 이민촌 현황

자료: 善生永助, 『조선의 취락(중편) (1933)

第三節 移民部落の現狀

	戶數	人口	原籍地
京畿道高陽郡延禧面延禧里 (內地人農業部落)	七	一九	佐賀縣
京畿道高陽郡延禧面新村里山 (米國人宣敎師部落)	五	一九	
京畿道高陽郡神道面龍頭里 (內地人農業部落)	八	三七	香川縣六戶, 佐賀·福岡縣各一戶
京畿道廣州郡廣州面驛三里 (內地人農業部落)	一五	六〇	山形縣·高知縣·三重縣·和歌山縣
京畿道楊洲郡九里面葛梅里墻基里 (內地人農業部落)	一〇	五八	九州地方
京畿道楊洲郡九里面仁倉里東倉村 (內地人農業部落)	七	二五	廣島縣
京畿道楊洲郡蘆海面上溪里稱院基 (內地人農業部落)	一一	六三	和歌山縣
京畿道利川郡邑內面松亭里 (內地人農業部落)	一一	四六	高知縣
京畿道龍仁郡水餘面驛北里驛洞 (內地人農業部落)	一八	七四	高知縣
京畿道開豊郡東面白田里新村洞 (內地人農業部落)	一〇	四六	福岡縣
忠淸北道舒川郡舒川面郡司里 (內地人農業部落)			山口縣
忠淸北道舒川郡鍾川面花山里 (內地人農業部落)	六	三五	香川縣
忠淸北道唐津郡松嶽面機池市 (內地人農業部落)	四	一七	岩手縣·岐阜縣·山口縣
忠淸南道論山郡上月面新忠里通山 (內地人農業部落)	四	七	福岡縣三, 廣島縣一
忠淸南道論山郡光石面梨寺里 (內地人農業部落)	一七	八五	熊本縣五, 佐賀縣二, 福井縣二, 鹿兒島縣一·香川縣一, 德島縣一, 長野縣一, 岡山縣一, 岐阜縣一
全羅北道全州郡助村面-聖德里 -龍亭里 (內地人農業部落)	一六	六五	熊本一三, 高知一, 靜岡一, 長野一
全羅北道沃溝郡米面山北里新山形村 (內地人農業部落)	二〇	六七	山形縣

	戶數	人口	原籍地
全羅南道光州郡本村面大村里 (內地人農業部落)	七	四一	愛知縣·岡山縣
全羅南道光州郡大村面大支里 (內地人農業部落)	一一	五五	佐賀縣杵島郡東川登村大字永野
全羅南道光州郡極樂面沿平里喜雄里 (內地人農業部落)	一四	六三	愛知縣三, 佐賀縣三, 兵庫縣三, 鳥取縣三, 廣島縣二
全羅南道潭陽郡武面盤龍里 (內地人農業部落)	四	二四	廣島縣·佐賀縣·高知縣
全羅南道麗水郡三山面巨文里 (內地人漁業部落)	一〇六	三五〇	東京·大阪·神奈川·兵庫·長崎·愛知·香川·愛媛·福岡·大分·佐賀·熊本·鹿兒島·北海島·鳥取·岡山·廣島·山口各道府縣
全羅南道寶城郡熊峙面江上里江山里 (內地人農業部落)	六	三四	山口縣
全羅南道長興郡古邑面南松里中沙里 (內地人農業部落)	七	四六	島根·山口·廣島各縣
全羅南道長興郡長東面盃山里 (內地人農業部落)	一四	五二	高知·山梨·佐賀各縣
全羅南道長興郡長平面靑龍里 (內地人農業部落)	七	二七	廣島縣
全羅南道長興郡府東面巾山里五里亭 (內地人農業部落)	一一	六〇	京都府·奈良·愛知·高知·福岡·福島·山口·和歌山各縣
全羅南道康津郡々東面虎溪里五山里 (內地人農業部落)	一五	七八	高知縣一三戶, 熊本縣二戶
全羅南道康津郡東面三新里新坪里 (內地人農業部落)	八	三七	愛媛·香川·岡山·高知の各縣
全羅南道康津郡鵲川面坪里 (內地人農業部落)	一八	一〇五	福岡·佐賀·長崎·廣島·鳥取の各縣
全羅南道海南郡松旨面於蘭鎭 (內地人漁業部落)	一七	七〇	高知·岡山·佐賀·長崎·宮崎の各縣
全羅南道海南郡松旨面今江里 (內地人農業部落)	一二	七七	佐賀縣
全羅南道靈岩郡北一終面水山里大岩里 (內地人農業部落)	四	一三	愛知縣東春日井郡高藏寺村大字出川
全羅南道羅州郡細枝里面東谷里內亭里 (內地人農業部落)	一九	一一五	福岡·崎阜·愛知·廣島·佐賀·新潟の各縣
全羅南道羅州郡細枝面松堤里 (內地人農業部落)	九	五八	廣島·兵庫·山口·福岡の各縣
全羅南道羅州郡旺谷面玉谷里 (內地人農業部落)	七	二四	德島縣阿波郡八幡町

일제강점기 울산방어진 사람들의 삶과 문화

	戶數	人口	原籍地
全羅南道羅州郡旺谷面良山里 (內地人農業部落)	一〇	三四	宮城·岡山·京都·崎阜の各府縣
全羅南道羅州郡南平面南平里 (內地人農業部落)	四六	ニニニ	岡山六·佐賀五·福岡·石川·長崎 各四, 香川三, 愛知·廣島·熊本·長 野·鹿兒島各二, 崎阜滋賀·愛媛· 德島·京都·北海道·千葉·高知各一
全羅南道羅州郡南平面光利里 (內地人農業部落)	一五	八五	高知四·廣島三·石川二·崎阜二·岡 山·兵庫·山梨·愛知各一
全羅南道咸平郡咸平面大德里 (內地人農業部落)	七	二二	愛知縣寶飯郡?津村
全羅南道咸平郡月也面亭山里 (內地人農業部落)	八	二九	岡山縣, 德島縣
全羅南道咸平郡平陵面三杻里 (內地人農業部落)	二六	一〇四	岡山·山口·佐賀·奈良·岡山の各縣
全羅南道咸平郡海保面文場里 (內地人農業部落)	一〇	三四	山口·岡山·福岡·和歌山の各縣
慶尙北道達成郡解顔面芳村·立石· 檢沙洞一圓·東村(內地人農業部落)	八二	四一三	北海道一, 宮城縣二, 茨城縣一, 群 馬縣二, 東京府二, 德島縣二, 香 川縣四, 愛媛縣四, 高知縣一, 山梨 縣一, 長野縣九, 崎阜縣一, 靜岡縣 一, 愛知縣一, 三重縣一三, 京都府 三, 大阪府一, 奈良縣一, 和歌山縣 三, 島根縣一, 岡山縣六, 廣島縣 一, 山口縣一, 福岡縣一三, 佐賀縣 一, 長崎縣一, 熊本縣三, 鹿兒島縣 一
慶尙北道達成郡壽城面泛魚洞 (內地人農業部落)	二三	七三	山口縣一,一, 福岡縣四, 長崎縣五, 崎阜二, 廣島縣一
慶尙北道達成郡花園面舌化洞舌化 (內地人農業部落)	一二	七九	佐賀縣七, 福岡縣五
慶尙北道永川郡永川面金老洞 (內地人農業部落)	二〇	一〇〇	鳥取·山口·島根各縣
慶尙北道永川郡淸鏡面丹浦洞 (內地人農業部落)	七	三三	新潟·石川·愛媛·長崎縣
慶尙北道山郡押梁面賢興洞 (內地人農業部落)	一四	七二	香川縣六戶, 福岡縣五戶, 山口縣一 戶, 佐賀縣一戶, 廣島縣一戶
慶尙南道昌寧郡大池面九紙里 (內地人農業部落)			廣島縣甲奴郡田德村, 山口縣都濃 郡富岡村
慶尙南道昌原郡上南面沙巴丁里 (內地人農業部落)	一〇	五九	德島縣那賀郡

	戶數	人口	原籍地
慶尙南道河東郡辰橋面松隱里元松部落 (內地人農業部落)	一五	七〇	佐賀縣一二, 山口縣三
慶尙南道固城郡固城面松鶴洞松道 (內地人農業部落)	二三	一二一	大分·福岡縣
慶尙南道統營郡長木面松眞浦里 (內地人漁業部落)	二〇	九六	廣島縣十二戶, 山口縣二戶, 兵庫縣 四戶, 新潟縣一戶, 宮崎縣一戶
慶尙南道統營郡二運面長承浦里入佐村 (內地人漁業部落)	一六五	六七五	福岡縣を第一とし, 長崎縣之に次 ぎ, 內地人の雜居とす
慶尙南道統營郡河淸面蓮龜里蜂谷村(內 地人漁業部落)	四一	二二二	廣島縣·愛媛縣·山口縣
慶尙南道統營郡山陽面美修里廣島村(內 地人漁業部落)	一九	一二九	廣島縣
慶尙南道統營郡一運面知世浦里 (內地人漁業部落)	八	三五	香川縣
慶尙南道統營郡山陽面南里岡山村 (內地人漁業部落)			
慶尙南道統營郡光道面竹林里 (內地人農業部落)	六	一八	長崎縣
慶尙南道金海郡金海面南驛里 (內地人農業部落)	三二	一三一	高知縣
慶尙南道金海郡進禮面松亭里忠勳部落 (內地人農業部落)	一八	八六	
慶尙南道蔚山郡東面方魚里方魚津 (內地人漁業部落)	四一一	一,四五六	北海道一, 宮城縣三, 福井縣五· 群馬縣一·東京府一·神奈川縣一· 富山縣一·石川縣一·佐賀縣一〇· 長崎縣三〇·香川縣五三·愛媛縣 二三·德島縣五·大阪府四·兵庫縣 一六·高知縣一·山梨縣一·靜岡縣 三·愛知縣一·三重縣八·京都府二· 熊本縣一六·大分縣一五·奈良縣 一·秋田縣一·福島縣三·茨城縣一· 和歌山縣二·鳥取縣一·島根縣一 〇·岡山縣七三·廣島縣五一·山口 縣四〇·福岡縣二六
慶尙南道蔚山郡大峴面長生浦里 (內地人漁業部落)	四〇	二二三	山口縣·兵庫縣·長崎縣
慶尙南道密陽郡上南面禮林里湯淺村 (內地人農業部落)	七三	三五八	千葉縣·福岡縣·大分縣·山口縣·鳥 取縣·島根縣
黃海道鳳山郡靈泉面帽谷里 (內地人農業部落)	五二	二九三	山形縣·山口縣·高知縣

	戶數	人口	原籍地
黃海道信川郡南部面婦貞里上坪洞 (內地人農業部落)	一八	七九	福岡縣·佐賀縣·北海道
	外に朝鮮人 三二	一六〇	
黃海道黃州郡九聖面西井里西井村 (內地人農業部落)	一八	八五	香川縣一二·福岡縣二·宮城縣二·崎阜縣一·岩手縣一
黃海道載寧郡北栗面內宗·石浦·長河·進礎·南芝·北芝·雙橋·武尙·屈海の各里 (內地人農業部落)	二二七	一,〇五一	內地各縣より集團せゐのにして, 其の主なゐのは佐賀縣一〇六·香川縣三〇·高知縣二二·山口縣一七·福岡縣一〇·其他廣島·岡山·和歌山の各縣若干戶あり
平安南道江東郡晩達面勝湖里東部 (內地人工場從業員部落)	一九六	七五二	
平安北道定州郡伊彦沈香洞西鉢山 (內地人農業部落)	五	二六	崎阜縣三·山口縣二
平安北道宣川郡宣川面川北洞 (內地人宣敎師部落)	六	三〇	北米合衆國ロ-ス洲ニコ-ョク市(盧世永 Cyril Ross), 同ネブラスヵ洲ォ-マハ市(南行里 Nexry Lawke), 同ワツソトソ洲シアツトル市(甘茂悅 E. H. Campbeel), 同カリボニア洲ィククルリ-市(崔義遊 W. H. Chishoem), 同ペソシルベニア洲ハ-リスベツタ市(咸嘉倫 C. H. Hoffmair), (同居人)同アイオワ洲シュンエントア-市(徐愛溫 Blumcke I stevens), 同ミシガンドラビツス市(印居善 V. F. Imgerson), 同サウスヵルナイス洲マルリアン市(高聘敦 H. Covington)
江原道春川郡春川面前坪里 (支那人農業部落)	一一	一八	山東省
江原道平康郡平康面鴨川里平康產業組合共同經營部落(內地人農業部落)			山形縣人이 가장 많고 愛知·佐賀縣人이 그 다음
咸鏡南道三水郡自西面小岩里紫芝德 (朝鮮人農業部落)	四二	二三二	咸鏡南道北靑郡
咸鏡南道文川郡都草面龍川里 (內地人農業部落)	五	三五	北海道天鹽國上川郡上士別村より三戶, 新潟縣古志郡米藏金村より一戶, 福岡縣企救郡曾根村より一戶

울산 방어진 사람들의 삶의 현장

한국인 구술조사 자료

이영수_단국대학교 동양학연구소 연구교수

울산광역시의 동구 방어동은 대표적인 일제강점기 일본인 이민부락으로, 우리에게는 방어진으로 더 잘 알려진 지역이다. 이 지역은 비교적 일제강점기의 모습을 잘 간직하고 있을 뿐만 아니라, 지역에 거주하고 있는 주민 가운데에는 이 시기 모습을 생생하게 기억하고 있는 분들이 아직도 생존해 계신다. 이는 기존 여러 연구자들의 연구에서도 밝혀진 바 있다.

울산 방어진은 단국대학교 동양학연구소 중점과제1팀의 연구과제인 〈개화기에서 일제강점기까지 문화전통의 지속과 변용〉의 실체적인 모습을 파악할 수 있는 국내의 몇 안 되는 지역이다. 이에 본 중점과제1팀에서는 모두 3차에 걸쳐 울산 방어진에 대한 현지답사를 실시하였다. 현지 조사 일정과 함께 조사 과정에서 도움을 주셨던 귀중한 제보자들을 표로 정리하면 다음과 같다.

조사 시기	조사자	제보자 명단	주요 제보 내용
1차 조사 (2010. 10. 19~21)	이영수 서종원	최○○(여·78세)	생활 모습, 시가지, 놀이, 학교생활
		장○○(남·58세)	방어진의 역사, 지명유래
		이○○(남·80세)	일제시기 학교생활, 방어진 역사 및 당시의 생활 모습
2차 조사 (2010. 11. 20~22)	이영수 서종원	김○○(남·62세)	해방이후의 놀이, 역사
		송○○(남·78세)	의식주, 시가지 모습, 놀이, 아버지 사이다 공장 이야기
		최○○(여·78세)	개별 놀이 추가(놀이 방법)
3차 조사 (2011. 1. 16~18)	이영수 서종원	최○○(여·78세)	학교생활, 의식주, 놀이
		주○○(남·72세)	일본 아동들과의 교류 및 관계, 놀이, 생업, 역사
		박○○(여·87세)	여성들의 놀이와 삶

다행스럽게도 금번 조사를 통해 일제강점기 당시 방어진에 거주했던 사람들의 모습을 어느 정도 파악할 수 있었다. 추후에도 이 지역에

대해서는 구술조사 작업이 가능할 것으로 생각된다. 금번에 중점과
제1팀에서 조사한 방어진 관련 구술자료를 정리하여 수록한다.

■ 조사일시: 2010년 10월 20일
■ 제보자: 최○○(여·78세), 울산광역시 동구 방어동
■ 조사장소: 최○○(여·78세) 씨 자택
■ 조사자: 이영수·서종원

제보자: 말뚝박을 때나 흉물이 흉하다고 이렇게 이렇게 걸어다닐 때
　　　　다리 해놓고 무덤에 그걸 지금 먼덩 각시 묘가 어데 있느냐 하
　　　　든 요수원 요기 요지점에 있는데 이장하러 와서 이장한지 몰
　　　　여가 지금 여기 뒤에 보믄 데다, 데다 여그 대왕암 대왕 다리
　　　　있는데 고게 대왕암이라고 이쪽 어디인줄 알았어요. 이쪽 가
　　　　여그 있는데 여기는 현대 중공업 있는데 얼마나 보기 좋았는
　　　　지 모른데이. 여, 여 꿈에 그린 그런 매원에 가가지고 서울에
　　　　있는 친구 하나 딸 하나 쓰고 저 하나는 내 친구가 요 요 외가
　　　　있는 데 요 하나는 일본 있는 데 그 사람들 내캉…….
──── 어머님, 한번 그려보세요?
제보자: 마 이리 둘러 이래 쌓아 가, 요래가지고, 요개 스로 요래가, 요
　　　　래스루 , 요래가 동그라미 그린디 요스루 일 이 삼 사 오번까
　　　　지 가야 되는데, 요서 차 가지고, 이제 욜로 건나 가야 되는데,
　　　　욜로 물리면 안되고, 요 물리면 안되거든요, 요서 욜로 가가지
　　　　고, 요서 부터 또 시작해가지고, 욜로 가고, 욜로 가가지고 중

일제강점기 울산 방어진 사람들의 삶과 문화

간에 요 가야, 내 그걸 하는데, 한쪽부터 그렇거든.

―― 돌로 발로 한쪽 들고 치고 가야 한다는 거죠?

제보자: 마 깨꿈치 발이지 오번까지 가야 마지막 오번까지 가야 오번까지 가야, 내가 이제 한번, 세 번내기 세 번내기, 네 번내기

―― 윷놀이 같이, 빨리 나온 사람이 이기는 거 하고.

제보자: 이제 그런거 하고

―― 줄넘기는 많이 하셨죠?

제보자: 그거는 마 학교에서도 가리키고,

―― 단체줄넘기는요?

제보자: 단체줄넘기도 하고.

―― 그럼 그때도 노래를 부르잖아요? 때때 뛰어라. 이런?

제보자: 아니 그때는 구령을 부리고, 단체사진 학교에서 하는 거니까 요즘과 똑같이 하나 둘 숫자를 시아리고, 혼차 이래 할 때는 노래를 부르고.

―― 줄넘기도 일본에서 왔어요?

제보자: 그것도 인자 줄넘기도 일본에서 왔다고. 내가 국민학교 2학년 때 학교에서 배왔으니께, 특히 일본인 선생님이, 왜 야가가, 한국 선생님이 하나 있는데, 내가 봐도 한국 선생님이, 품위가 없고, 야마구치 센세이가, 교육 품위가, 선생님이 교장이라카 나 아니고 아침마다 탁 해가지고 대대장 있거든요, 동적으로 다 대장 ― 들어가가지고, 일본 교육 신민 천황작에 아류, 인자 교장선생님께 하고, ……………… 각자 그 학생들 학생들 끝나가고 다 들어가야 그때 학생들도 책상에 다 있고 이제 이래가

지고 들어 가 가지고 하나시타로 바로 뜰고, 일본 시절………
만 알거든요.

제보자: 인자 우리가 학교 다닐때도 교장선생님이 딱 들어오시믄 일본
시가 있습니다 우리 한국 시조 누가 지았고 그때 우리시조 어
느 시대 누가 지았는지 모르겠는데, 청산리 벽계수야 이거는
이순신장군님이 지았고……………… 누가 지았는지 모르겠
는데,

—— 시조를 가지고 하던 카투 놀이 아세요? 어머님? 카드 가지고
이렇게?

제보자: 그런 놀이는 나는 고만 교육을 받아서 몰랐지요. 하튼 나는
그냥 학교 갔다가 오믄 밖을 몬나갔지요.

—— 널뛰기는요?

제보자: 널뛰기는 모 그 밑에가 난 조타 했지요.

—— 널뛰기는 그럼 어머님 수시로 하셨어요?

제보자: 그거는 우리 친정엄마가 울따리 안에, 널판자를 털어 놓고, 명
절 때 모, 우리꺼정 하지, 남이 몬하지, 남이 들어온다카믄, 잠
깐 놀다가 쪼끔 안에서 뭐 안되모, 자꾸 뛰는기 아니라 , 그기
하는 사람 몬있는교, 아들 좀 더럽고 이런 사람 이라고. 자꾸
뛰면 몬하다고 이제 고만 놀고 가라. 근데 내가 나이가 중간이
라, 운동 신경도 좋아서, 내가 잘 뛰었어요.

일메다 반까지 뛰면서 다리도 벌리고, 고개도 높이 올라가 그
것도 일부러 엄마가 판자를 가지다가 딸네들 모 까라고 우리
형제간에 놀도록 만들고 마당이 이래갖고 시간 내서 하고 아

래서 난 큰채 육십촉 전구 아래서 죽 앉아 가지고 놀이 이부 합창, 희망의 나라로 까지, 하튼 유창하게, 나중에는 우리 막내이 까지 들어가니까 6명이 되다 보니까, 노래도 겁나 안 맞는데 화음이 참 잘 맞아.

—— 그런데, 어머님 그러면 그 당시엔 널뛰기가 마을에서는 별도로 있었던 건 아니네요?

제보자: 아이고 우리집 마당에. 울엄마가 인제 놀러 못간다고. 따른 애들은 어데 하는가 모르고, 정월 보름날 되면 내 보내 주는 기라, 학교 운동장에 가가지고, 정월 보름날이믄 달이 밝잖아요, 그니깐 가가지고 몇시간부터 몇시간까지 하고 들어와라, 오라카믄 달이 달이 조 조가면 돌아와야지 달이 고 가면 돌아가야지

—— 그럼 널뛰기를 밤에도 했다는 이야기네요?

제보자: 밤에도 전기다마 육십촉 전기다마로, 마루이 마당에다 하나여 처마끝에다 켜놓고, 그리고 그네는 여기 버드나무에다 했는데 나무가 별로 안 크네이까네 별로 안한데 저 등대같은디 저 가면 그네가 크게 하나 있었거든요 아 저기 방어진에도 방어진에도, 등대 하나.

—— 그거 하나만 있었어요?

제보자: 그거 하나만 동네에서 매 놓고 매 놓는데 근데 시치한건 타지도 몬하고 내같은 건 마 사람은 올라 갔다카믄 우리 아부지가 제비처럼 날아간다코 할 정도로 날았지

—— 그러면 어머니 그네뛰기 대회가 있잖아요?

제보자: 그때는 대회 우리 어릴땐 없어요 크 가지고는 있었지.

—— 그전까지는 인제 없었고,

제보자: 없었지.

—— 그러면 어머님 겨루기를 할 것 아닙니까? 어머니, 내가 더 높게 올라간다.

제보자: 아 그거는 이제 누가 더 많이 뛰었느냐 잘뛴다 그라는거고. 겨루기는 안하고. 그건 내가 처녀시절 그때는 우리엄마가 몬나가게 하는데 널뛰기 모 광복절이 모 한데 하는데 이라는데 광복절에 주로 뭘 하는가 하믄 방어진 축구대회가 열리는 겁니다. 근데 방어진 축구가 아주 예전시절부터도 방어진 축구가 있고, 저 서울 가지고 방어진 선수들이 잘 찼대요. 서울 친구들이 몬이겨가지고 방어진이라는게 어디붙어있는가 구경하자 칼 정도로, 지금 그 분들이 한…백…한… 내가 칠십여섯이니끼니 한 구십 몇 살 되었겠는데 그분들이 참 공 잘 찼어요.

—— 초등학교에 축구팀이 있었다는 건가요?

제보자: 초등학교에는 없고 중학교! 방어진중학교 축구가 유명했지요,

—— 축구부가 있었구나!

제보자: 축구부가 있었는데,

—— 일제시대부터 있었나요?

제보자: 일제부터 있었는데, 여기 사람이 있어요. 요 어데 보면 나오는데, 요, 요 성대식이라 카는 사람은 언제 농구에 방어진 수사중학교 선수들 요새는 주장 선수라 카는지, 그때는 센타포드라 했는데.

―― 지금도 있습니다. 공격수.

제보자: 공을 잘 찼는지 공을 어찌 개구진지 공을 차는 게 아니고 무릎을 까는기 그래서 시합하고 올때는, 맞아 죽을까 싶어가지고, 다 클 때까지 울산을 못갔대요.

역사는 울산에서 농고가 젤 먼저 생겼고, 그다음에 간빵이 생겼고, 그다음에 민중학교 수방중학교 요 일대 할배가 교육 수준이 높았겠는가 하는 거죠, 요 보면 이사장 요사람이 이사장이거든요. 그러게 울산시에서는 세 번째 생긴게 방어진 중학교거든, 축구는.

―― 야구는?

제보자: 야구는 모르겠고 그러니까 인제 축구대회가 있으면 추리 안하는교, 그럼 선수들이랑 응원단이랑 해서 울산 가서 차는데, 즈그가 방어진 안나오고, 인제는 울산 가서 차는데, 성대식이도 잘찼는데 마 요건 엄청 사람 인간성이 괴팍시럽고 마 애궂고 이러니까네 어째 이겨도 이기는줄 아나 올 때는 1회 졸업생들 모두 커놓니까네, 우리 교장 선생님도 ………………

―― 그럼 어머님 혹시 여긴 명절이 단오도 있었을까요?

제보자: 단오절은 집에서도 마 마 단오라고 머리 감고 마 우리집 가정이 했지. 고을에 하는건 없었지.

―― 그럼 추석 때는요? 혹시 노래자랑 대회도 일제 때 있었어요?

제보자: 노래자랑 일제 땐 없었고 해방되고 있었지. 그때는 판장에서 수협 판장에서로.

―― 그런데 어머니 혹시 기억하시기에 배들이 들어오잖아요? 그러

면 외부에서 유랑극단이나 공연패있죠, 그런 거 혹시 보신 적 있으세요?

제보자: 그런건 없고, 방어진에서는 극단 꾸며갖고, 예 있어가지고 원래가 하던 사람인데,

—— 그분 이름이 어떻게 되시죠?

제보자: 그게 야나긴데, 유…버들류씬데 그게 여잔데, 여자고 그러고 마 우예끼네 방어진사람들이 이문을 뭘고 방어진에 노래도 우리가 배운 노래는 그 당시에는 노래를 배울 때 엄마 배왔지 박자가 박자는 마 열라 무시해도 되얏는데 대체로 내가 만도린이 기타에도 오빠들 친구들한테 배왔는데 박자가 나오믄 그게 다시 그 해가 나오고 다시 그거 해가 나오고 편곡해가 나오고 그니깐 편곡해도 박자가 안맞재이, 목포의 눈물 같은 노래는 다 대중들은 흘러간 뭐 옛노래 아닌교, 그 시대 사람들은 박자는 뭐 없어요. 요즘은 박자를 맞춰 하지, 매스컴에 타고, 막 뭐하고 우리 시대사람은 박자를 정확하게 못하고 야 관광차타면 마 마이크 들고 청산유수로 엘피판 눈돌아가듯이 하는데 데 나온 땡 하는거라. 우리같은 사람은.

—— 극단이 있었다는 거 참 특이하네….

제보자: 유랑 자치 자체적인 극단이, 방어진이 문화가 그리 했는거는 엄청나게 앞섰죠.

—— 그죠. 엄청나게 앞선 거죠. 어르신 화투나 그런 거 가지고 놀지 않으셨어요?

제보자: 나는 그런거하고는 거리가 멀게 자랐으니께네. 내가 시집을

가면 그리 한데도 있고. 머 하튼 보니까네 마 마 한데 앉아가서 이불 하나 해놓고 남녀노소가 이래 하는데 나는 그런거 택도 없는 집에서 자랐거든요, 근데 시집와서 가만 보니까네 같이 할라캐도 거 몬하고.

— 장기나 바둑 두시는 분은 많이 보셨겠네요?

제보자: 철사로 바둑판 밑에다가 철사로 오동나무를 가지고 바둑판을 만들었거든요. 이렇게 하면 뎅 소리가 나게 하셨어요. 그래서 아버지 놀이는 그 바둑이라. 그 밑에는 그래서 갖다 놓으면 땡 소리가 나는 거야.

— 마을 사람들 장기 두시는 것도?

제보자: 마 그래서 장기가 뭐는 어디로 가고 포는 어디로 가고 그건 이제 내가 다 커가지고 처자 다 되가지고 그래 둔다 카는 것만 알았지 같이 놀지는 못했지.

— 그럼 어머님 깡통차기는 어떻게 하셨어요?

제보자: 뎅또바시! 깡통차기 뎅또바시 마 이 깡통 하나만 해놓고, 이 주변에 막 길이 사방 있는기라요. 길이 사방 이런 장소에서 특히 우리 집에서는 있는데. 절로 달라가고 일로 달라가고 하니까, 술래가 여 눈을 감고 옛날 시알을 시는데 하나 둘 셋 스무 날까지 보통 시알는데 모든데 다 자기 숨을데로 다 가가지고 어떻게나 가깝게 나와 들고 차면 자기가.

— 목숨이 한번 되는 거죠?

제보자: 그러니까네 이 자기가 면할라 카면 일곱 여덟 번 차면 평생 그걸 몬하지 집에 못찬다는 거에요. 근데 그렇게 차는 사람들 있

었어요.

—— 그러면 어떤 사람이 술래가 되는 거예요?

제보자: 가위바위보 해가 저 한사람이 해가지고 저 가는거 잡아땅겨. 아무 뭐시기야 너 거기있다카믄 요 사람을 다 잡아내면 술래는 면하고, 활발하고 재미있었어요. 뎬또바시는 왜놈 말 아이가.

—— 아이들끼리. 남녀가 같이.

제보자: 우리 처녀시절보다 한 십 몇년 후에 그기 보급이 많이 됐어요.

—— 이때는 초창기네요?

제보자: 초창긴데 뎬또바시 같은건 우리 자랄 때도 얼라들이 하는건 봤어요. 그런건 나잘 잡으니까네.

—— 일제 때 일본 애들한테 배운 거에요?

제보자: 그니까네 그 학교다닐 때 핸드볼도 있었어요. 핸드볼이 아니라 덧치 볼이라 했는데, 그 가새 붙여놓고 줄로 ················· 가새 줄 스고, ········ 편갈라 안에 얘 놓고, 피하는 걸로 해 놓고,

—— 피구네 피구. 그것도 일본사람에게 배운 거죠?

제보자: 예. 그건 일본사람들한테 배운거고.

—— 뎬또바시는 그럼 뭘로 하셨어요?

제보자: 통조림 통 그런거 어디서 구해와가지고.

—— 그 당시 그럼 일본사람들이 통조림을 많이 먹었어요?

제보자: 근데 방어진도, 시네가시 공장이라고 정어리, 정어리 공장이 저 끝에 시네까시라 카믄 있었어요. 아 그 통조림은 나왔어요. 군용. 다랑어 같은거 안있는교, 그것도 다 군용으로 일반인은 판매를 안했어요.

―― 그럼 어머님 사셨을 때 기억에 방어진에 일본 사람들 집이나 가옥이 사람 수는 얼마나 되었어요?

제보자: 그건 내가 기억할 수가 없고, 대충, 학생 수는 일이삼사오육학년 해서 백명이 넘었는데, 조선사람 제법 많았어요. 한 1%정도는, 백명이면 한 열명 아 10% 정도는, 있었어요.

제보자: 그라고 우리가 옛날에 학교 다닐 때 방어진 초등(국민)학교는 구경을 몬했어요 왜놈들이 즈그 학교라면서 ……………… 그런데 해방되고 난 뒤 학교가 두가 합반이 되어서 다른 애들은 …… 하니까네 …… 우리 반 같은 경우는, 밑에는 여학생이 많고, 남학생이 적고, 위에는 남학생이 많고, 여학생이 적은거는 왜 그러니까 보니까 저 저 변두리 눅수 저런 데에서 여자 교육 우리 나이때에는 없고 그래도 남자는 지 이름은 쓸줄 알아야 된다고 밑에는 생활 수준에 따라 갖고 요 그러고, 요 동진, 저 동진. 서진, 중진, 북진, 남진, 이렇게 갈래가 있거든요.

―― 방어진 자체가 다섯 군데가 되었군요!

제보자: 다섯군데가 더 되지요, 요기는 남진이고, 요기는 서진이고, 조기는 동진이고, 요기는 내진이고.

―― 일본사람들은 그럼 어디 제일 많이 살았어요? 그 당시에?

제보자: 일본사람들은 서진, 중진, 요기 다 일본사람들 집이라고요. 요 가데 다쓰시가 가대 다쓰신데, 땅을 다 갈라갖고 요 땅을 보통 복잡한게 아니라요 우리 집이 평수는 여덟평이고 요도 여덟평이고 요는 여덟평이 안되고 해서 대기하고 평수가 안맞아가지고. 저당이 안돼요, 건평하고 평수가 안 맞아가지고, 여

덟평, 십평 다 되거든요, 그래서 요기부터는 안되는교, 요새는 모 우예가 건축법이 어째가 되가 있는데 그 뭐 왜놈들은 지그 입이 건축이고 즈그 하는게 그니까 옆집 요거도 내가 이 집에 시집 와가지고 여덟 식구가 살다가, 열일곱, 시동생이 열일곱, 하튼 돈을 버는데.

―― 어머님 그럼 소풍 가서 주로 그 당시에 어떤 걸 했어요?

제보자: 그저 뭐 초등학교 가면 뭐 보물찾기, 지금처럼.

―― 그럼 뭐 백일장도 해요?

제보자: 그런거 없고, 보물찾기가 가장 뭐 큰 그거고. 반에서 노래 잘 하는 아 있으면 노래 시키믄 아님 자기가 나 하겠다 이래 나오 면 누구누구 해라.

―― 수건돌리기도 있었어요?

제보자: 아 그거 있었지. 뭐 둥그라니 앉아가지고, 요래요래 뭉치가 뛰 어 가고, 내 뒤에 놓은 줄은 모르고, 잽히면 그 잡아 여 났다가 하튼 그런 식으로.

―― 또 다른 소풍에 기억나는 거는?

제보자: 근데 우리 어릴때는 소풍을 가믄, 도시락 까먹는게 그걸 생각 하고 있었어요. 운동회는 우리 아 때부텀도 부모님이 학교 가 가지고 그 운동회 할 때 가는 그게 제일로 큰 잔치였어요.

―― 그것도 두 번인가요?

제보자: 가을 운동회 하나지. 가을 운동회 한번인데, 요즘은 교육구청 서 어디서 어디까지 학교 -일체 하라 이러는데 그때는 학교 자체에서 좋은 날 받아서 비 오면 오늘 못하네까네 며칠날 한

다고 이제 방송으로 그리고 지금은 교육구청에서 쫙 한번에
....
—— 만국기도 설치하고?

제보자: 만국기도 설치 했지요.

—— 그럼 운동회 비용은 누가 댑니까?

제보자: 인자 우리가 학교 다닐때는 육성회비 그 다음에 이제 뭐라고 뭐라고 바뀌고, 그 다음에 우리가 이제 아들 가르칠 때는, 내 각 책임제 대통령제 같이 같이 모든 살림은 육성회 회장이 하고, 선생님들은 아들 교육시키고 사실은 내가 아들 키울 때 열심히 해가지고 내가 팔십오년도에 울산 시민 사십만이었는데 모범 시민 표창을 받았어요. 그때 나 내 생으로 좀 기대세요.

—— 그럼 어머니, 여자들이 하는 운동은 주로 어떤 게 있었어요?

제보자: 여자들은 인제 유희가 무용이 이제 단체로 하는 게 있고. 그 노래에 맞촤가지고 율동 그란게 있고 똥그란 그거 갖고

—— 아, 훌라후프!

제보자: 훌라우프 그런거 있고 옷 다 만들어 입고 우리 아들 학교다닐 때도 그랬고 우리 학교 다닐 때도 사오륙학년들은 군무를 많이했어요.

—— 그럼 꼭두각시들도?

제보자: 그건 우리 아… 딸아이 학교다닐 땐데 얘가 굉장히 성질이 내숭적이어 갖고 따로 가서 다 헤어질때까지 요래 쪼그리고 앉아 있는 거라요. 결국 그래서 지 하는거 대고 부산에 한국무용과를 갔어요. 그 여자들 제일로 클라이막스는, 계주, 그 한

반에서 남학생 청군 백군 여자 두나, 여러 크라스가 많잖아요. 그때 제법 만해가지고, 달리기는 개인 해가지고 일등 이등 삼등 해가지고. 줄다리기도 했고, 공굴리기, 혼차 들고 가는거, 오재미 던지면 터지는거 하고, 요새 멀리 가는거 투포환, 그거는 들고 던지면은 멀리 가는거.

—— 그럼 마을 사람들이 참여하는 놀이도 있겠네요? 어머님 혹시 다리 묶고?

제보자: 요 둘이 묶어 그래서 이인삼각 그리고 다섯이 묶어 해가 지네 발! 그거 재밌어.

—— 혹시 운동회 때 마라톤 대회가 있었습니까?

제보자: 육상은 있었지요. 그런데 마라톤은 없었지요. 뭐가 있냐면 그때는 인자 그건데 마을의 청년들이, 계주가 있었지요. 어른들인데 뭐를 상을 주냐고 하면 냄비나 다라이. 우리 영감은 운동을 하는 날이 없어요. 다섯이 조가 있는데, 우리 영감이 백육십이센틴데, 발이 빨라가 총 탕 나가면 스타트 하는건 끝내준다 하는데 그 다섯은 몇시에 하자 아무도 그 일등으로 안해줬어요. 그런식으로 운동 그리고 우리 영감님이 철봉 잘하고 참 잘했어요. 일본서 혼차 들어 자기가 육상은 혼차 들어 줄넘기 가져가 하고 작은 체구니까는 그니까 군에 징집을 해가서 저 제주도 가가지고 신병훈련받을 때 육상 초시계 그마 재고 하는데 먼저 가면 상줄까 싶어서 뛰었더니 수색대 그리로 가서 말이 유창하지 않아도 그러니까 혼차 공부하고. 다까시 오이시끼라 하는건 바보 이런 거라고. 옛날 놀이 했던

거, 공으로 하는게 뭐라고. 가다마린데, 야구공 같은거 그 노래가 이치방 노리요 야루운다죠, 데끼인데 신가 신다 ………
한바꾸 돌면 요런 공 치는 애들. 공은 이래이래 치고 다리 넘구고 이래이래 치고 그 노래 한구절이 끝날 때 까지 그 공을 안받게 되면 또 딴 사람이…………

── 고무줄놀이, 어머님?

제보자: 고무줄놀이 주로 그런 군가.

〈군가내용〉

아카이 이치시오노 요카레은나 ?……… 나나츠 보당와 혼노 이까리……… 이걸 부른 이유가, 운동장에서는 다른 노래를 할 수가 없는거라. 학교 운동장에서 하니까, 일본 사람들이 일본 군가를 부르게 했으니까네. 아카이 이치시오노 요카레은나 ?……… 나나츠 보당와 혼노 이까리……… 교오모 조 가스미또 모라랴.. 덴카이 기도오노 호노 구와쿠………

일본 군간데 다, 이게, 사라나 다…………마데꾸루 마데 시바시 와카데 ………… 나미다와미진 모………………고이시 신나시낫 와시노 고가이미 츠치 키 세이 ………

이것도 군가에요. 그 시대에 부른거 이게 행진곡이기 때문에, 놀면은 신이 나거든요.

── 혹시 어머님 그 당시에 자장가?

제보자: 자장가는 잘 모르고,

—— 실가지고 노는 거?

제보자: 그 공기뜨기, 그 실타래로 노는거 공기뜨기(뻬기?). 공기뜨기라
안했는교. 그것도 일본서지. 우리 학교 다닐 때 배왔거든. 집
에가서 애 봐주고 어블라 놀고 집안에서 놀고 ········ 근데 나
는 그런 속에서 안자랐으니까네 우리집에서 자랐고 공기뜨
기 이런건 학교에서도 배왔고 학교에서는 일본 군가를 부르
고, 무조건 군가거든요, 우리가 배운 노래는, 그 삼학년 까지는
·············· 배우고, 4학년때부터는 차원을 높여가지고 시
로카네 ······노시로 ·········· 이 노래를 배왔는데, 그렇게 배
와노니 그런가 나중에 기본도 없고 체조도 없고 물에 빨가뱃
기가 ··········뭐라카는교 체력단련 ········ 남자여자 할거
없이 다 걸어가는교,

—— 그거 행군이네, 행군!

제보자: 그게 넘으 학교까지 걸어가면 약 한 십리가 넘거든요, 그때 게
다 신던 사람 조리 신던 사람, 운동화도 배급이 나와가지고 발
이 작은 사람은 작은 구두를 뽑아야 이 아다리가 맞는데 큰사
람 구두를 신어보니까 우리는 발이 작다 보니까 이게 아다리
가 안맞고 못신는 거라예. 아부지가 어디서 또 ··············
일본 교장 선생님이 사무실로 온다하니까 죽죽 서 가 있시모,
다 가가지고 학년별 서기시모 일본 사람 교장이 나와가지고
미나상 요꾸리 이시마시다 ·········· 여러분 잘 오셨습니다
하는 말이거든예, 여러분 잘 오셨습니다.

—— 어머님, 방어진에 사는 일본 사람들이, 여름에, 피서로 일산으로 가고 그런 거 없었어요?

제보자: 마 그런건 없고 다 집안에서 즈그들끼리 놀고, 과수원에 가가지고 마 좋은건 지들이 다 따가 먹고 떨어지고 바람들고 한거 한국사람들 주고 마 문도 안열고 바깥에서 주고 이랬어요.

—— 하나 먹으라고 공짜로?

제보자: 공짜도 아니고 돈주고 사는데! 왜놈들은 즈그들은 우리집을 통해가지고 초등학교 오고 그래야 하거든요. 멀리서 숨어가지고 마 돌 집어 떤지고 그랬거든요. 우리가.

이것들은 즈그가 아무리 왜놈이라도 우리가 ……………… 삼백명 사백명 떨어지가. 지 엄마가 왜놈들 ………………는 교. 마 한국사람은 욕도 잘한다 아잉교. 바가야로 …………… 일본사람들 와가 본전도 몬찾고 나중에는 아들 이래 데리고.

—— 어머니가 인물이시네 인물, 그 당시에 인물 그런데 어머님 여긴 쌀이 없잖아요? 일본사람들은 어디서 가져와서 먹어요?

제보자: 왜놈들은 즈그들꺼 먹고 쌀이 배급이지 배급. 일본사람들은 하이큐라 하거든요, 배급, 그거 타다 먹고 난 좀 괜찮은게 아부지가 강동에 계셨기 때문에 촌에 가 배급해가 주고, 먹는건 괜찮게 살았지요. 지금 내가 갖고 있는 한복은 전부다 내 손으로 만든 거야요. 누비옷도 그렇고.

—— 어머님 옷을 만들기 시작한 지는 얼마나 되셨어요?

제보자: 우리 언니가 했지 난 입을라고 하고 안했거든요. 근데 내꺼는 내가 해야 맞기 때문에, 오늘 아침에 우리 애들 와가지

고, ⋯⋯⋯⋯ 이건 당굴이고 증골이고. 이거는 한겨울
에 입고, 이거는 인자, 십이월 초에 입고, 이거는 일월달 명절
에 입고, 요기 금당수가 달려 있잖아요. 개량동이 난 이거는
한 일이년 되었겠네요, 수는 나 조상다 나와가 갖고 치마 입
고 딴 때는 안입고 성당에 갈 때, 나는 다른데 갈 데없고 성당
에 가니까 행사가 있을 때, 이거는 상복이고 어디 상가가 났
을 때, 내가 한복을 좀 즐겨 입는 편이죠. 이건 인자 설에. 이
건 먼저 했기 때문에 ⋯⋯⋯⋯ 요거는 요 큰나에 바느장
⋯⋯⋯⋯

—— 어머님 이건 역사가 얼마나 된 겁니까?

제보자: 십년 넘었죠. 이제 우리 언니 하는데 누비옷은 내가 먼저 내껄
로 하는데 패션 대비 영어 들를라는 카세트네요.

—— 어머님 그게 옷을 좀 칼을 보관하실 때 상자 좀 큰 걸로 하시
죠 요거? 그럼 어머님 그 당시에 방어진 집들은 어땠어요? 일
반 사람들은 하꼬방이었나요?

제보자: 일반 사람들은 초가집이고, 아님 함석집이고, 우린 기와집이고.

—— 일본 사람들은?

제보자: 일본 사람들은 요래 요요.

—— 그럼 극장이 있었어요?

제보자: 극장이 있었어요. 영화 틀어주고 청루가 있는데 아 막 그 기생
들 있고 그란걸로 애들한테 엄마가 학교갈 때 청루집 앞으로
가지 말라 이런게 있었지요.

—— 극장이 언제까지 있었습니까?

제보자: 해방 직전에 불이 나고, 한국사람들이 저짝에 또 ……… 지었고 그전까지 영화상영도 하고 야외에서 하는 공연 극장도 없었죠. 그때에 야외에서 모 하모, 수협 어판장에서 내가 중학교 삼학년때, 울산 공고에서 나이케가 그 나팔수가 그 음악 밴드가 있는데 그 와서 조카라 그 오빠들 태우러 교장선생님 딸하고 내하고, 구경하러 갔는데, 구경하지도 못하고 얼마나 뽈나가지고 근데 나이케 우리는 모르죠.

── 신사는 어디 있었어요?

제보자: 신사는 요쪽에 옛터는 있어요. 지금은 아무것도 없지요. 학생들은 갔지요. 요 큰 신사가 있었는데 일본사람들이 주로 명절이나 이럴 때 덴노 헤까 ………고노 하와 ……… 축하 노래 가르켜 주가 지금까지도 내가.

── 언제 주로 갔어요?

제보자: 그사람 생일 때 신사 생일 때.

── 천황 생일이 아니고?

제보자: 천황 생일 때. 덴노 헤까 생일이고, 덴노 헤까 아들이 고도이치. 만쥬, 만쥬같은거 일본 둥그런 빵같은거 막 주고.

── 하얀빵 분홍빵 또 뭐?

제보자: 그거 하나씩. 한쌍으로.

── 그거 왜 주는 거에요? 그 색깔은?

제보자: 아니, 생일이니께, 주는데 학교에서 먹기 아까워가지고 집에서.

── 전 분홍색과 하얀색을 왜 주는지?

제보자: 그건 모르겠어요. 모가 있겠지.

―― 그럼 어머니 도시락을 싸오는 애들은 지금하고 벤또가 똑같 나요?

제보자: 노란 벤또. 양은. 지금하고 똑같은 거.

■ 조사일시: 2010년 11월 20일
■ 제보자: 최○○(여·78세), 울산광역시 동구 방어동
■ 조사장소: 최○○(여·78세) 씨 자택
■ 조사자: 이영수·서종원

제보자: 어머니가 우리를 되게 엄하게 키운 데다가 아버지가 내가 중 학교 3학년때 세상을 떴기 때문에 그 후에는 마 딱 차단되가 지고 바깥세계를 모르고 살았는기라. 다른 사람들은 연애편 지도 썼다 그러는데 우리 자랄 때는 그건 아주 생소한.

―― 하불로시는 야구공, 그거는 남자 대 여자로 하는 거예요?

제보자: 아니, 여자들끼리 하고 남자들끼리 하고. 그때는 남녀 같이 어 울리는 거는 없었지.

―― 하불로시는 학교에서도 체육시간에 했었어요?

제보자: 학교서도 체육시간에 하지. 하불로시는 하는데 내가 이래 앞 아가지고 탁 던져가 저쪽에서 받으면은 나는 아웃되가 죽고.

―― 그럼 야구하고 똑같아요?

제보자: 똑같지.

―― 1루가 있고 2루가 있고 3루가 있고, 투수는 없었겠네?

제보자: 아니, 공 받는 사람은 있지.

── 그건 몇 명이서 하는 거예요?

제보자: 그건 열명 가 다섯명 짜서 하고 몇 명 마 편만 가르면.

── 공은 어떤 공이었어요?

제보자: 공은 말랑말랑한거.

── 학교에서도 했고?

제보자: 하불로시는 주로 우리 집 같은데는 공간이 안되니까네 운동장에서 수업 끝나고 선생님이 체육시간에 아들을 다 몰아내가지고 가서 구경하는 사람, 반을 나눠가지고 선수를 뽑아가지고 양쪽에 붙어가 응원하고 담임선생님이 한 시간을, 체육시간을 요번 시간에는 하불로시다 그러면. 피구같은 거는 수업시간에 많이 했어요.

── 라인을 그려가지고?

제보자: 응, 그래갖고 쭉 서가지고 상대가 공을 치면 안 맞고 일로 달아나야 되는데 못 달아나고 그거하면은 죽는거지. 그거는 주로 체육시간에.

── 체육시간에 한 놀이가 피구 말고 어떤 게 있어요? 축구는?

제보자: 축구는 그때 없었어. 우리 국민학교 다닐때는. 우리 중학교 다닐 때는 축구가 인기가 있었고.

── 그다음에 겐또바시?

제보자: 겐또바시, 깡통차기.

── 그건 어떻게 하는 거예요?

제보자: 내가 오늘 술랜데 내가 여기.

── 깡통을?

제보자: 놔놓고 눈을 감고 붙어서가지고 스무날 세아릴 때까지 이걸 들고 짜뿌. 다 숨어뿌는기라. 숨어뿌면 내가 나와갖고 인자 찾는기라. 하나 찾으면 깡통 한번 디디고 그럼 그 사람은 죽어뿌는기라.

── 아, 그 사람을 찾고 깡통을 한번 때려야 된다고?

제보자: 디디고, 확인하고. 내가 딴 사람 찾는다고 바쁘면 저 쪽에 숨어있던 사람이 차뿌면 죽었던 사람이 다시 부활하고.

── 그건 학교에서 하던 놀이예요?

제보자: 학교서도 하고, 주로 동네서 하지. 친구들끼리. 남녀가 같이 하는데, 그땐 남녀가 같이 하는 건 거의 없었고. 그때 남녀칠세부동석인데 그때 뭐 그게 되나. 되게 친한 사람끼리는 같이하지. 근데 그게 참 재밌어요. 마 여기 못 들어오는데 좀 숨카달라고 우리딸도 하는거를 봤거든. 그러다가 이제 이래 짓궂은 머슴아들이 와가지고 우리딸이 지금 오십세살인데 하다가 아들이 와갖고 깡통을 저리 차가 숨켜뿌면은 우리딸이 되게 얌전하고 이런데 어찌 마 단정하게 퍼붓는지 이 머슴아가 나중에 울고 가드라.

── 어머니 깡통찰 때 겐또바시 그래야 되죠? 그건 해방이나 지금이나 똑같다는 거죠?

제보자: 딱 뛰어들어가갖고 이래이래 돌릴 때 밖에 있는 사람들 불러주고 나도 뛰어들어.

── 줄넘기는 학교에서 많이 하셨어요?

제보자: 학교에서 했지.

―― 남녀가 같이합니까?

제보자: 어데, 그건 여학생들이 하지. 살구, 줄넘기 그런 거는 다 여학생들이 하고 남자들은 제기차기, 자치기.

―― 줄넘기는 어떤 줄로 했어요?

제보자: 줄넘기는 새끼 꼬아가.

―― 학교에서 새끼를 꼬았어요?

제보자: 학교에서 새끼 꼬아가.

―― 수업시간에?

제보자: 아니, 그런 시간이 있어요. 모나모미 하는거는 보리밭에 이파리가 있는데 그거는 약재라.

―― 공출인 거예요?

제보자: 공출이지. 학교에서 거두는거지. 솔방울은 우리가 난로 땐다고 그런거고. 도꾸말도 약재라. 그거는 들에 보면 많이 있거든. 그거 얼마 가오라하고. 별 거 다 바쳤잖아요. 떼를 사방 30cm씩 해오라하는데 그거를 부모들이 해줄 수 있으면 해주고 못해주면 우리가 해야되잖아요.

―― 잔디떼?

제보자: 한 사람에 열장씩 양이 나가면 수업시간에 삽을 갖고오너라 해가지고. 비행장 닦는데.

―― 오재미로 하는 놀이는 뭐가 있었다고 했죠?

제보자: 오재미는 초보자는 하나 올리고 하나 이리 올리고 하는데 잘하는 사람은 세 개 가지고 하나 올리놓고 이리 하나 올리고 서커스 하는것처럼 왜놈들이 가르쳐주데요.

─── 자장가는 아까 어떻게 부른다고 했죠?

제보자: 넨냉 하는거는 자장자장, 고로리요 하는거는 노래거든. 고로리요 오 고로리요 쿨쿨 애기는 좋은 애기다. 저 산 건너 산 너머 있다. 사자 있다. 산너머 들이 있는데.

─── 혹시 잡지는 보셨어요?

제보자: 인자 마 중학교 졸업해가는 사도세자, 원효대사 그런거는 내가 중학교 졸업해가지고 성인이 다 되갈 때 20살 다 되갈 때 봤는데.

─── 극장은 언제 가보셨어요?

제보자: 극장에는 잘 못 갔죠. 학교 다닐때는 극장에 갔고, 학교서 단체로.

─── 중학교 때?

제보자: 처녀때는 출입금지라고 못 가고.

─── 유랑패들도 오고 그랬을 거 아니에요?

제보자: 있었지.

─── 그 사람들은 와서 무슨 공연을?

제보자: 인자 유랑패들은.

─── 언제 와요 그 사람들이?

제보자: 뭐 한가한 저녁 시간 때 와가지고 마당놀이처럼 하는데, 나는 못 나갔는데 저녁을 해놓고 보니 딸이 없어요. 근데 야가 어릴 때부터 한국춤을 좋아해, 하여튼 박자를 잘 맞춰가 무용을 잘 하는데. 세 살 먹을 때 정월 정초에 건립 두드리고 쇠 쳐가 내려가는데 여기 제당이 있었거든. 야가 거기에 박자를 맞

춰가 고개를 끄덕끄덕 하더라고. 대학교 갈 때 많이 싸웠어요. 지는 한국무용 한다하고 나는 안된다하고. 가정과를 가라. 가정과가 합당하지.

―― 그 당시에 집안에서 굿도 했었어요? 고사.

제보자: 미신은 전혀 안 믿었지, 내가 천주교니까 그런거는 없었어요. 그라고 점이라고 나는 하는 일도 내 점 내가 하고 사는데. 시어머니도 안하고 우리 친정엄마도 안하고 나도 그런거 좋아 안하고.

―― 그 당시에 연날리기도 했었어요?

제보자: 연날리기 했지. 우리 집에는 우리 오빠만 연날리기 했지. 여자들은 안하지. 구경하는데 실에다가 감 먹인다고 하거든. 실에다가 풀을 먹이는데 그거는 엄마가 해줬지.

―― 윷놀이는요?

제보자: 윷놀이는 내가 시집 오고 등산계에서 하고. 우리 아들 키울 때 하데요.

―― 그 당시에 주위 어른들은 화투를 많이 하셨어요?

제보자: 화투는 지금부터 10년전에 너무너무 많이 하데.

■ 조사일시: 2010년 11월 20일
■ 제보자: 장○○(남·58세), 울산광역시 동구 방어동
■ 조사장소: 울산광역시 동구문화원
■ 조사자: 이영수·서종원

—— 일본의 히나세 지역과 교류에 대해 말씀해 주세요.

제보자: 방어진회가 있어요. 모임이, 방어진에 살던 사람들이 건너가 가지고 당시 여기서 초등학생이나 이랬던 사람들이 여기가 고 향이야. 거기 가가지고 방어진회를 모아가지고 한 50여명이 모 여가지고 있는데, 인제는 좀 적어져가지고. 나이를 많이 먹어 가지고 거진 한 80이 안되었겠나 보고있는데 거기서 자기들이 장사도 하고 어업도 하고 이렇게 하면서 어촌이기 때문에. 그 인근에 있는 히나스에 하고 또 다른 마을이 있더라고. 그런 데 있는 사람들이 다 모여가 1년에 회를 몇 번 하는거라. 그 사람 들이 집단으로 여기 방어진에 방문하고. 뭐 이렇게 하는데 거 기 회장으로 있던 사람이 그분은 한국에 대한 인식이 안 좋은 갑더라. 그분을 찾아가면은 안 만나주고 이래. 그래서 임주희 남편을 찾아가면은 그 사람이 누구누구 보자 이러면 바로 오 고, 그 사람이 토박이 중에서도 이거야. 그 사람은 방어진하고 는 인연이 없는 사람이죠. 내가 여기하고 교류를 맺어주는 과 정에서 알게 되고 그 집이 여관을 하다보니까 자고 한국말 통 역을 임주희씨가 하는거라. 그래서 그 집에 가가지고 밥도 먹 고 자기도 하고 이러다보니까 친해져가지고 부산에 오면은 울 산까지 와. 내가 고래고기도 사갖고 가고 이렇게 하니까 한번

은 내가 우리 선원들 데리고 밥 먹으러 갔는데 밥값을 안받는 거야. 그런데 남편이 받지말라한대. 왜 받지말라하냐면 울산에 가가지고 그만큼 얻어먹었는데 받지마라 해가지고 못받아가지고 우리 예산이 절감된 일도 있고 그런데. 이 사람을 통하면 방어진회에 다 연결이 되는거라.

—— 그럼 방어진회에 계신 분들이 연세가 많으신 분들도 많겠네요?

제보자: 많아, 여기 살던 사람이 가가지고 가니까 너희가 조선사람이지 일본사람이가 하면서 거기서 정착하는데 애로가 많았는거라. 그런데 이 사람이 단결을 해놓으니까 지방자치식 그거를 하고 있으니까 방어진회만 잡아도 막 표가 되는거야. 이걸 무시 못하게 되는거지. 그래가지고 자기들이 처음에 취지는 방어진에 살았던 사람들을 중심으로 했는데.

—— 일본하고 교류를 하신 지가 얼마나 되셨죠?

제보자: 일본하고 2002년도부터 오고가고 했을거야.

■ 조사일시: 2010년 11월 21일
■ 제보자: 송○○(남·78세), 울산광역시 동구 방어동
■ 조사장소: 송○○(남·78세) 씨 자택
■ 조사자: 이영수·서종원

—— 어릴 때 많이 하던 가이리는 어떻게 놀았나요?

제보자: 우리가 어릴 때에 소 먹으러 다니면서 가이리를 했거든. 두 패

로 갈라가지고 가이리를 하는데 거기는 늘 아들이 뛰니까 잔디가 안나는기라. 잔디가 딱 표가 나. 술래가 서는데하고. 그 자리를 우리가 가이리땅에 가자 해가 그 가가지고 가이리놀이를 하는거야. 가이리땅이라고. 제일 꼬마들은 소 보러 다니고. 논에 못 들어가도록 해야될 거 아니가. 그 다음에 좀 큰놈들은 이거 하고. 축구도 하고. 도꼬다이하는거 아는교? 그 놀이가 있단 말이야. 우리가 도꼬당 땅이 있어. 거기 가서 축구도 하고 하는데 도꼬당 그 말이 무슨 말인지 모르겠는거라. 당 하는 말이 땅하고 같은 말이야. 해방이후에 그 놀이문화가 계속 남아있어가지고 우리 어릴때도 가이리땅, 가이리 하고 겐또바시하자 이런게 있었단말이야. 요새 같으면 깡통 차고 숨고 술래는 찾으러 다니고 이렇게 하잖아. 몰래 와가지고 차고가고. 우리는 이걸 겐또바시라고 하거든. 고런 놀이들이 좀 있었어. 한참동안 있었거든. 말타기 그거는 우리 민속문화고. 그런데 도꼬당이 뭔지 모르겠어. 도꼬당에 가가지고 아들 패갈라가지고 그때 공이 어디있노 새끼같은 거 감아가지고 안 풀리도록 이래 감아가 그놈 가지고 차고다니고 그랬다아니가.

—— 혹시 구슬치기는?

제보자: 우리는 다 했지, 구슬은 실제로 그 전에는 돌치기하고, 구슬치기 이전에는 우리가 돌로 해가지고 맞추고 비석치기가 있거든. 비석치기가 유래인거라. 비석치기가 실제로는 여기 온동네 다녀보면은 불망비 있잖아. 불망비 이게 실제로 이 양반이 선정을 베풀어가지고 중생들이 돈을 모아가지고 이래 한 것이 아

니고 지가 가기도 전에 돈을 거둬가지고 그걸 만들었단말이야. 그러니까네 지나다니면서 욕하고 멀리서 돌을 던지고 이랬던것이 그 시발이라네. 그래가지고 비석치는 것이 돌을 던지는건데 돌을 조그마하게 세워놓고 거기다 돌을 던지고 그랬던 것이 맞추면 가져가고 거기서 유래됐다고 그러데.

—— 어릴 때 구슬치기는 어떤 게 있었어요?

제보자: 구슬치기는 여러 가지가 있는데 뭐 이렇게 모아놓고 멀리서 던져가지고 깨져 나가는 거는 가져가는 거.

제보자: 그때 당시에는 돈이 있나, 그러니까 구슬로 해가지고 맞추면은 가져가고 이런게 있었는기라. 그기 뒤에 오면은 돈으로 동전으로 바뀌어가지고 바로 주고받고 하는데 그거는 노름이 되는거지.

—— 일제 때 어른들은 화투를 많이 하셨겠죠?

제보자: 화투를 그거 머라그러는교, 마작 같은거 많이 했다 아이가. 투전. 그거를 하고. 병따개 했지. 병따개치기. 병 그거를 뚜드려가지고 펴가지고 딱딱하게 펴가지고. 그걸로 짤짜리도 하고 날리기. 맞추어먹기도 하고. 벽치기도 했지.

—— 그럼 그것도 일제 때 들어왔겠네요?

제보자: 그렇지, 그것도 일제 때 안 들어왔겠나. 때기치기는 딱지치기를 인자 그렇게 하고.

—— 다 일제 때 들어왔겠죠?

제보자: 그 전에는 우리가 종이가 없었지, 옛날에는. 문화가 발달이 안 됐고.

제보자: 팽이도 치고.

―― 주로 언제 치셨어요?

제보자: 겨울에. 주로 겨울철에. 어른들이 깎아가 만들어주면 그거가 지고 치고. 얼음썰매도 어른들이 만들어주면 타고.

―― 썰매는 어디서 타셨어요?

제보자: 논에다가 물을 가둬놓고.

―― 그러면 여름에는 해변가에서 뭐하고 노셨어요?

제보자: 해수욕, 멱 감고. 친구들하고 낚시질하고.

―― 구슬치기는 어떤 놀이를 좀 많이 하셨습니까?

제보자: 맞추기.

―― 아, 여러 개 놓고 맞추는 거?

제보자: 그거하고.

―― 안에 삼각형을 그려놓고 구슬을 놓고 맞추는 건가요?

제보자: 하나 놔놓고 맞추기도 하고 여기 모아놓고 맞춰가 선에서 밖으로 나오면 아웃.

―― 구슬은 어떻게 구입을 하셨어요? 철물점에 구슬이 있었습니까? 잡화상?

제보자: 학용품상에 있었지 싶은데.

―― 구슬치기는 학교에서 하셨습니까, 소학교 때?

제보자: 학교에서 한 기억이 나네.

―― 쉬는 시간에?

제보자: 어.

―― 남자들이 오재미도 하셨습니까?

제보자: 오재미는 여자들이 많이 했지. 남자들은 오재미 안하고. 오재미도 하고 이거 뭐고 살구받기라 하나. 여자들이 많이 하고.

── 남자들은 혹시 땅따먹기 같은 거 자주 하셨어요?

제보자: 땅따먹기 했지.

── 그건 어떻게 하는 건가요?

제보자: 기억이 잘 안나네. 땅이 예를 들어서 1m, 1m 있는 것 같으면 한뼘 두뼘 이렇게 해가지고.

── 자치기 같은 것도 하셨어요? 자치기는 별도로 공간이 있습니까, 여기에?

제보자: 주로 논에서도 하고 밭에서도 하고 운동장에서도 하고.

── 자치기는 어떻게 하는 건가요?

제보자: 자치기는 요만하게 15cm 내지 20cm로 만들어가지고 치고 멀리 가면 멀리 가는 사람이 이기는거고. 하불로시는 야구처럼, 여자들이 주로 많이 했지 싶은데.

── 병마개 펴가지고 노는 게임도 하셨어요?

제보자: 병마개를 완전하게 펴가지고. 모르겠네 그건.

── 연날리기도 하셨습니까?

제보자: 연도 했지. 연을 그때 만들어가지고 말하자면 실을 팔에 끼워가지고 바람에 날렸지.

── 학교에서 체육시간에는 주로 뭐를 합니까?

제보자: 야구는 많이 했지. 그때 우리들 할 적에는 연식으로 했나. 연식공. 연식공을 난큐라고 했어.

── 제가 어르신 부친께서 여기서 사이다 공장을 하셨다고 들었

는데, 여기서 사이다 공장을 하시게 된 계기가 뭔가요?

제보자: 해방 후에 일본사람한테서 인수를 했지.

—— 언제까지 하셨어요?

제보자: 해방되고 한 10년 했을거야.

—— 그 당시에 잡았던 생선들은 다 일본으로 간 건가요?

제보자: 일제시대 때는 일본으로 갔지.

—— 그럼 일본까지 가는 데는 얼마나 걸립니까?

제보자: 그 당시에는 한 10시간? 가깝지.

■ 조사일시: 2010년 11월 21일
■ 제보자: 최○○(여·78세), 울산광역시 동구 방어동
■ 조사장소: 최○○(여·78세) 씨 자택
■ 조사자: 이영수·서종원

—— 가이리가 뭐예요?

제보자: 가이리나 내꼬동이나 똑같다. 똑같은거는 여기서 살아남는 사람이 숫자가 네사람이 출발했으면 요 숫자에 따라가지고 편을 갈라하는데 여서 출발해가지고 그래 하나 잡을라고 이 사람들이 다 쭉 내려오는거라. 내려와가지고 요령 있게 피해갖고 다 내려가고 나면 앞사람하고 뒷사람하고 손을 맞춰가 잡히면 죽어뿌고. 죽어서 나오면은 살아남은 사람이 숫자가 적 보다 많으면 다시 부활되고. 그게 내꼬동, 가이리다. 가이리는 돌아왔다 이 말이다. 산 사람이 돌아갈 때 "가이리" 하거든.

—— 깨굼은?

제보자: 깨굼은 뭐로 그리는가하면 나무막대기로 동그랗게 원이 되요.

—— 크기가 똑같아야 되죠?

제보자: 그러면, 원이 똑같다. 여기서 시작해, 팔딱팔딱 뛰어서 여기서
양발 다리 벌려. 또 뒤에 사람이 뛰어와가지고. 내가 뛰다가
이 원 밖에 선을 밟으면 안 되지. 그러니까 이게 굉장히 큰거
라. 여기서 작게 뛰면은 여 가가지고 뛰갈라하면은 요거는 내
다리가 안되는기라. 그러니까 잽히간다. 죽으면 못하고 그 다
음 사람이 올라가고. 이거는 편으로 하는 게 아니라 개인으로
하지. 팔딱팔딱 이래 뛰가지, 쉬는 게 아니거든. 조절하는 게
아니고 팔딱 뛰어서 벌리고 팔딱 뛰어서 벌리고 완전하게 여
기까지 살아서 가면 나는 성공했는거야.

—— 라인이 그려져 있어요?

제보자: 깨굼은 그릴 때는 호미 같은거 있으면 아주 정확하게 그려지
는데 막대기를 가져와가지고 삥 둘러가 그리고 그렇게 깨굼인

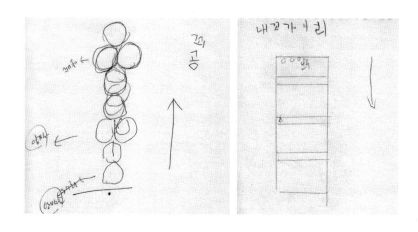

거라.

제보자: 이래이래 뚜드려가 팔로 이래 넘구고 그 노래 박자에 맞춰서 해줬는데 옛날에는 일본사람들이 그거를 군가로 해줬어요.

—— 가다마리도 군가로 했다는 거죠?

제보자: 군가로 했는데 해방되고 난 뒤에는 일본노래로 안한다는 이 야기에서 삼천리 강산에 하면서 다리 넘구고 빛이 돋는날 다 리 두 번 넘구고 쉴 때마다, 삼천리 강산에 그거는 우리나라 건국시대에 아주 그거한 노래야.

—— 공은 어떤 거였어요?

제보자: 고문데, 딴딴한 고무라. 그러니까네 이기 좋은거는 땅에서 잘 뛰는데 시멘트 바닥에 잘 뛰는거라. 어릴 때는 화장실 가는 도 로가 세맨 바닥이지. 나무바닥에는 잘 안되고 소리가 쿵쿵 많 이 나니까 안되고. 근데 나는 우리 부친이 울산에 백화점에 가 가지고 공을 사가 와가지고 중간에 선이 있거든. 거기다가 오 야마 데이카라고 써가지고. 내 이름이야. 잉크를 넣어갖고 닦 아뿌면 내 이름이 지워지지가 않거든, 남이 못 갖고가그로.

—— 그게 몇 살 때예요?

제보자: 3학년땐가, 요새 고무밴드 안 있나, 저거를 어디서 사왔는지 엮어가지고 고무줄 뛰는 거 할 때 쓰라고 그래 해주고.

—— 고무줄은 학교에서만 했어요, 집에 와서도 했어요?

제보자: 집에 마당이 많으니까, 내가 형제간이 많으니까 울타리에서 형제간에 많이 했지. 그러니까네 둘째딸하고 셋째하고 내가 넷째고, 다섯째까지는 이래 한 집에서 살면서 생활을 오래 했

는데 지금도 막내가 지금 육십아홉인가 칠십인데 가도 옛날 노래를 참 잘해요. 지가 요만할 때 애기가 기어댕길때 삼천리 강산에 이거 다 우리 한국 건전가욘데, 걔가 노래 잘해요.

―― 고무줄놀이는 누구한테 배웠어요?

제보자: 학교에서 선배들이 하는거, 우리가 놀이가 없으니까는 이제 그런거 따라하지.

―― 학교 들어가서 고무줄 배우신 거죠?

제보자: 그렇지, 시찰내기 안 있나. 남자들은 자치기를 하고 여자들은 시찰내기 하고. 돌멩이 차기를 시찰내기라 했다. 그런거는 내 거는 내가 갖고 다니고, 잘 나가는거는. 차가지고 상대하고 딱 맞으면은 지가 죽지, 나는 차서 이겼으니까네. 차서 죽였으니까. 요런 돌은 가방에 넣어가 다녔었어요, 돌을 산에서 주워오면은, 요런 돌은 옛날에 시찰내기 하기에 알맞다 해서 주워왔어요.

―― 이것도 학교에서 배우셨어요?

제보자: 학교에서 배웠지, 난 집에서는 널뛰기밖에 안 했었잖아. 깨굼 하고.

―― 깨굼도 집에서만 하고?

제보자: 학교에서도 했지, 학교에서 하다가 집에서 마당이 넓으니까네 하고. 집에 형제간이 있으니까네.

―― 고무줄은 그 당시에 어디서 사셨어요?

제보자: 아버지가 사다줬지, 딴 아들은 검은 고무로 하는데, 나는 우리 부친이 고무를 엮어줘가. 그래서 아버지 어디서 구해왔냐

하니까 조양백화점에서 구해왔다. 이거는 해방되고 난 후에, 내가 좀 성장했을 때. 이 노래 부를 때, 삼천리 강산에 햇빛이 돋는날, 우리 ○○은 무궁화 피었네 동포야 동포야 이날을 잊지를 말고 ○○의 자유를 누리세로세 우리가 광복되고 난 후에. 일제때는 이 노래 아니고 그때 노래는 잘 모르겠네. 내가 4학년에 해방되가 5학년 될때. 이 밴드만 보면 우리 아버지 생각이 나요.

—— 놀 때는 어떤 식으로 놀아요?

제보자: 네 사람이 둘이가 잡고 팀을 나눠가, 퍼떡퍼떡 뛰다가 걸려가 넘어지면 팀을 바꾸고. 전에는 발목에 했다가 고 다음에는 올렸다가 고 다음에 잘뛰는 아는 허벅지까지 가고. 둘이 마주 서가 있으면 자꾸자꾸 올리고. 요즘걸로 하면 장대높이뛰기, 그때부터 그런 게 있었어요.

—— 학교에서 주로 노는 시간은?

제보자: 쉬는 시간, 점심시간에 청소해놓고. 사이렌이 울면은 모두가 자기 청소하는 구역이 따로 있어. 고등과 학생이 대장이라. 6학년 졸업한 고등과 2년이 있었는데 또 사이렌이 울면은 화장실 청소, 교무실 청소 각자 청소하고 난 후에 사이렌이 울면은 제 자리에 가는거라. 모였던 자리에 가서 교장선생님이 일본시조를 선창을 하고 학생들이 후창을 하고. 언제나 언제나 친하길 빈다는 그런 뜻이고. 그러면 출석 다 해놓고 노는 시간이고.

—— 그럼 주로 몇 시까지 학교에서 놀고 오셨어요?

제보자: 몇시까지가 어딨노. 우리엄마가 얼마나 엄하게 키웠든지, 학교

에서 놀다 가는거 없었어요. 하교시간은 보통 국민학생은 4시
간, 5시간 정도. 1시간에 40분 해가지고. 토요일날은 한 2시되
면 끝나고, 평시때는 한 4시.

—— 집에서 겨울철에 하시던 놀이도 있어요?

제보자: 실뜨기도 있고,

—— 그건 우리나라 거예요?

제보자: 내가 어릴때부터 배웠으니까네 우리나라 거지.

—— 그건 누구한테 배우셨어요?

제보자: 그건 형제간들이 많으니까네.

—— 그건 어떻게 하면 지는 거예요?

제보자: 끝까지 못 나가면. 하다가 안되면 아웃되고.

—— 그 놀이를 일본선생님들은 못하게 했어요?

제보자: 그런거는 아니고. 학교에서도 했고.

—— 학교에서 공기놀이도 했죠?

제보자: 살구받기는 뭐 학교에서도 했죠, 돌 주워가지고.

—— 살구받기는 해방 이후에도 계속하셨고?

제보자: 계속했지, 중학교때까지.

—— 고등학교 이후로는 살구받기 안 하는 거죠?

제보자: 내가 고등학교 안다녔으니까, 중학교 4학년밖에 안 다녔고. 그
때는 여학생이 세사람밖에 없고 다 남학생, 스물 한 사람이
다 군에 가뿌고 여학생 서이밖에 없으니까네 주로 바닷가에
서 논 게 젤로 추억이 많아요.

—— 바닷가에서는 뭐 하고 놀아요?

제보자: 물에 뭐 잡는다아니가, 고동 잡고. 나물 뜯고. 그래가 수업시간이 되면 시계가 없으니까네 예비종이 올리면 뛰어올라와요. 중학교때, 해방 이후에,

■ 조사일시: 2010년 11월 21일
■ 제보자: 주○○(남·72세), 울산광역시 동구 일산동
■ 조사장소: 울산 동구 동진경로당
■ 조사자: 이영수·서종원

—— 일제 때 마을에 과수원이 있었다고 들었는데 어디에 있었나요?

제보자: 지금도 그 무화과나무가 있거든. 그 당시에 측량을 안하고 일본놈들이 즈그꺼라고 말이지, 그 무화과나무를 자기들 꺼라고 말이야. 내하고 또래가 그 집에 아들이 하나 있었어. 집을 지으려고 측량을 해보니까네 전부 우리 땅이라. 그 무화과 나무는 지금도 살아있어.

제보자: 우리형님이 지금 감포에 사는데 우리형님이 우리 어릴 때 일본놈들이 한창 지붕위에다 돌 던지고 왜냐하면.

—— 형님 성함이?

제보자: 주두규. 어릴 때 보면은 짤짜리, 쌈치기. 옛날에 보면 일본 사람들이 사거리에다 보면 절을 조그맣게 사메사마 모셔놓고 쌈치기를 하거든, 학생들끼리 친구들하고. 일본놈들하고 조선 사람들하고 싸워가 뚜드려팬거야. 일본아들이 즈그 친구들

뚜드려패놓으면 자기 부모들이 일본경찰서에다가 이르거든. 경찰차가 오면 도망가삐네고. 그러다가 밤 되면은 자갈을 호주머니에 이빠이 담아와갖고 주던진다.

—— 그 당시에 집이 하꼬방이었어요?

제보자: 우리는 초가집이었고, 즈그는 개집 아니면 함석집이지.

—— 그 당시에 집은 어떻게 생겼습니까?

제보자: 형태가 지금 보자. 함석집은 주로 배집식이지. 그 다음에 또 삼각자로 집을 이쁘게 지은 집도 있었어. 혹시 그거 알아. 향나무로 집을 지으면 모기 등의 해충이 없다는 이야기.

—— 향나무로 집을 지으면 모기가 안 들어온다는 거죠?

제보자: 울릉도에 모기하고 뱀이 없는 이유가 뱀하고 모기는 등나무 향이 나면,

—— 도망가는 거죠.

제보자: 그래서 울릉도에는 모기 없고 뱀이 없는거라.

—— 그러면 어르신 쌈치기는 뭘로 하셨어요?

제보자: 왜놈들 동전, 일본돈이지, 동전.

—— 그걸로 쌈치기 친구들끼리 하셨어요?

제보자: 짤짜리. 우리는 구경하고 있고.

—— 일본놈들이 짤짜리를 했다는 거죠? 우리나라 사람이 아니라?

제보자: 일본에서 같이 친구니까.

—— 아, 일본학생이랑 한국학생이랑 쌈치기를 같이 했어요?

제보자: 그래 같이 했지 쌈치기, 같이 놀았지. 그러다가 즈그가 잃으면 텃세부리면 말이야, 뚜드려패는거라. 그 당시에 우리형 친구가

모리모도라는 놈이 있었어, 일본놈. 자기 아버지가 머래나무 OO잡는 나가시를 했어. 그 옆에 가고시마 우물이 하나 있었어. 제일 오래된 우물이, 그 우물하고 동제우물하고 두 군데는 또 파출소 밑에 우물하고 세군데는 가뭄이 없었어.

—— 그런데 어르신 그 당시에 6~7살인데 다 기억을 하시네요?

제보자: 다 기억하지, 일본친구하고 같이 놀았으니까.

—— 그러면 그 당시에 일본친구하고 놀았던 게 쌈치기 말고는 뭐가 있습니까? 어떤 놀이 하고 노셨어요? 가이리도 하셨어요?

제보자: 가이리도 했지, 맨날 같이 노니까네.

—— 일본 애들하고? 그럼 나이 또래는 어르신하고 비슷했겠네요?

제보자: 우리집 옆에 내 친구가 하나 있었고, 일본친구가.

—— 그럼 걔하고 뭐 하고 노셨어요? 가이리도 하시고?

제보자: 가이리를 이제, 내꾸단.

—— 내꾸단이 뭐예요?

제보자: 왜놈말로 내꾸단. 가이리, 또 내꾸단. 또 오재미 던지기하고.

—— 오재미 던지기는 어떻게 해요?

제보자: 오재미는 인자 모래주머니를 해갖고 선을 사각형 내가지고 가로질러가 가운데 선을 그어놓고 5명, 5명 해가지고 사람 맞추는거야 인자. 맞은 사람은 밖에 나가는거라. 받으면 또 살아나고. 그런식으로 일본아들 같이 놀았거든. 놀면은 인자 옛날 참 어릴 때 얘기라.

—— 그럼 이게 일본에서 소개받은 놀이에요, 어르신 기억에?

제보자: 누가 만든것인지 모르지 인자. 우리나라 놀던거겠지.

―― 오재미를 어디서 하신 거예요? 땅이 별도로 있었어요? 놀던
　　터가?

제보자: 아니지, 아무데나 그려가 했지. 사람이 제일 많이 모이는 곳이
　　　　가메시마 모시는 자리.

―― 가메시마가 뭐예요?

제보자: 조그만 사거리에다가 집을 조그맣게 암자를 지어. 암자를 지
　　　　어가지고 부처를 일본놈들이 신사식이지, 부처를 모셔놓고.
　　　　밑에 부처 비석을 깎아가 요기 놓고. 요게는 지하를 파났어.
　　　　지하를 파가지고 뭐가 있냐하면은 일본놈들 해골을 여기 보
　　　　관하는거라. 지금같으면 납골당식으로 인자 왜놈들은 그 당시
　　　　에 유골을 딱 여기 모셔. 모셔가지고 즈그는 고향에 가기가 힘
　　　　드니까네 나중에 고향 갈 때 이 유골을 가져가가지고 화장을
　　　　하거나.

―― 이거를 뭐라고 그런다구요?

제보자: 가메시마지.

―― 이게 방어진에 몇 군데가 있었어요?

제보자: 내 어릴때니까네 나는 그 당시에 우리집 옆에 이봉구씨라고
　　　　할배가 살았는데 가메시마가 하나 있었고.

―― 여러 군데가 있었겠네요?

제보자: 있었지.

―― 아무튼 해골을 여기다가 죽으면 다 넣어놓는 거네요.

제보자: 그라고 해방되고 난 후에 이거를 꺼내가 해골을 공차듯이 차
　　　　고 놀았거든. 해방되고 난 후니까 뭐 개판 5분전이지. 해골이

있어, 그러면 그거를 발로 막 지차고 공으로 지차고 그랬지.

── 그리고 어르신 구슬치기도 하셨죠?

제보자: 했지.

── 구슬치기도 일본학생하고 같이 했어요?

제보자: 그렇지, 같이 했지.

── 그것도 싸움 나겠네요?

제보자: 그러니까 우리는 어릴 때 싸우다가 내카 나이 많은 애한테 뚜드리맞으면 우리형님이 와가 박살시켜   다. 치고 잡히니까 도망가삐는거라.

── 구슬치기는 어떤 방법으로 하셨어요?

제보자: 주로 거리를 딱 두고 손톱으로 튕겨가 맞추는 게 있고, 그 다음에 라인을 그려가 여기 맞으면 많이 주고 여기 맞으면 하나씩 따고 그런식으로 하고.

── 명칭은 구슬치기라고 그래요? 다마치기가 아니고?

제보자: 응, 구슬치기.

── 이것도 일본학생하고 하고?

제보자: 응, 같이 했지. 근데 주로 해방되고 난 후에 구슬하고 쌈치기를 많이 했지, 전부 짤짜리를 많이 했지. 일본놈 동전갖고.

── 그럼 짤짜리를 자주 했겠네요?

제보자: 모이면, 앉으면, 할 게 없으니까 그것만 하고. 방안에 앉아가 지꾸데이 그거 하고.

── 어릴 때도 지꾸데이를 하셨어요?

제보자: 어른들은 지꾸데이 저거 하고.

──── 그럼 화투를 어릴 때 보셨어요? 어르신?

제보자: 화투 본거는 기억이 가물가물하지.

제보자: 여기 방어진이 옛날엔 여기 기지가 어업기지로서는 대한민국 최고죠, 전쟁기지. 이러니까는 주로 일본 돈 많은 선주들이 여기 다 모여 있었다고. 부촌이지. 부촌이면 인자 남은 사람들이 나무를 해가 팔러 오잖아. 장작을 지고. 오면 여기 밑에 가면 옛날 방어진 입구에 장터가 있어. 그때 우리 외삼촌이 동면에서는 주먹의 왕자였거든. 왕자였는데 이분이 해방 당시에 그 회사를 완전히 장악했는거라. 왜냐면 일본이 배에 선장질 할 때 우리 외삼촌이 그 밑에 화장을 했대. 이 주먹은 싸움깨나 한다는 사람들이 세네명 와도 발차기 한방이면 망가져삐는거라. 일본 가가지고 밀항을 해가 가서 일본 조선소에서 선원을 날치기 해가 왔다고. 그런데 해방되가지고 우리 외삼촌이 주먹을 가지고 완전히 자기껄로 만들어버렸는거라. 만들었을 때 우리 어릴 때 보면 3층 건물에 외삼촌이 사장이니까 앉아있으니까 올라가면은 우리는 미깡 있잖아, 귤. 비서가 그걸 내놓는다고. 비서를 뒀는데 우리 외삼촌은 낫 놓고 기역자도 몰라. 모르니까네 그 비서가 그 회사를 자기것으로 만들라고 대검을 가지고 사장 밤에 자는데 옆구리를 쓱 찔러뿟다고. 죽일라고. 찔렀는데 이기 7cm, 6cm정도 들어갔는 모양이지. 찔리가지고 칼을 떼고 그 당시에 밑에 부하들이 알고말이야 차에 태워가지고 그 당시에 택시타기가 하늘에 별따기지. 차를 태워가지고 세브란스 병원 가가지고 치료를 해가 살았는거야. 살

앉는데 퇴원을 해보니까네 죽은 김태석씨하고 울산식당에 이종환이도 우리 외삼촌 밑에 있었다고. 외삼촌이 병원에 간 사이에 즈그가 집을 다 재산을 다 정리했다고. 다 뺏아버리고 영감쟁이 남은 거는 저 방앗간 밑에 초가집 하나 있었어. 고것만 남았는거야. 이래가지고 퇴원을 하니까네 밑에 비서하고 찌른 놈하고 말이야 잡히면 죽거든, 다 도망가 는거야. 회사가 풍지박산 되버렸는거라. 글을 모르니까네 막 서류막 올라오면 찍어주니까 그 회사가 될 수가 있나. 나중에 우리가 불을 내가지고 완전히 전소돼버리고 거기가 시장터가 됐잖아.

—— 혹시 어르신 그 당시에 일본 애들이 장난감 있죠? 완구, 그런 것도 혹시 가지고 놀았어요? 일본 애들이?

제보자: 있었지, 있었고. 등에 업고 다니는 것도 있었고. 다루마 같은 그거 아니가, 토끼 비슷하게 생긴거.

—— 그 당시 일본 애들은 딱지도 있었어요?

제보자: 딱지도 있었는데 기억이 안나지. 있긴 있었지. 우리가 해방되고 나서 딱지를 많이 했거든.

—— 일본에 딱지가 사각형이었어요?

제보자: 사각형이지.

—— 그리고 해방 이후에 우리가 그거 가지고 놀았네요?

제보자: 그렇지.

—— 그럼 일본 여자애들은 고무줄 같은 것도 놀았죠?

제보자: 고무당.

—— 여자애들이 노는 거죠? 남자애들은 고무당 안 하죠?

제보자: 안하지, 우리는 잘라버리고, 자르고 도망가고. 여아들은 그걸 했잖아, 줄넘기.

─── 큰 줄 말씀하시는 거죠? 남자들은 안 했어요?

제보자: 안했지, 남자들도 때로 숫자가 모자랄 때는 넣어주고.

─── 일본 애들도 같이 했어요?

제보자: 우리는 같이 놀았어, 무조건.

─── 그럼 남녀가 같이 놀았습니까?

제보자: 그럼, 남자고 여자고 같이 놀고 했지. 그 당시에 일본사람들 들어와서 개명이 돼뺏는기라. 내가 인자 한 5년 전에 우리집이 저기 논비탈에 도로가에 저 집이라. 거기 인자 추석이야. 추석인데 우리 큰사위하고 딸들하고 다 와있으니까 내가 대문밖에 있으니까 택시가 한 대 대더라고. 보니까 그 당시에 나이가 여든서이라. 이쁜 할머니 한분하고 딸 한분하고 손녀둘이하고 같이 택시 타고 우리집 대문 앞에 내리더라고. 내리드만은 이리저리 살펴쌌드만 내가 나오니까 인사를 하더라고. 모르는데 인사를 하면서 말을 좀 묻자 이거라. 옛날에 어릴 때는 일본말을 좀 했는데 잊어버리니까네 우리 큰사위가 대학교때 일어전공했거든. 그래서 내가 최서방 이리 나와보라하니까 나오더라고. 이 할머니가 일본말 하는데 니가 통역 한번 해보라하니까네 하더라고. 이 할머니가 방어진 초등학교 다녔어. 다니다가 5학년 때 해방이 되가지고 배에 짐을 싣고 일본으로 갔대. 갔는데 그 할머니가 하는 얘기가 다른 동네는 해방이 되가지고 일본에 들어갈 때 전부 재산도 **뺏기고** 맞고 밤에 도주 하

듯이 일본에 들어갔는데 방어진은 유독 잘 벌어줬더란다. 방어진이 그래 인심이 좋았는데 그 분이 인자 연세가 차가지고 돌아가실 나이가 되니까 생각이 모교나 한번 보자 해가지고 딸하고 딸이 내카 마 칠십 한 다섯인가 내또래 같더라. 딸하고 손주들하고 데리고 왔더라고. 와가지고 이야기를 하는데 옛날에 방어진 초등학교 때 소공원이 있었다는거야. 현재 그 소공원이 있나 묻더라고. 소공원이 있었거든, 그때는. 그래서 내가 우리 최서방 차를 타고 구경을 시켜드렸거든. 시켜드리니까네 옛날 기억이 살아난다 이거라. 살아난다면서 거의 한 한시간 정도를 구경을 시켜줬다. 어떻게 가시냐 하니까네 해운대 호텔에 숙소를 잡아놨대. 경주로 해가 구경하고 간다고. 죽기 전에 내가 살던 고향에 모교에 한번 왔다이거라. 그래가 내려주니까네 할머니가 딸하고 일본말로 무슨말을 하드만은 돈을 만엔짜리를 두장을 빼드라고. 그래가지고 수고했다고 돈을 주더라고. 죽어도 안 받는다 하니까네 자기 딸이 우리 사위한테 하는 얘기가 우리 일본은 이건 예의적으로 주는거다 이거라. 안 받으면 실례라 이거라. 그래서 받아야한다 이거라.

—— 어르신, 그리고 깡통차기, 게또바시도 많이 하셨어요?

제보자: 많이 했지.

—— 게또바시는 어떻게 하는 겁니까?

제보자: 게또바시는 인자 이 라인에 깡통을 해놓고 이 라인에서 깡통이 있잖아. 구멍을 뚫어다가 돌을 몇 개 넣어가 소리가 딸그락딸그락 나잖아. 나면은 인자 숨어가지고 하나는 지키고 있고, 술래

가. 찾는 동안에 게또바시 그러고 차잖아. 차고 또 도망가고.

—— 이건 일본 애들한테 배웠어요?

제보자: 일본 애들한테 배웠지. 게또바시.

—— 이건 남녀가 같이 하는 거예요?

제보자: 그렇지, 남자끼리 숫자가 맞으면 남자끼리 하고. 모자라면 남
녀 같이 하고.

—— 깡통은 어떤 깡통이에요?

제보자: 통조림 깡통, 왜놈들 일본놈 통조림 깡통. 정어리 깡통.

—— 구멍은 못으로 내요?

제보자: 그렇지. 망치 뾰족한것도 있고.

—— 그럼 이거 보관은 누가 해요?

제보자: 그거는 인자 전부다 하나두개씩 가지고 있지. 이거 인자 왜놈
들이 통조림 먹고 버리삐거든. 그거를 보물이라고 주서와가.

—— 병뚜껑 펴 가지고도 놀았어요?

제보자: 그래 그거, 그것도 많이 했다.

—— 그걸로는 뭐합니까? 게임을 어떤 거?

제보자: 그거 짤짜리 해서, 쌈치기 해서 따먹지.

—— 두드려먹기는 안 하고?

제보자: 두드려먹기 했지.

—— 그것도 일본 애들하고 같이 했어요? 그러면 그것도 일본 애들
한테 배웠겠네요?

제보자: 주로 그렇지. 주로 문화는 그렇지. 구멍 두 개 내가지고 잘라먹
기, 그거는 위험했데이. 실을 잘라먹잖아.

――― 아 병뚜껑, 구멍 두 개 뚫어가지고 윙윙하면서 싸우죠. 끊어먹
　　 으려고. 그럼 어릴 때 주로 주전부리는 뭘 많이 하셨습니까?

제보자: 주전부리가 뭐 따로 있나. 옛날에 뭐 강냉이 옥수수 같은 거
　　 잘라가 먹고 송 끝에 소나무 껍질 잘라가 하모니카 불고.

――― 그건 어떻게 만들어요?

제보자: 소나무껍질 베고 나면 안에 흰 액이 나오잖아. 그거를 훑어먹
　　 잖아. 밀 같은거 보리 같은 거 잘라가지고 구워가지고 먹고.

――― 감자나 고구마 뎀뿌라도 많이 해먹었어요?

제보자: 뎀뿌라는 일본놈들이 많이 해묵고 한국 사람들은 인자 해방
　　 되가.

――― 일본놈들이 뎀뿌라 먹는 걸 나중에 우리가 해먹은 거죠.

제보자: 냇가에 가면 띠 뿌리 같은거 그거 물 빨아 먹고.

――― 그럼 어르신, 껌은 언제 드셨어요?

제보자: 껌은 이제 우리가 송진, 소나무 진 있잖아. 그거를 씹어먹으면
　　 껌이 되거든. 생밀 그것도 씹으면 껌이 되고.

――― 하불라시는?

제보자: 하불라시는 알지. 하불라시는 우리는 공이 없으니까네 돼지
　　 오줌보 안에 짚을 넣어야 오래 가거든. 짚을 넣어가 차면.

――― 소풍이나 운동회 갈 때는 주로 뭘 드셨습니까? 특별하게 드시
　　 는 거?

제보자: 그 당시엔 어렸으니까 소풍, 운동회가 없었지. 주로 해방되고
　　 난 뒤에 학교를 다녔으니까.

――― 정월대보름날 혹시 쥐불놀이도 하셨어요?

제보자: 쥐불놀이 했지. 깡통 해가 돌리고. 화장실에 불지르고 도망가 삐고. 야외화장실 만들어놓으면 거기다 불을 질러가 불이 붙으면 도망가버리고.

―― 제기차기는 많이 하셨죠?

제보자: 제기차기는 뭐 전부 했지.

―― 그것도 일본 애들하고 같이 했습니까?

제보자: 우리는 그때 어려가지고 제기차기를 못했고 우리 위에 선배들이 많이 했지.

―― 일본 애들하고도 같이 했어요?

제보자: 같이 했지.

―― 그럼 그거는 우리가 일본 애들한테 알려준 거네?

제보자: 그렇지, 제기차기는. 조선전통이니까.

―― 어르신 성함이 어떻게 되십니까?

제보자: 나는 주가, 강물할 때 강, 길.

―― 아, 주강길 선생님이시구나. 올해 71세시고. 울산이 고향이신가요?

제보자: 나는 여기 방어진이야. 원래 방어진 본토.

―― 아버님은 원래 뭐하십니까? 선친은?

제보자: 우리 아버지는 옛날에 뭐 배했지.

―― 그럼 일본 배를 타신 거예요?

제보자: 옛날에는 다 일본 배를 탔지. 그 당시에는 전부다 일본 배지. 건착선 선장을 했거든.

―― 어머니는?

제보자: 우리 어머니는 집에서 살림 살았는데 우리 어머니가 방어진
에서 일본말 최고 잘했다. 왜 일본말을 최고 잘했냐면 처녀때
일본 애를 봤는거라. 일본 집에 일본 애를 봤는거라. 그 당시에
우리 한국 사람들은 밥이 제대로 없었거든. 왜놈들은 밥을 나
무통에 해가 먹었지만도. 그러니까네 딸래미 배곯는다고 일
본집에 식모도 아니고 애 보는데.

——— 어머니가 시집가기 전에?

제보자: 시집가기 전에, 처녀때. 그래 일본집에서 사니까네 자연적으
로 일본말을 배우는거라.

——— 보모로 갔군요. 그래서 일본말을 잘하시는구나.

제보자: 그래, 방어진에서 일본말을 최고 잘했다.

——— 그럼 어머니는 시집오셔가지고 일본 집에 계속 가셨어요?

제보자: 아니, 살림살았지. 우리 어머니는 내가 어릴 때 그 당시에 음식
점을 하더라고.

——— 무슨 음식점?

제보자: 어릴 때 보니까네 밥 같은 거 밀주 해가지고 팔고. 아버지는 일
본으로 내 다녔고.

——— 그럼 보수가 괜찮았나 봐요, 선장이면? 그럼 사이가 좋겠네요?
일본 사람하고?

제보자: 그러니까 우리 형이 다른 사람들 남의 초등학교 다닐 때 일본
놈 초등학교 여기 다녔지.

——— 아까 그 형님이 성함이?

제보자: 주두규.

── 그럼 연세가? 이분이?

제보자: 올해가 칠십아홉.

── 그럼 특이한 케이스네요. 이 당시에 일본인 학교를 다니셨다면….

제보자: 그렇지. 이 친구하고 친군데 이야기를 하나 해줄게. 에도시대에 일본 초등학교 다니면서 옛날엔 어른들이 신발을 털어줬다고, 공부 좀 잘하고 하면. 신발 표를 주면 그 신발 표를 가지고 이 밑에 신발배급집에 가가지고 돈을 주고 신발을 사신다고.

── 형님만 운동화 신고 다녔네?

제보자: 다른 사람들은 보면 신발표를 하나씩 타오는데 우리형님은 안 타오니까네 내 땡땡이치고 학교 안가고 놀고 땡땡이 쳤는 가비라. 하루는 일본놈 신발을 돌마가지고 왔는거라. 집에 와가지고 봐라, 엄마 내 신발표 탔다. 일본놈 거를 뺏아와가지고. 그래가 신발을 바꿨는데 일본 선생이 알아뺐는기라. 그래가 퇴학시킨다이기야. 우리형님 이름이 왜놈말로 아리가스 고기 찐데 우리 창씨개명하면서 일본놈들이 즈그 마음대로 이름을 지어뺐는기라.

── 그래서 결국 어떻게 됐어요? 퇴학 안 당하셨어요?

제보자: 엄마가 선생한테 무릎 꿇고 얼마나 빌었는지, 퇴학시키지 말라고. 그래가 뇌물을 썼는거라. 집에 아버지가 일본서 와가지고 얼마나 혼쭐을 줬는지. 그래 우리 보면 내 그 얘기를 해. 우리 큰누님이 최근에 돌아가셨거든요. 우리보고 신발 도둑질

하지말라고. 우리형님이 옛날에 일본놈들 많이 괴롭혔다.

—— 그럼 아버님 고향이 충무이신데 방어진에 오신 이유는 뭔가
요?

제보자: 총각 때, 우리 큰아버지가 다니고 기생들 데리고 내 즐기고 하
면서 재산을 다 날리뺏는기라. 이러니까네 총각 때 아버지가
집에서 방어진을 나와뺏는기라. 방어진에 와가지고 왜놈들 배
를 탔는기라. 그래가 배를 배워가 선장까지 하면서.

—— 어머니는 방어진 분이세요?

제보자: 기장 대변. 근데 우리 외할아버지가 방어진에 이사를 왔는기
라. 배를 가지고 방어진에 와가 자리를 잡은거지. 그래가 중매
를 해가.

—— 절은 한국사람도 가고 일본사람도 가도 상관없었어요?

제보자: 없었지.

—— 거기 절 주지는 누구였어요?

제보자: 주지는 일본놈이었지. 주지는 거기 안 살고 지키는 사람이 있
더라고.

—— 혹시 줄다리기 같은 것도 했습니까?

제보자: 줄다리기 했지. 어릴 때 했지. 친구들하고, 딸아들 같이 하고.
여자아들이 많이 했지 그거는. 안 끼워주면 줄 잘라삐고.

—— 기마싸움 아세요? 네 명이 편 짜서 하는 거 그것도 어릴 때 하
셨어요?

제보자: 그거하고 말타기 하고 많이 했다.

—— 기마싸움도 일본 애들한테 배웠어요?

제보자: 그거는 우리 어릴 때 저절로 배워지지.

■ 조사일시: 2011년 1월 17일
■ 제보자: 주○○(남·72세)·박○○(여·87세), 울산광역시 동구 일산동
■ 조사장소: 울산 동구 동진경로당
■ 조사자: 이영수·서종원

—— 그때 학교이름은 초등학교였나요?

제보자: 요새는 초등학교지만은 그때는 국민학교.

—— 밖에서 들고 물을 뭐하는 거예요?

제보자: 훈련할 적에 우리가 불났다 그라고 물을 붓고 그랬거든.

—— 아, 연습하신 거구나, 학교에서!

제보자: 일본놈들이 자꾸 쳐들어온다 하니까.

—— 아, 전쟁 나면 불 끄라고? 바께스 들고?

제보자: 어, 몸빼 다 해입고.

—— 그럼 어머니 학교에서 애들이 놀았던 놀이가 뭐가 있을까요?
　　　공기놀이?

제보자: 학교에서 뭐 공기놀이도 하고, 팽뱅이 돌리기도 하고

—— 팽뱅이가 뭐예요?

제보자: 팽이치기, 그때 머시매들이.

—— 아, 여자는 아니고 남자애들이?

제보자: 그렇지.

—— 어디서 팽이를 돌려요?

제보자: 학교 마당에서, 그리고 자치기하고.

──── 여자들도 자치기를 했어요?

제보자: 했지, 여자들도 자치기 했다 그때는.

──── 여자끼리만 해요? 아니면 남자하고 여자하고 섞어서 했어요?

제보자: 섞어서도 하고, 여자끼리도 하고. 패차기 많이 하고.

──── 패차기가 뭐예요?

제보자: 돌 이렇게 치는거.

──── 사방치기요? 돌 이렇게 치는 거? 그걸 뭐라고 그래요?

제보자: 패차기.

──── 패차기라고 그래요 여기서는?

제보자: 꼰도 돌고, 요새 윷놀이 하듯이 꼰이라고 그려놓고 요래가 세 개 맞춰보고 이렇게 하거든. 이쪽에 두 개 놓고 이쪽에 두 개 놓고 요래 가고 요래 가고, 꼰돈다 이래 하거든, 꼰돈돌기.

──── 아, 어머니 고누 아니에요? 고누?

제보자: 아 그래그래. 여기는 경상도 말이니까.

──── 여자애들이 고무줄놀이도 했죠?

제보자: 고무줄놀이 많이 했지.

──── 그럼 어떻게?

제보자: 고무줄을 양쪽에서 쥐고.

──── 노래도 불러요?

제보자: 우리오빠는 전장에 나가 이겨주세요 하나 둘 셋 넷 이겨주세요 우리 시누들 할 때 그랬고, 우리 그때 할 때는 전우의 시체를 넘고 넘어 앞으로 앞으로 낙동강아 잘 있거라 우리는 전진

한다 OO위에 피에 맺힐 적군을 무찌르자 꽃잎처럼 떨어진다 전우야. 이 노래도 했고, 이거는 고무줄 노래가 아니고 한창 전쟁 벌어질 때 일본 사람들이 오고가고 그때 한 노래라 이게. 아아 잊어라 어찌 우리 이 날을 조국의 원수들이 짓밟아지노라 잊어야 갚으지 그날의 원수를 쫓기는 적의 머리 좋고도 좋다 원수의 하나까지 쳐서 무찌르자 그랬어요.

—— 어릴 때 아이들이 장난감이나 인형 가지고 논 적 있으세요?

제보자: 인형은 없다 우리, 우리 노는 거는 짤구 받는거 짤구. 돌로 짜가 짤구 받고.

—— 어머니 고향은 어디세요?

제보자: 고향 여기지 바로, 우리 친정도 여기고 시가도 여기니까.

—— 그럼 어머니가 시집오셨을 때도 그네를 했었어요?

제보자: 못 했지, 우리도 우리 클 때 안했는데. 그네 이런 것도 없고. 5월 단오에 추천 매고.

—— 추천은 어디에 맸어요?

제보자: 소나무가 있어요, 추천매는 소나무. 모아가 이리 놀고.

—— 여자들만 논 거죠?

제보자: 예.

—— 남자들이 오면 안 돼요?

제보자: 아이라 남자들이 없었으니까 그때 여자들뿐이지.

—— 그네는 어머니, 남자들이 매줘야 되는 거 아니에요?

제보자: 남자들이 매주지, 매주고 안 오지 뭐.

—— 그러면 어릴 때 동네에서 윷놀이 많이 하셨어요?

제보자: 윷놀이 많이 했지, 대회 같은 건 안했고 장난으로 윷놀이 하고.

──── 그럼 혹시 동네 사람들끼리 줄다리기했던 것도 기억나세요?

제보자: 옛날에 줄다리기도 안했나 그죠? 저 동네 이 동네 합해가지고, 학교에 신년운동이라고 있었거든. 그때 줄다리기도 하고, 모래로 이가 가마니에 여가 이고 달리기도 하고. 1년에 한번씩.

──── 상품은 뭐가 있었어요, 그 당시에?

제보자: 상품, 그때는 뭐 모르겠다 나는, 아주 옛날이다.

──── 어머니, 혹시 술래잡기 놀이도 하셨어요?

제보자: 그때 각시시절에 무슨 술래잡기를 했노.

──── 길쌈은?

제보자: 길쌈은 안했다, 이 동네 말고 촌 동네는 다 길쌈 했는데 여기는 바닷가기 때문에 길쌈은 안 했어.

──── 어머니, 그럼 물놀이는? 멱 감으러 많이 다니셨죠?

제보자: 여자들은 해수욕보다도 물속에서 백합, 조개 그런 것도 파고 놀고, 그때는 해수욕복도 없고 옷 입고 들어가가지고 해수욕하고 이래 놀고 그랬지. 지금 일산해수욕장 크잖아요, 그쪽으로 어릴 때는 많이 갔어요, 물이 맑고 좋아가 고동도 많이 잡고. 잡아가 삶아먹고.

──── 그럼 남자 어른들은 화투 많이 쳤어요? 일제 때?

제보자: 남자어른들은 주로 바닷가라 배타고, 집에 있을 여개가 어딨노. 여기는 촌이 아니잖아요. 또 농사 조금 짓는 사람도 있어가 그런 사람은 또 농사짓고 살고 그랬어요. 미역도 따다 먹고 살고.

——— 미역 채취는 몇 월에 하셨어요?

제보자: 음력으로, 음력 3월 달, 2월 달.

——— 말리는 건 며칠이나 말려요?

제보자: 말리는 거는 큰거는 한 4일, 5일 말려야 되고 요만한거는 한 3일 말리면 되고 안그런교.

——— 말리는 건 어떻게 해요?

제보자: 요래 널었지, 널어.

——— 말린 다음에 그걸 어디다 팔아요?

제보자: 장에 가가 울산 장, 시장.

——— 어느 정도 팔아야지 쌀을 사올 수 있고 그래요?

제보자: 미역도 흔하니까, 한 열이나 열다섯이나 이래 인자 한 조, 한 조 이래 해가, 바다에 잠수들 넣어가 퍼서 와가 널어가 말려가, 해녀들이 돈 갈라가.

——— 해방 직후에 동네에 해녀가 몇 명이나 있었습니까?

제보자: 한 30명 있었다.

——— 그 해녀들이 다 어디서 왔어요?

제보자: 제주도에서 온 사람도 있고, 여기서 또 배워가, 우리 딸네들이 다 배워가.

——— 해녀들이 했던 게 여기서는 미역, 또 뭐가 있어요?

제보자: 고동 잡고, 생복 잡고, 복어 말고 전복. 해삼, 멍게. 다 그런거 잡았어요, 지금도 잡는 사람이 있고. 성게 잡고.

——— 혹시 일제 때 아이스께끼 같은 거 드셨어요?

제보자: 다 먹었어, 먹었어. 아이스께끼는 이 아이스께끼 통을 짊어지

고 팔러 안 댕기요? 아이스께끼 하고 다니면 통을 열면 김이 슬슬 안 나나. 뜨겁습니다. 단디 불어 잡수세요. 그러는 사람도 있었고.

—— 아이스크림 상표가 기억이 나세요?

제보자: 상표같은 거는 모르고, 아이스께끼 돈 10원, 10원.

—— 아이스크림 말고 다른 군것질거리는?

제보자: 오다마. 사탕. 만들어가 파는 거.

—— 그 당시에 해산물은 다 내다 팔았어요? 일본 사람들이 사갔어요?

제보자: 많이 팔았지, 그 잡아가 생활하는 사람이 풍부하게 생활했잖아.

—— 그 당시에 얼음이 있었어요?

제보자: 얼음도 없고, 냉동도 안 하고. 잠수들이 그거를 잡으면, 우리가 돈을 주고 사가, 집에서 물건을 맨들어가 그 놈을 통에 담아가 이고 울산 30리, 40리 가면 거기서는 할매들이 인자 그거를 사가갈라고, 그래 인자 그거 팔아가 내는 돈 가져오고 그 할매들은 또 팔아가.

—— 동네잔치도 있었어요?

제보자: 동네잔치는 없고.

—— 그러면 그 당시에 자녀분 학교 보낼 때?

제보자: 우리는 다 학교도 못 보냈다, 돈이 없어가.

—— 그럼 어머니, 그 당시에는 하루에 몇 끼나 드셨어요?

제보자: 하루에 세끼는 먹어도 세끼를 옳게 먹나? 못 먹지. 맨날 죽 쑤

어 먹고 뭐.

—— 여기는 주로 죽을 해초?

제보자: 옛날에 흉년 때 그래 했지. 나는 물나물 옛날에 많이 묵어가 안 묵는다.

—— 죽 먹으면 허기가 계속 지잖아요?

제보자: 그랬지, 못 먹었지. 자식들 그마이 많지, 못 먹었다.

—— 밀가루도 그 당시엔 없었죠?

제보자: 밀가루는 한참 뒤에 배급이 나오고 그랬지, 그땐 밀가루도 어려웠고, 옥수수가루.

—— 밀가루는 언제 나왔어요?

제보자: 밀가루 나온 지는 몇 년에 나왔는지 몰라.

—— 일제 때는 없었죠? 밀이?

제보자: 일제 때는 집에서 심어 먹는 거 있었지, 많이는 없었지.

—— 일제 때 제사도 몰래 지내셨어요?

제보자: 다 지냈지, 숨어서도 지냈다는데 뭐. 제사도 지내고, 우리 할매나 할배나 세상 배리면 1년 상도 지내고, 또 그 다음에 3년.

—— 그럼 그 당시에 초상이 나잖아요, 일제 때. 사람이 죽으면 어떻게 했어요?

제보자: 사람이 죽으면 산에 가가 묻는 사람은 묻고. 그때는 뭐 화장소도 있고 공동묘지도 있으니.

—— 일본 사람들하고 사이는 좋았어요?

제보자: 살 때는 다 사이 좋았지, 전쟁 안 붙을 때는. 일본 사람 밑에서 품을 팔아서도 먹었어.

——— 할아버지는 무슨 배를 타셨어요?

제보자: 고기 잡는 배, 고등어 많이 잡는 배, 건착선.

——— 그럼 당시에 생선은 많이 드셨겠네요?

제보자: 그게 뭐 우리 거가? 그것도 잡아가지고 선장이 있고 전주가 있고 다 있는데. 반찬 한 마리씩 가져오는 거밖에 더 있나.

——— 그 당시에 생선 요리 중에 제일 맛있는 생선은 어떤 거였어요?

제보자: 맛있는 생선, 지금도 알잖아. 그때는 뭐 다 일본이름 아닌교. 아까모찌. 꽃게.

——— 여기는 게장 같은 건 안 해먹어요?

제보자: 지금은 많이 해먹어, 그때는 삶아가지고.

——— 고등어는 어떻게 먹었어요?

제보자: 고등어는 구워도 먹고, 지져도 먹고, 지금맨치로. 김치찌개도 해먹고.

——— 그 당시에 아귀는 버리지 않았어요?

제보자: 안 버려. 물꿩이라고 하잖아. 아귀탕도 해가 먹고, 국도 끓여먹고.

——— 아귀는 말리기도 하잖아요?

제보자: 말려가 국 끓여먹고, 아귀찜도 해먹고.

——— 자제분들 소풍 가는 거, 일제 때도 소풍 가는 거 혹시 보셨어요?

제보자: 봤지.

——— 그럼 동네 운동회 할 때 주로 드셨던 음식이 특별나게 있어요?

제보자: 고구마 찌고, 밤 삶고, 계란 삶고.

—— 밥도 그냥 밥 아닐 거 아니에요?

제보자: 팥밥, 찰밥.

—— 음료수는?

제보자: 음료수는 사이다도 있고, 콜라도 있고.

—— 그 당시에 밭작물에는 고구마가 있었고, 감자도?

제보자: 심는 집은 심고, 옥수수도 심고.

—— 사탕수수도 있었어요?

제보자: 사탕수수는 어쩌다가 있었지.

—— 땅콩도 심나요?

제보자: 땅콩도 심어봤지.

—— 고추는 원래 있을 거고, 양파?

제보자: 고추는 여기 많이 하잖아요, 무 있고, 배추 있고, 깨도 조금씩 심는 데는 심고.

—— 일제 때는 참기름이 귀하지 않았어요? 들기름이 있었나요?

제보자: 들기름도 많고, 참기름도 많고.

—— 일제 때 친정은 언제 주로 가셨어요? 1년에 1번 정도는 가셨어요?

제보자: 1년에 1번도 가고, 일 있으면 1달에 1번도 가고.

—— 그 당시엔 기차로 가셨어요?

제보자: 여기는 울산 나가야 기차가 있지, 지금도.

—— 그럼 방어진 터미널이 생긴 지는 얼마나 된 거예요?

제보자: 모르지, 오래 됐어요.

—— 여기서 경주 감포도 갈 수 있습니까?

제보자: 감포도 가고. 부산도 가고, 어디든지 다 가잖아요. 그런데 버스가 두 군데라. 시내버스 있고, 먼데 가는 건 또 따로 있고.

—— 방어진이 울산의 외곽지역이잖아요?

제보자: 응, 울산에 방어진은 좀 떨어져있지. 많이 떨어지지. 울산이라고 하면 아주 시내고, 옛날에 우리 클 때만 해도 울산시가 있고 울산군.

—— 그럼 옛날에 마을제사도 지냈습니까? 정초에?

제보자: 마을제사, 언덕 저런 데는 다 지낸다. 여기는 한 번도 여기 장수나무에 지내는 거는 모르고 마을마다 지내는 사람이 있어. 우리 여기는 샘, 우물. 여기 우물로 해가지고 동네 전체가 다 먹고.

—— 그럼 어머니, 부녀자들이 정초에 용알뜨기라고 혹시?

제보자: 용왕 먹인다고? 그거는 아침에 쌀 좀 가져가가.

—— 용왕제는 우물에서 안 지내고?

제보자: 안 지내고.

—— 그럼 바닷가에서 용왕제는 언제 지냈습니까?

제보자: 그거는 음력 정월 보름.

—— 평소에 아버님이 배 타러 나가시면, 지내기도 하지 않아요?

제보자: 예, 예.

—— 그럼 뭘 가져가서?

제보자: 아무것도 안 가져가. 쌀만 가져가. 정원 초이튿날 되면 하얀 쌀 조금만 바다에 던지고, 액 막아주고. 소원성취 해달라고 비는 것 그것뿐이지.

일제강점기 울산 방어진 사람들의 삶과 문화

── 자녀분들은?

제보자: 딸네들 자기들 시집가면.

── 뭐라고 빌어요?

제보자: 그냥 뭐 소원성취 해주고 굿을 막아주고, 낭매살도 막아주고.

── 낭매살이 뭐예요?

제보자: 낭매살, 귀신 붙지 말고, 떨어져가 죽지 말고. 차에 사고도 하지 말고.

── 동네 사람들이 쌀이 떨어지면 쌀도 빌리고 그랬겠네요?

제보자: 쌀도 빌리는 사람은 빌리고. 꿔다 먹고 갚아주고.

── 일제 때는 김장 어떻게 하셨어요?

제보자: 뭐 김장하는 거는 배추랑 젓갈이랑 해가.

── 배추를 어디서 사오셨을 거 아니에요?

제보자: 사오는 것도 있고, 자기들이 심어가지고.

── 여기는 남쪽이잖아요. 그러면 김장해서 어떻게 보관해요?

제보자: 옛날에 그냥 항아리에 담아가지고 그냥 놔두고, 익혀서 시면 못 먹고. 안 실 때 먹고.

── 생일날은 자녀분들, 일제 때?

제보자: 옛날에 생일이 어디있노. 미역국 한 그릇 끓여먹으면 잘 하는 거고.

── 미역국에 뭐 넣어요?

제보자: 미역국에 생선도 넣어 먹고, 소고기도 사다가 넣어 먹고.

── 여기 혹시 상조계라는 것도 있었어요?

제보자: 옛날에는 없고, 요새는 있어.

—— 옛날에 옆집에 누가 돌아가시면 막걸리도 선물해주고 그랬나 요?

제보자: 술 한 되 가져간다. 초상났다고. 일 거들어주고.

—— 뱃고사 지내죠? 그건 언제 지내요?

제보자: 정월달에.

—— 동네 사람들이 다 그 배에 올라가서 뭐 먹기도 하고?

제보자: 안 그런다. 배, 자기 선원들만 가 먹고.

—— 바다에 허수아비나 집을 만들어서 바다에 뿌리고?

제보자: 그런 거는 내가 안 좋아가, 굿을 하게 되면.

—— 오구굿?

제보자: 어, 오구굿을 하게 되면 무당들이 해가 바다에 띄우지.

—— 물에 빠져 죽은 사람들을 위한 굿을 하잖아요?

제보자: 그런거는 자기 집안끼리.

—— 이 동네에 무당 있었어요?

제보자: 이 동네 아니다, 방어진에 월산네 안 있었나. 월산네 가족이 하나도 없대. 다 죽어삤다.

—— 어머니는 성함이 어떻게 되세요?

제보자: 박옥이. 원래 대구가 집이시고, 18살 때 시집 오셨구만.

울산 방어진 사람들의
삶의 현장

일본인 구술조사 자료

김남주 ∙ 단국대학교 동양학연구소 연구교수

일본 오카야마岡山 현 비젠備前시 히나세日生 마을은 울산 방어진 지역과의 인연이 남다른 곳이다. 히나세 주민의 방어진 이주 역사는 1905년 아리요시 가메키치有吉亀吉로부터 시작된다. 이후 1908년 〈한국어업법〉이 발령되면서 동해안에서의 어업권이 한국 거주자로 한정되자 식솔들을 이끌고 방어진으로 이주해 오는 히나세 주민이 급증하기 시작한다. 전성기 때는 100세대, 약 500명의 히나세 주민이 울산 방어진에 이주하여 터전을 잡고 살았던 것으로 추정되며, 1945년 한국 해방으로 히나세에서 철수해 돌아간 주민은 약 131명으로 집계된다. 한일 양국의 불행한 역사 속에서도 방어진에서의 한국인 주민과 히나세 이주민과의 관계는 비교적 우호적이었던 것으로 보인다. 이러한 역사를 바탕으로 1992년에는 히나세에서 방어진 이주민을 대상으로 한 〈방어진 방문 사업〉을 실시하여 많은 호응을 얻었다. 이를 계기로 교류 사업이 본격화되면서 이듬해인 1993년부터 1999년까지 7년에 걸쳐 히나세 중학생 121명이 한국으로 파견되어 교류의 기회를 가졌다. 도중 일본 교과서 문제 등으로 인해 2년간 교류가 중단되었으나 2002년에 히나세 소학교 16명이 한국에서 홈스테이를 실시한 것을 비롯해 2003년 4월 7일에는 울산동구문화원과 〈문화교류협정〉을 체결하는 등 울산과 비젠시 방어진은 한일교류의 선봉에 서서 유의미한 교류 사업을 확장해 나가고 있다.

〈개화기에서 일제강점기까지 한국 민속문화전통의 지속과 변용〉에 관한 연구를 수행하고 있는 단국대학교 동양학연구소 중점과제 1팀은 2010~11년 3차례에 걸쳐 울산 방어진의 현지 조사를 마친 데 이어, 2011년 7월 11일과 12일에 일본 히나세 마을의 현지 조사를 실시하였다. 본 기록은 일제강점기 방어진에 이주해 살았던 제보자를 인터뷰하여 정리한 것으로 일제강점기 한국 민속문화전통이 일본이라는 외부 문화 충격과 교섭에 의해 어떻게 변용되었으며, 그 속에서 삶을 살았던 한국인과 일본인들의 삶은 어떻게 변화하였는지를 살피고자 한 것이다.

■ 구술: 1. 가와사키 지츠오(川崎　實雄): 1930년 울산 방어진에서 출생. 1945년 히나세 귀향. 현재 82세.
2. 미나미 도모에(南　ともえ): 1932년 히나세에서 출생. 1932년 조부를 따라 방어진에 이주. 1945년 히나세 귀향.
■ 조사: 김난주, 이영수, 서종원
■ 구술 내용 번역 및 정리: 김난주

——— 저희들은 한국 단국대학교 동양학연구소에서 한국 민속문화 연구를 하고 있는 사람들입니다. 민속학 분야 중에서도 특히 근대시대에 초점을 맞추어 연구를 추진하고 있습니다. 이번에 저희가 이곳을 찾은 이유는 근대 시기 한국의 대표적 일본인 이주지역인 울산 방어진의 지역 조사를 하던 중 일본 오카야마현의 히나세 지역 주민들이 과거 식민지 시기 울산 방어진 지역에 대량으로 이주해 살았던 역사적 사실을 확인하고 근대 시기 한국의 생활문화에 대한 일본인들의 기억과 근대 시기 한국과 일본의 문화 접촉에 대한 여러 가지 정보를 얻고자 함입니다.

가와사키: 저는 가와사키라고 합니다.

—— 한국어를 좀 하십니까?

가와사키: 아주 조금밖에는. 제 명함입니다. 한국 일산에 제 친구가 있어서 제 명함에 한국어 표기를 의뢰했습니다.

미나미: 저는 미나미 토모에입니다. 12살 때 한국에서 일본으로 왔습니다. 한 달 전에 한국 목포국립대학교 교수가 오셔서 여러 가지 인터뷰를 했습니다. 한 분은 오사카대학에서 베트남학을 전공해서. 4시간 정도.

—— 주로 무엇에 대해 물으셨나요?

미나미: 일본에 돌아온 일본인이 주로 어떤 생활을 하고 있는지에 대해 여러 가지 자료 조사를 하고.

—— 아, 여기 일본에서요?

시청 직원: 일본의 어딘가 연구소에 재직하고 있었습니다.

—— 그럼 지금부터 본격적인 질문으로. 우선 나이부터

가와사키: 저는 1930년생이고, 방어진에서 태어났습니다. 올해 만 80세. 생일이 11월이니까 11월이면 81세가 되죠.

—— (받은 명함을 보며) 그리고 34년에 방어진 소학교를 입학하셨네요. 방어진에는 몇 살까지 사셨나요?

가와사키: 1945년까지. 15살까지. 전쟁이 끝나고 조금 있다 바로 오카야마 히나세로 왔어요.

—— 아버지, 어머니의 고향이 히나세였나요?

가와사키: 네.

—— 미나미 상은?

미나미: 저는 여기서 태어났어요. 그리고 태어난지 얼마 안 돼서 방어
　　　진으로 건너갔어요.

──── 몇년생이신가요?

미나미: 소화7년.

가와사키: 32년생이 되네요.

──── 한국에는 언제 건너가게 되셨는지요?

미나미: 부모님이 우연히 당시 이혼하셔서. 저는 아버지 쪽 조부모가
　　　저를 데리고 한국에 가셨죠. 제 어머니는 여기 히나세에 있고
　　　요. 친할아버지 할머니 집이 그 당시 한국 쪽에서 어업을 하고
　　　있었어요.

──── 친할아버지 할머니, 아버지와 함께요?

미나미: 아니요. 아버지는 이혼하고 동경으로 나가서 가와테츠(?)에 들
　　　어가서 일을 하셨죠. 그리고 저는 당시 할아버지가 한국에서
　　　고기가 많이 잡힌다고 일본 사람들이 한국에 많이 건너가서
　　　어업을 하고 있던 터라. 그런 사람들 중 하나로 어린 저를 데리
　　　고 고기잡이하러 가신거죠.

──── 잘은 기억하고 계시지 못할 것 같습니다만. 한국에 가실 때 이
　　　동 경로나 수단, 당시 여기서 한국 울산까지는 당시 배로 가셨
　　　겠지요? 며칠 정도 걸렸을까요?

가와사키: 당시 배는 엔진이 없었죠. 대신 돛을 달고 바람의 힘으로 나
　　　아갔으니까. 히나세를 떠나 시모노세키까지 일주일 이상은 걸
　　　렸겠죠?

미나미: 20일 정도 되겠죠?

가와사키: 글쎄요, 부산까지 3주 정도?

—— 배의 종류는 어떤 것이었나요? 들은 얘기라도 있는지?

가와사키: 작은 어선인 경우 물고기를 잡기 위해 3, 4명이 탈 수 있는 정도고, 큰 건 10명 정도 탈 수 있는. 하지만 선실이 없으니까 잘 곳은 없는 거죠.

—— 미나미 상의 경우에는 한국에 오실 때 몇 분이나 함께 오셨나요?

미나미: 3명이요. 할아버지, 할머니, 그리고 저.

—— 아, 세 분이서요?

미나미: 예. 그리고 한국에서의 생활이 안정된 이후에 가까운 친지분들을, 할아버지의 누이라든지, 동생분들을 점점 불러들여서.

—— 꽤 위험한 여행이었군요.

미나미: 그렇습니다.

가와사키: 목숨을 건 도항이었죠. 아, 일본 시모노세키에서 부산까지 연락선이 있었지만 언제 생겼는지. 일반인들은 시모노세키까지 가서 부산까지는 커다란 연락선을 타고 갔던거죠.

하지만 미나미미나미 상의 경우에는 집의 작은 어선을 타고.

미나미: 그렇죠. 옛날 가난하게 살던 시절, 한국에 물고기가 많이 잡힌다고 돈을 빌릴 수 있는 사람은 친지들에게 돈을 빌려서, 우리들의 경우에도 친척 할아버지 중에 돈이 많은 분이 계셔서 그분이 배랑, 그물 일체를 마련해 줘서 자, 나가봐라, 이렇게 돼서. 그리고 한국에 와서는 물고기를 잡고 잡고 또 잡고 해서 돈도 많이 벌고. 뭐 질릴 정도로 돈이 들어와서.

── 예? 한국에서 말이죠?

미나미: 예. 그래서 일본에 돈을 빌린 사람들한테, 매달 얼마씩을 갚고 부채를 금방 갚고 나서는 남은 돈으로 불단이며 집을 구입해 준 거죠. 지금 제가 살고 있는 곳도 그때 구입해 준 집이에요. 옛날에는 돈을 빌려주는 사람들도 그리 나쁜 사람만 있던 건 아니었죠. 좋은 사람을 만나서 그 사람들 돈으로 한국에서 장사도 하고 돈도 모아서 온 거죠.

── 전쟁이 끝나고요?

미나미: 예. 돈을 가지고는 왔지만 그 돈을 실제 일전 한 푼 쓰지는 못했죠.

── 가와사키 상의 경우에는. 한국에서 태어났다고 하셨는데. 그럼 애초에 아버지 어머니가 결혼해서 가와사키 상을 낳으신 거죠?

가와사키: 저희 부모는 일찍부터 한국에 건너가 계셨죠. 할아버지 시절부터 한국에 계셨으니까요. 아마 아버지 어머니는 한국에서 결혼했을 거라 생각됩니다.

── 두 분 다 일본 분이시죠.

가와사키: 예. 아버지가 한국에 계시다가 히나세에 있는 어머니를 불러 들여서 그래서 한국에서 결혼했던 걸로 알고 있습니다.

── 그러면 할아버지는 언제부터 한국에 계셨는지요?

가와사키: 잘은 모르겠지만 대정大正 시절부터니까, 1910몇 년부터겠지요. 그 부분은 확실히는 모르겠습니다.

미나미: 대정 시절에는 한국에서 물고기가 엄청 많이 잡혀서 돈을 많

이 벌 수 있었답니다. 대정 15년에 제 할아버지 할머니가 고기 잡이 가셔서 돈을 많이 버셨답니다. 이 시기가 가장 고기잡이가 좋았던 때랍니다. (사진을 보여주며)

── 여기가 울산입니까?

미나미: 예, 그렇죠. 여기 이쪽 귀퉁이에 찍혀 있는 사람이 저희 할아버지 할머니죠. 대정 시절이죠. 제가 아직 태어나기 전.

── 대정 시절 사진이군요.

미나미: 이건 한 10년 전인가 한국에서 그 사진을 확대해서 만든 건데요. 이게 제 할아버지가 타던 배예요.

── 그리고, 당시 울산 방어진에서의 생활상, 방어진의 자연환경, 산업, 사람들의 생활모습 등 당시 생활상에 대해서 기억나시는 대로 말씀을 들려주시죠.

가와사키: 아직 어릴 때라 많은 걸 기억하지는 못합니다만. 여기 그림을 그려 왔습니다. 이건 제가 기억하고 있는 것만 그린 거예요. 겨울은 방어진이 추우니까요. 눈은 별로 안 왔지만.

── 울산은 한국에서 남쪽 지방이지만 역시 여기 히나세보다는 추운 지역이었군요.

가와사키: 예. 당시에는 지금처럼 좋은 옷이 없었으니까요. 겨울엔 두꺼운 셔츠를 몇 장 껴입고. 또 양말도 없었고. 부잣집 아이들은 양말을 신었지만. 대신 일본 사람들은 '다비'라고 하는 일본식 양말을 신었지요.

── 이 다비를 한국인들도 신었나요?

가와사키: 글쎄요. 한국 사람들 중에도 신은 사람이 있었겠지만 그 부

분은 확실하지 않고요. 단지 일본 사람들은 대개 이 다비를 신었었죠. 그리고 밥은 장작불로 짓고. 차가워지는 것을 막기 위해 '오히츠'라고 하는 대나무로 만든 통에 담아서 이불로 둘둘 싸서 보관한다든지, 짚으로 만든 제품(보온용기)에 싸서 보관한다든지 했지요.

—— 오히치는 지금도 쓰고 있지 않나요? 여관이라든지.

가와사키: 아, 여관에서는 사용하기도 하지요. 그리고 한국인들은 집이 온돌도 되어 있으니까 온돌에 불을 때서 따뜻하게 지냈지만 일본인들이 사는 집은 온돌이 아니었으니까요.

—— 그럼, 한국에서 사는 일본인들도 집은 일본식으로 지어서 한국의 온돌이 아니라, 다다미방을 만들어 거기서 살았다는 얘기군요.

가와사키: 네 그렇습니다. 또 여기 그림에도 그렸다시피 고타츠라고 하는 난방 기구를 사용했습니다. 목재로 틀을 짜서 그 위에 이불 같은 것을 덮고 그 아래 발을 집어넣어 따뜻하게 하는 것이지요.

—— 하지만 한국의 겨울은 추우니까 한국식으로 온돌을 만들어 살았다면 더 겨울을 따뜻하게 지낼 수 있었을 텐데요.

가와사키: 그렇지요.

—— 왜 일본식 집을 일부러 고수했을까요. 그게 편했던가요.

미나미: 그렇죠. 일본식이 일본 사람들한테는 편했던 거겠죠.

가와사키: 그리고 일본 사람들은 온돌을 잘 만들지 못했지요. 온돌은 참 따뜻했는데.

── 온돌에 대한 기억은 있으신 거군요.

가와사키: 네. 한국인 친구 집에 가면 온돌이 있어 굉장히 따뜻했어요. 그건 기억하고 있습니다. 돌과 흙으로 만들고 그 위에 기름종 이를 몇 장씩 덧발라 만든, 그건 기억하고 있습니다.

── 그럼 난방은 코타츠나 이로리 같은 것을….

가와사키: 에, 거기에 '히바치'라고 하는 난로를. 방이 조금 따뜻해지는 정도지만 열효율은 그다지 좋지 않았지요. '히바치'는.

── 대개 일본식 집은 목조였지요?

가와사키·미나미: 네, 목조였지요.

── 그리고 방어진에 히나세 분이 몇 분 정도 살고 있었는지? 모임 같은 게 있었는지?

가와사키: 어려서 기억은 안 나는데 히나세 출신 주민들의 모임은 없었 던 것 같은데.

미나미: 히나세로 돌아온 후 최초의 모임이….

가와사키: 일본에 돌아온 후에 '방어진회'라는 모임을 만들었지만, 방어 진에서는 모임이 없었던 것으로 알고 있습니다.

미나미: 이건 쇼와 47년 최초의 '방어진회' 모임 때 사진입니다. 이쪽 산 너머에 있는 국민숙사에서.

── 그러면 여기 사진에 찍힌 사람들이 모두 방어진에서 살았던 사람들이군요.

가와사키·미나미: 네, 그렇죠. 방어진에서 철수한.

── 사진을 보면 꽤 젊은 분들도 있네요.

가와사키: 그야 벌써 40여 년 전의 사진이니까요.

미나미: 이미 고인이 된 사람이 많아요. 또 유력한 사람의 후원으로 그 모임이 지속되었죠. 이 사진은 제가 출석했을 때 사진이에요.

가와사키: (사진을 보여주며) 이 다비를 신고 이런 걸(나막신) 신었었죠.

──── 아, 일본 분들은 말이죠.

가와사키: 예.

──── 그럼 가와사키 상도 이 나막신을 신었나요?

가와사키: 예, 신었어요.

──── 운동화나 고무신을 신지는 않았나요?

가와사키: 나막신은 집에서나 잠깐 외출할 때 신는 거고. 학교에 다닐 때는 운동화가 있었지만, 그렇게 많지는 않았어요. 한 학교에 학생이 100명 정도 있다면 50켤레 정도 할당이 되었으니까요.

──── 예? 신발을 나라에서 지급받았나요?

가와사키: 처음에는 상점에서 팔았지요. 하지만 전쟁이 극심해지면 부터는 물자가 부족해서 운동화를 만들지 못했죠.

미나미: 저의 경우는 조리(짚으로 만든 일본식 짚신)를 신었죠. 물자가 부족해서 운동화 같은 건 아주 극소수 아이밖에 신을 수 없었죠. 또 돈이 있다고 신을 수 있는 것도 아니었고 추첨을 해서 당첨된 사람들만 운동화를 신을 수 있었어요. 나머지는 보릿짚으로 만든 조리를 신었죠. 조리라는 게 이틀만 신어도 뒤꿈치가 헤어지곤 해서 꿰매 신어야 했죠.

가와사키: 1940년대까지는 식료품이나 의류품이 있었지만 이후에는 전쟁 때문에 인도, 지나에서 여러 가지 물자가 들어오지 않게 되고 의류도 없고 운동화, 식료품 조달이 어려워졌죠.

—— 그렇다면 일상 생활용품은 보통 한국에서 구입해 사용했나요, 아니면 일본에서?

가와사키: 한국에서 사서 썼죠. 그래도 처음에는 돈만 내면 뭐든지 살 수 있었지만 전쟁이 심해지면서는 배급제로 들어가서, 여기는 몇 인 가족이니까 쌀이 얼마, 이런 식으로 국가에 의해 정해진 거죠.

—— 방어진의 자연환경이나 사람들의 생활상 등에 대해서 기억나시는 건 있나요? 친구분들은?

미나미: 많이 있었어요. 동급생이.

가와사키: 동급생이 꽤 있었지요.

—— 미나미 상은 몇 살부터 몇 살까지 한국에 계신 건가요?

미나미: 태어나긴 일본에서 태어났지만 태어나자마자 금방 할아버지 할머니를 따라 한국에 왔으니까요. 소학교 1학년은 한국에서 입학했죠.

—— 일본에 돌아간 건 몇 살 때?

미나미: 옛날에는 고등여학교라는 게 있었어요. 지금의 중학교에 해당하는. 방어진에서 소학교 6학년까지 다니고 6학년부터 마산의 여학교를 다녔는데, 그해 여름에 전쟁이 끝났죠. 여학교에 들어가서는 공부 같은 건 전혀 할 수가 없었고 매일매일 동원이었죠. 제가 기억하는 종전終戰의 기억은 그때도 학교에 동원이 되어 나갔는데 녹음된 방송이 흘러나오고 여기저기서 한국 국기가 올라오는 게 보였죠. 저는 그때 왜 국기가 올라가는지 이해가 안돼서…. 그게 8월이었죠. 종전이 돼서 8, 9월에는

사람들이 일본으로 필사적으로 철수를 하게 되었죠. 그때 태풍철이라 비가 오고 바람이 불고 날씨가 너무 안 좋아서 항구를 떠날 수가 없었죠. 그래서 일주일 정도 기다렸다 출발했죠. 그래도 돌아오는 데 이 주일 정도. 보통은 3박 4일 정도면 될 걸 20일 정도 걸려서 돌아왔지요…. 일본에 가서는 공부도 안 하고. 공부에 흥미가 없어서요. 공부는 한국에 있을 때 끝난 거죠.

—— 일본에 돌아갔을 때는 몇 살 정도?

미나미: 12, 3살. 그때 난 학교 갈 생각이 없었는데 공부 좋아하는 우리 작은오빠가 억지로 절 중학교에 집어넣었어요. 1년쯤 학교 안 가고 놀았으니 공부가 될 리도 없고. 저는 중학 3년을 전부 다닌 게 아니었죠. 그래도 뭐 서류상으로는 3년 다닌 걸로 하고 졸업생이 된 거죠. 방어진은 정말 좋은 곳이었어요. 산도 바다도. 주위에 아름다운 자연이 있었고 그 자연 속에서 마음껏 뛰어놀았죠. 그래서 지금도 한국이 정말 좋아요.

가와사키: 당시 저희는 어려서요. 별로 기억은 없어요. 논 기억밖엔 없지요.

—— 그러면 방어진에서의 생활이란. 한국 사람들이 사는 마을과 일본 사람들이 사는 마을이 따로 따로 있었나요?

미나미: 아니요. 같은 마을에 살았어요.

가와사키: 앞집이 한국 사람.

미나미: 뒷집도 한국 사람.

가와사키: 일본인 마을이라는 건 전혀 없었어요. 그러니까 지금도 방어

진에 가면 환영을 해 줘요. 같이 살면서 사이좋게 살았으니까
요.

—— 그 당시에 같이 놀던 친구분이라든지 이웃 중에 생존해 있는
분이 계신가요?

미나미: 아직 살아 있어요. 작년에 갔더니 있었어요.

가와사키: 제가 기억하는 것만으로도 이 정도는 되니까요(이름이 적힌 메
모를 보여주며).

미나미: 요전에 학교 100주년 기념제에 초청을 받아 갔었어요.

—— 여기 선생님 이름도 적혀 있고. 제가 알기로는 일본인 학생이
다니는 학교와 한국인 학생이 다니는 학교가 따로 있었다고
하는데.

가와사키: 예, 하지만 한국인 중에서도 부자라든가, 공부 잘하는 학생
이 한반에 2, 3인 정도는 있었어요. 그러니까 한국인 동급생이
이만큼이나 있는 거죠.

—— 가와사키 상이 다녔던 학교 이름이?

가와사키: 방어진 국민학교.

미나미: (사진을 보여주며) 이게 1학년, 이게 6학년.

—— 한 반에 몇 명?

미나미: 20명 정도. 이 사진이 제가 1학년 때 우리 반 사진.

가와사키: 제 경우에는 36명이나 40명 정도 있었어요. 이게 1937년 때.

미나미: 이 사진은 제가 6학년 때. 이 안에 한국인 학생이 5명 정도 있
었어요.

—— 반은 몇 반 정도?

가와사키: 한 학년에 한 반.

──── 당시 일반 한국인 학생도 학교에 다녔나요?

가와사키: 1학년 2학년의 경우에는 제 사진에는 한국인 학생이 없었어요. 6학년 졸업하고 그다음 해 지금으로 말하면 중학교, 옛날에는 '고등과'라고 있었어요. 고등과에 들어갈 때 한국인 학생이 같이 들어왔어요. 이 4명은 소학교 시절부터 같이 있던 동급생이고, 이 아래 학생은 고등과에 같이 들어온 학생이죠.

──── 아, 그럼 소학교는 한국인 학생과 일본인 학생이 다른 학교에 다녔고 고등과가 되면 같은 학교에 다니게 되는 거군요.

가와사키: 예, 그렇습니다. 한국인 학교에는 고등과가 없었으니까요. 방어진에는 일본인 학교와 한국인 학교가, 난목 심상소학교. 방어진에 소학교가 2개 있었어요.

미나미: 요전에 100주년제에 갔을 때 역시 방어진 소학교를 다녔던 사람은 자랑스레 얘기했죠. 뭐 좋은 학교에 다녔다는….

가와사키: 그건 역시 일본인 학교가 역사가 오래돼서 그런 건 아닐까요. 작년이 100주년이었으니까요. 그때 저희들도 갔었죠.

──── 같은 반에서 일본인 학생과 한국인 학생의 차별 의식이나 배타적인 의식은 없었나요?

가와사키: 글쎄. 별로 그런 건 의식하지 않았어요. 같이 놀았으니까요.

미나미: 이 사람도 5학년 때 동급생인데 사이좋게 지내고 있죠. 제가 한국 갔을 때 마중도 나와 주고. 동급생이에요. 누가 일본인이고 누가 한국인이고 하는 그런 차별 의식은 전혀 없었어요.

가와사키: 한국인 학교와 일본인 학교 학생이 같이 놀지는 않았어요.

하지만 한국 학생이 일본인 학교에 들어오면 뭐 차별 의식 없이 같이 놀았죠. 같이 사이좋게.

―― 그렇지만, 같은 마을에서 한국인과 일본인이 섞여서 살았었는데 한국인 학생은 한국인 학교에 다니고 일본인 학생은 일본인 학교에 다니고, 집에 돌아오면 바로 이웃에 한국인 학교에 다니는 한국인 학생이 있고. 그러면 그 이웃집 아이와는 놀지 않았나요?

미나미: 그 당시 두 학교가 멀리 떨어져 있었어요. 지구地區가 달랐죠. 한국인 학교가 멀리 있었어요. 그래서 차별 의식과는 별개로 한국인 학교 학생들과 어울릴 기회가 없었죠.

가와사키: 당시 한국인 학교 선생님도 교장도 일본인이었어요. 제 남자 동급생 중에도 아버지가 한국인 학교 교장 선생님인 학생이 있었죠.

미나미: 저도 있었어요. 요시무라라고 아버지가 한국인 학교 교장이었죠.

―― 당시 어린이 놀이는 어땠나요?

미나미: 우리 학교는 지금의 일본의 '태양어업'이라는 수산회사의 선조가 지어준 학교예요. 저희들이 잡은 생선을 그 회사에 넘기고 그 회사가 그걸로 많은 돈을 벌었어요. 그래서 그 회사 주인이 한국에 있는 히나세 주민을 위해 뭔가 해 줘야겠다 해서 소학교를 지어준 거죠. 그 사진에도 나와 있지만 거기가 통조림 공장이라든지 여러 기업을 가지고 있었는데, 그 중에 게 통조림이라든지 고등어 통조림을 생산했는데, 그 통조림 공장에

여러 생선 찌꺼기가 있어서 그 꽁지라든지 대가리를 얻어서 끈에 묶어 그걸로 바다에 나가 게를 잡거나 했죠. 그 통조림 공장 주변에 그런 식의 놀이가 가득했어요. 너무 재미있게 놀았어요. 게다가 작은 방파제가 있어서 게를 잡고, 등대가 있는데 그 소나무 열매가 잔뜩 떨어져 있는데 그 소나무 열매를 줍기도 하고. 소나무 열매는 곤로의 불쏘시개로 썼죠. 그렇게 그걸 주워서 부모님들을 도왔어요. 그리고 지금은 현대조선소가 있는 곳인데, 거기에 정말 아름다운 커다란 모래사장이 있었어요. 거기에 대합이 많이 있었어요. 그래서 헤엄쳐 들어가서 그걸 따기도 하고. 놀 게 많았어요.

가와사키: 방어진은 북에서 한류가 남쪽에서는 난류가 만나는 곳이에요. 헤엄칠 때 여기는 차가운 바닷물이 이쪽에는 온천 같은 따뜻한 물이. 그러니까 거기엔 물고기가 엄청 많았어요. 그러니까 대합이 잡히는 곳은 한류가 흐르는 데라 오랫동안 물속에서 헤엄칠 수 없었어요. 수온이 17도 정도 됐어요. 또 이쪽 해수욕장은 수온이 26도나 되었죠. 그건 왜 기억하고 있나 하면, 학교 수업 시간에 바닷물 온도를 재러 갔으니까요.

미나미: 그때 그 모래사장은 정말 아름다웠어요. 그래서 거기에 현대조선소가 들어설 때 전 정말 울고 싶을 만큼 싫었어요. 그렇죠. 거기 현대조선소가 들어서서?

가와사키: 아니 일산은 아직 남아 있고, 그 북쪽에 현대가 들어선 거지.

—— 일산에 해수욕장이 있었나요?

가와사키: 예, 정말 아름다운 모래사장이 있었어요. 작년에도 가 봤어요.

미나미: 옛날 우리가 거기서 수영도 하고.

── 집에서 일산 해수욕장까지의 거리는?

미나미: 꽤 멀었어요.

가와사키: 거기까지는 걸어서 3, 40분 걸렸어요.

미나미: 거기서 또 큰 대합이 있었고, 바닷물은 차가웠어요. 또 근처에 커다란 '태양어업' 통조림 공장이 있어서 거기서 생선 대가리나 꼬리를 얻어서 끈으로 묶어 게를 잡았어요. 일산지 쪽에 과수원이 있었어요. 일본 친구 집에서 과수원을 했어요. 배과수원. 그 쪽 주변에 고분 같은 큰 무덤들도 있었어요. 그 무덤에 올라가서 고사리도 꺾고 그랬어요. 놀 건 아주 많았어요.

── 집에서 가까웠나요?

미나미: 멀었어요. 그래도 자연 속에서 놀았어요.

가와사키: 일산지 해수욕장에서 산 쪽 과수원까지 15분정도 걸릴 것 같아요.

── 그럼 집 주위 동네에서는 어떤 놀이를 하셨어요?

가와사키: 줄(새끼줄)넘기라든지. 여자애들은 땅에 동그라미를 그려서 한 쪽 다리로 펄쩍펄쩍 뛰는 '캉캉빠'가 있었죠.

── 한국에도 '깽깽이'라는 말이 있는데 그것도 한쪽 다리로 펄쩍펄쩍 뛰는 거예요.

가와사키: 한국 애들도 했었어요.

── 그림으로 좀 표현해 주시죠.

미나미: 공놀이도 했어요. 노래를 부르면서.

── '캉캉빠'할 때 돌도 사용했나요?

가와사키: 예, 돌도 사용했어요.

미나미: 저희 경우엔 돌을 쓰지 않았어요.

── 당시 한국에서는 그 놀이를 '가이셍'이라고 했다는데요.

가와사키: 이쪽에서 스타트해서 캉캉캉(한쪽 다리), 빠(양다리), 캉캉캉 빠, 이렇게 저쪽 끝에 다다르면 뒤돌아서 또 하고….

── 보통은 여자아이 놀이죠?

가와사키: 예, 여자애들 놀이에요.

미나미: 제 경우에는 남자, 여자 구별 없이 집 근처 바닷가에 바위가 많았어요. 그 돌이 오래돼서 홈이 파이고 거기에 물이 고여 있으면 '동코유'라는 물고기를 둘씩 짝지어서 수건으로 그 물고기를 잡고 고여 있는 물에 처넣는 놀이를 하며 놀았어요. 대부분이 그렇게 자연 속에서 놀았죠. 아동 놀이라는가 그런 거가 아니라요. 어쨌든 바다였죠.

── '캉캉빠'는 일본 놀이가 한국에 전해진 걸까요?

가와사키: 예, 이건 분명 일본 아이들이 노는 놀이인데, 한국 애들도 이와 비슷한 놀이를 했었어요.

── 이 놀이는 지금 일본 아이들도 곧잘 하는 건가요?

미나미: 요즘 아이들은 잘 안 하는 놀이지만 그래도, "캉캉빠 하자"라는 얘기는 하죠?

가와사키: 예, 요새 애들은 별로 안 하는 것 같아요.

── 이 놀이는 옛날부터 일본 아이들이 놀던 놀이인 거네요?

가와사키 · 미나미: 예, 그렇죠.

미나미: 이 놀이는 소학교 1, 2년의 저학년 애들이 하는 놀이였고 큰애

들은 별로 안 했어요.

──── 이 놀이는 한국인 애들하고도 같이 놀았나요?

가와사키: 한국 애들은 동그라미가 아니라 네모 모양이었어요.

──── 비슷한 놀인데, 땅에 그리는 모양이 좀 다르네요.

미나미: 한국인 애들은 우리 학교에도 한 반에 여자가 2명, 남자가 2명
    정도 있었지만, 그 애들과 논 기억은 별로 없네요. 역시 노는
    건 일본인은 일본 애들끼리 놀았던 것 같아요. 학교에서나 집
    에서나.

──── 같은 마을에 한국 사람들과 이웃해 살았고 옆집에 한국 애들
    이 있었지만 그래도 역시 놀이는 일본 애들끼리 논 거군요.

미나미: 예, 하지만 그중에 남자애는 2학년 때쯤 전학 왔는데.

가와사키: 그 아이는 어머니가 일본인이었어요.

미나미: 너 왜 일본인 학교에 왔니? 라고 물으니까. "어, 아버지가 이름
    있는 분이라" 뭐 이랬던 것 같아요.

가와사키: 어머니가 일본인이고 아버지가 유명한 분이었죠. 그런 특별
    한 이유가 없으면 모두 한국인 학교에 다니고.

──── 공놀이할 때 불렀던 노래들은 대부분 군가였다지요?

가와사키: 그랬죠, 보통 노래는 잘 몰랐으니까.

──── 학교 수업 시간에 군가를 많이 배웠나요?

가와사키·미나미: 그렇죠.

미나미: 학교 가기 전 10분 정도 빨리 집을 나와 친구네 집에 들르는 거
    예요. 그 집에서 그 아이를 기다리는 동안 꼭 공놀이를 했어요.

──── 하지만 당시 공은 흔하지 않았죠? 비싸고.

미나미: 그래요. 별로 없었어요. 하지만 그 집은 여자 형제가 4명이 있었는데 공을 사 준 것 같아요. 우리 집엔 공이 없었죠.

—— 방어진에서도 모두 일본어를 사용하셨죠?

가와사키: 그래요. 그래서 한국어를 몰라요. 방어진 동창생 중 하나가 졸업생 명부를 얻었는지 제게 전화를 해 왔어요. 그리고 그 다음에 제가 그 친구한테 전화할 때 "모시모시"라고 일본어로 말하니까 그쪽에서 전화를 끊어버렸어요. 그 후에 전화를 걸 땐 한국어를 하나 둘 기억해 내고 더듬더듬 한국말을 했죠.

—— 당시 한국 사람도 일본어를 썼었군요.

가와사키: 그렇죠. 그때는 일본어로 다 말을 했어요.

—— 학교에서는 모두 일본어로?

가와사키·미나미: 예.

—— 옆집 한국인 가족과는 어떤 관계였나요? 보통 이웃 관계로였나요?

가와사키·미나미: 예, 보통 이웃처럼.

—— 놀러다니거나 왕래하거나 하는 건.

가와사키: 집에 돌아와서는 한국 애들과 별로 교류는 안 했어요. 학년이 위로 가면 같이 놀았지만, 어렸을 땐 같이 논 기억이 별로 없어요.

—— 방어진에서의 일본인들의 생계는 대부분 어업이었나요? 혹은, 어업 관련 공장에서 일한다든지?

가와사키: 그렇죠. 그런데 저희 집의 경우는 쌀가게를 했어요. 어업이 아니라 상업, 쌀장사. 그러니까 히나세에서 오는 사람들은 대

부분 어업에 종사했지만 개중에는 상업이나 그리고 직장인. 방어진에 조선소가 있었으니까요. 조선소에서는 한국인도 많이 일했어요. 농업은 별로 없었어요.

—— 당시에는 당연히 자연 속에서 별 도구 없이 놀았겠지만 장난감은 어때요? 혹은 장난감을 만들어서 논 기억은 없는지.

가와사키·미나미: 장난감은 거의 없었어요.

가와사키: '오테다마'라고 해서 그 안에 팥이나 콩을 넣어 천으로 오자미를 만들어 놀았어요.

미나미: 제 경우에는 전시였으니까요. 전혀 그런 우아한 놀이는 안 했어요.

가와사키: 남자애는 술래잡기. 또 통조림통을 차고 노는 '칸키리'.

—— 한국 사람들은 그걸 '칸토바시'라고 하던데.

가와사키: 예, 칸토바시.

시청 직원: 저희 어렸을 때도 칸토바시는 했어요. 지금 애들은 안하지만. 줄넘기. 짚으로 엮은 새끼줄로 하는. 둘이 줄을 돌리면 그 안에 서넛의 애들이 뛰어들어가 노는.

—— 줄넘기 할 때 불렀던 동요 기억나세요?

미나미: 그때는 다 군가였어요.

—— 저희들은 "꼬마야 꼬마야 줄을 넘어라" 라는 노래를 잘 불렀는데요.

가와사키: 그러고 보니 한국 애들은 곧잘 노래를 부르며 줄넘기를 했어요. 본 적이 있어요.

미나미: 우리들은 동요 같은 건 부르지 않았어요. 확실히 군가였어요.

가와사키: 전에는 당연히 동요가 있었을 거예요. 하지만 저희 세대는 전쟁 시기였으니까 군가만 불렀고 기억나는 동요가 없어요. 그리고 남자애들은 낚시하러 갔어요. 방어진에 등대가 있어요. 거기에 곧잘 낚시하러 갔어요. (사진을 보이며)

—— 아, 여기는 대왕암이네요. 낚은 물고기는 어떻게 조리해서 먹었나요?

가와사키: 작았으니까 굽거나 쪄서. 회 칠만한 큰 물고기는 못 낚았어요.

—— 노란 고무줄을 길게 엮어서 여자애들이 놀았어요.

미나미: 그 당시엔 그런 고무줄도 별로 없었어요. 생각해 보면 아무것도 없는 데서 컸죠.

가와사키: '비다마'라는 구슬놀이도 있었어요. 땅에 선을 그어서 구슬을 굴리면 그 선에 가장 가까이 간 애가 이긴다든지, 또 땅에 삼각형 같은 걸 그리고 구슬을 그곳에 모아놓고 멀리서 구슬을 던져 맞춘다든지. 또 구슬 수를 맞추는.

—— 하지만 이런 놀이도 한국 애들과 일본 애들이 같이한 기억은 없었나요?

가와사키: 예, 별로 없어요.

—— 그리고 집에 한국인 도우미를 두거나 하시지는 않았는지요?

가와사키: 예, 있었어요. 돈이 많은 사람은 항상 가정부를 집에 두었지만 보통은 그렇지 못했죠. 저희 같은 경우에는 어머니가 동생을 낳았을 때 잠깐 쓴 기억은 있어요.

—— 가와사키 상은 유복한 편이었나요?

가와사키: 아니에요. 보통이었죠. 미나미 상이 유복했어요.

미나미: 저희 집은 보통 농한기에 한국인들 9명 정도가 고용돼서 어업을 도왔어요. 우리 할아버지가 한국 사람들을 데리고 고기잡이를 나갔죠. 한국에 있을 때 한국 사람들이 우리집을 양반집이라고 했어요. 그때는 그게 무슨 뜻인지 몰랐지만 지금 생각하면 사람을 부릴 만큼 재산을 가지고 있다는 뜻이었던 것 같아요. 할머니한테서 매일 용돈을 받고 돈에는 궁핍하지 않았지만 돈을 흥청망청 쓰거나 화려한 생활을 한 건 아니었죠.

—— 그 용돈으로 뭔가를 산 기억은 있나요?

미나미: 그때 눈깔사탕이 한 개 1전이었어요. 그걸 사서 먹을 만큼의 용돈만 있으면 됐죠.

가와사키: 제 경우에는 1전에 두 개였어요.

—— 당시 아이들이 잘 먹었던 과자나 간식이 있었나요?

미나미: 그런 건 없어요. 간식 만들어 줄 그런 좋은 시절이 아니었으니까요.

가와사키: 찐 고구마는 많이 먹었어요. 그리고 옥수수.

미나미: 과일은 먹었어요. 전 사탕수수가 맛있었어요. 생 사탕수수를 껍질을 벗겨서 씹으면 단물이 나왔죠.

가와사키: 센베 과자는 어쩌다 부모님이 사 오시면 먹을 수 있었죠.

—— 센베는 일본식 과자였죠? 서양식 쿠키와는 다른.

미나미: 예, 일본 과자. 5월 5일이면 불교를 믿는 아주머니가 제사를 지내고 우리들한테 나누어주는 그 정도였어요. 그때밖에는 못 먹었어요.

가와사키: 그건 진언종을 믿는 집에서 일 년에 딱 한번 그 집 제사를 지

내는 날이 있어요. 그때 동네 아이들이 그날을 손꼽아 기다리다가 그 집에 가서 종이 봉지에 든 센베 과자를 받아가지고 오는 게 낙이었죠.

미나미: 히나세는 주민들이 전부 정토진종을 믿었어요. 그래서 한국에 간 사람들도 모두 정토진종이었죠.

—— 그때 사이다라든지, 아이스케키 같은 게 있었지요?

가와사키·미나미: 있었어요. 아이스케키 파는 가게가.

가와사키: 여름엔 곧잘 먹었죠. 하나에 2, 3전 정도 했던 거 같아요. 시험관에 색소 탄 물을 넣고 나무젓가락을 넣어 얼린 거죠. 빨강, 파랑색 얼음을.

—— 학교에서의 놀이는 어땠나요? 쉬는 시간이라든지.

미나미: 봄이면 주변에 벚꽃이 만개했는데, 그 꽃잎을 바늘로 엮어 목걸이 같은 걸 만들었어요. 그리고 학교 운동장 옆에 공원이 있었어요. 그 공원에도 꽃이 지천이라 너무 예뻤어요. 제비꽃이 가득했어요. 그 꽃잎을 따거나 그런 걸 많이 했죠. 어린이 놀이라든가 그런 게 아니라 주변 경관이 너무 아름다워서 정말 아름다운 추억이 되었죠. 소학교 때도 바다까지는 멀었지만 학교 교정에서 바다가 다 보였어요. 부모들이 배를 타고 바다로 나갔다가 돌아오는 모습이 다 보였어요. 저 배가 우리 배다. 저기 사람이 우리 아버지인 거 같아. 지금이야 높은 건물이 들어서 보이지 않게 됐지만.

—— 학교 체조 시간이 있었지요?

미나미: 예, 체조 시간에는 죽창으로 찌르기 연습 같은 걸 했어요.

―― 한국의 여자애들은 공기놀이를 많이 했었을 텐데요.

미나미: 예, '잇초코'라고 해서 돌멩이를 몇 갠가 들고 던졌다 줍는 식의.

시청 직원: 저희들 때도 했어요.

―― 그건 한국 놀이인가요, 일본에서 전래된 건가요?

미나미: 일본 놀이, 한국 놀이 구별 의식이 없어서요.

가와사키: 그건 한국 애들도 했었어요.

―― '잇초코'는 지금 일본 아이들도 하는 놀이죠.

가와사키: 예, 지금은 돌멩이가 아니라 플라스틱으로 만든 걸로 놀지 만요.

미나미: '테노바시'라고 해서 잡힌 아이들이 서로서로 손을 잡고 하는.

가와사키: 술래에 의해 잡힌 아이들 서너 명의 아이들이 서로서로 손을 잡고 있으면 술래를 피해 그 손을 쳐 주면 다시 살아나고 하는.

―― 운동회 때는 어떤가요?

가와사키: 운동회 했어요. 100m, 400m 달리기, 그물망 밑을 지나가는 장애물 경기, 평균대 지나가기, 릴레이, 적군과 청군으로 나뉘어서 경쟁하는 식이었어요.

―― 도시락도 가져와서 먹었지요?

가와사키: 예, 운동회 때는 아버지, 어머니가 만들어서 가족들이 학교에 와서 응원도 하고, 도시락도 먹고. 도시락에는 대부분 속에 매실장아찌가 든 주먹밥이고, 김초밥은 별로 없었지요, 그건 고급 식품이라.

미나미: 운동회 철이 9월, 10월이었으니까 좀 고급 음식으로 밥을 먹을 수 있었어요.

—— 운동회 때 사이다 같은 건?

가와사키: 있기는 했었지만 비싸서….

미나미: 병에 걸려 누워 있을 때만 맛볼 수 있는 거였어요. 그 외에
는… 또 '미캉스이'가 있었어요.

가와사키: '미캉스이'란 미캉(귤)으로 만든 주스 같은 거죠. 그러나 실제
귤은 안 들어가고 색소를 타서 오렌지 색깔만 낸 거죠.

미나미: 열이 나면 '미캉스이'를 먹을 수 있었어요.

—— 소풍은 어땠나요?

미나미: 소풍은 4학년이 되면 울산까지 '6리 행군'이라고 해서 군사들
이 행군하듯이. 방어진에서 울산까지 6리라 해서.

가와사키: 방어진까지 울산까지 거리가 20킬로미터였죠. 토요토미 히
데요시의 조선 정벌 때 일본 장수로 카토 키요마사가 지은 울
산성 터가 울산에 있었어요. 거기를 견학하러 간 거예요.

—— 당시 한국 학생들의 소풍지는 일산지와 대왕암이었는데, 일
본 학생들은 거기로 간 거군요.

미나미: 그 울산성까지 4린가, 5리였는데, 4학년이 되면 그 울산성 터
로 행군을 하는 거지요. 거기까지 모두 도시락과 주먹밥을 가
지고 걸어서 갔어요.

가와사키: 저학년들은 방어진 소학교 앞에 산이 있었어요. '등대산'이
라는 산이 있었어요. 매달 한 번 가서 해 뜨는 걸 보고 예배했
지요.

미나미: 우리 때는 '노로시다이'가 있었는데요.

가와사키: '노로시다이'산은 난목 쪽에. 거기는 멀었어요.

일제강점기 울산 방어진 사람들의 삶과 문화

미나미: 아, 생각나네요. '인고 단련의 날'이라고 해서 아침 해가 뜨기 전에 추운 날도 양말도 신지 않고 가서 나무 칼로 훈련도 하고, 한 달에 한번만. 거기가 '등대산'이었나 봐요.

가와사키: 겨울에도 추워도 장갑을 끼면 안됐어요. 모든 학생이. 1, 2학년은 안 갔을지도 모르고. 집에 돌아오면 손이 얼어서 어머니가 미지근한 물을 준비해서 녹이게 했지요. 그리고 학교로 갔어요.

미나미: 그날은 도시락도 아주 검소하게 매실장아찌 반찬만 있었어요.

가와사키: 도시락은 그리 반찬이라 할 만한 것이 없었어요.

—— 당시 방어진에 살던 사람들은 한국에서 오래 살면서 한국식 반찬을 만들어 먹거나 하진 않았나요? 김치라든가?

가와사키: 예, 별로 먹은 기억이 없어요.

미나미: 김치는 우리 집에서도 할머니가 담가 먹었어요. 매일 먹었어요. 거의 한국식 김치였는데, 거기에 고등어를 넣는다든지 젓새우를 넣는다든지 해서 먹었지만요. 그래서 지금도 김치 좋아해요. 그리고 제가 최근에 기억해 낸 건데요. 우리 집 할아버지 할머니가 상어를 잡으러 갔는데, 그걸 배 한 척이 몇 백 마리나 잡아 가지고 왔어요. 우리 할아버지는 상어 가죽을 벗겨서 그걸 세로로 길게 끈처럼 엮어서 배 위에서 말려 가지고 왔어요. 그 맛이 정말 좋았지요. 한국 사람이나 일본 사람이나 그걸 잘 먹었어요. 그때 그렇게 많은 상어를 잡아서 그걸 어쨌는지. 최근에 책을 읽어 보니, 당시 '태양어업'에서 그 상어를 전부 사서 어묵이나 소시지를 만드는 데 사용했다는 거

예요. 그래서 그렇게 잡은 상어가 방어진 사람들의 식탁에 오르는 일은 별로 없었지만 그렇게 소시지 같은 걸로 만들어져서….

가와사키: 상어잡이는 겨울철 고기잡이지요.

미나미: 그리고 마이즈루 쪽에 계절에 따라 고등어잡이를 갔었어요. 해마다 2, 3개월씩. 마이즈로에서 고등어를 잡으면 그게 교토로 올라가는 거죠. 그 고등어를 나르는 길이 있었어요. 그래서 우리 할아버지가 한국인 노동자 9명 정도랑 마이즈루에 가서 2, 3개월 정도 일을 했어요. 우리 가족들도 3개월 정도 마이즈루에 할아버지를 따라 갔어요. 그래서 고등어가 잡히는 철에는 해마다 가족 모두가 3개월 정도 마이즈루에서 집을 빌려서 살았죠. 지금도 마이즈루에서 쿄토 시내로 연결되는 고등어 나르던 길이 있어요. 그렇게 철에 따라 상어를 잡고 고등어를 잡고, 장어를 잡고 했었죠. 하지만 일본 사람들은 시장에 상어가 나와도 별로 안 먹었어요. 우리들은 좋아했지만.

—— 울산 음식 중에서 '돔베기'라는 상어 요리가 명물이었다는군요.

미나미: 우리 경우에는 아까 얘기한 대로 끈처럼 길게 엮은 상어고기를 바닷물로 간을 해서 말려서 가지고 오면 그걸 숯불로 구워서 먹거나 된장국에 넣어 끓여서 먹거나. 상어고기는 아마 방어진에서 살던 일본인밖엔 안 먹을 거예요.

가와사키: 상어고기는 잔뼈가 없어서 먹기 쉬웠어요. 또 특유의 상어 냄새가 있으니까 싫어하는 사람은 싫어했지요. 그걸 배 한 척이 저녁 무렵에 나가면 아침 돌아올 적에 몇 백 마리를 잡아서

돌아왔어요. 배 한 척이요. 매일같이. 별로 큰 배가 아니었는 데도요.

미나미: 배가 돌아오는 게 학교 교정에서도 보였는데, 만선이 되면 깃발을 올리고 돌아오죠. (사진을 보이며) 이 배는 진수식 때 모습이지만, 고기가 많이 잡히면 이런 식으로 깃발을 올리고 돌아오는 거죠.

—— 깃발은 집에 따라 그 모양이나 장식이 달랐나요?

미나미: 예.

—— 일본 어린이 놀이가 한국 어린이 놀이에 영향을 주거나 한 게 있을까요?

미나미: 어렸을 때라 별로 그런 의식은 없어서.

가와사키: 방어진에서 좀 안으로 들어가면 산 쪽에 연못이 있었어요. 겨울이면 아주 두꺼운 얼음이 얼었어요. 그럼 스케이트를 만들어서 얼음 위에서 타고 놀았죠.

미나미: 맞아요. 겨울이 되면 얼음을 지치면서 학교에 가곤 했죠. 어렸을 땐 장난감 같은 게 없으니까 바다에서 하루 종일 헤엄치는 게 일이었죠. 헤엄 못 치는 아이는 없었으니까. 어린아이들은 가까운 바다에서, 고학년들은 좀 먼 바다에서. 여름엔 다른 놀이 할 것 없이 수영. 이쪽 제방에서 저쪽 제방까지 헤엄치고.

—— 옷은 어땠나요? 일본 사람들은 일본식 기모노를 입었지요?

미나미: 예, 일본 사람들은 전부 기모노였지요.

—— 학교 교복은?

가와사키: (사진을 보이며) 여름엔 이런 얇은 옷을 입고, 겨울엔 검은색 두꺼운 천으로 만든 이런 걸 입었죠. 그리고 다비를 신고 운동화를 신었어요.

미나미: 여자애들은 세일러복을 입었어요. (사진을 보이며) 이건 졸업식 사진인데. 졸업식이나 입학식 땐 꼭 교복을 입었죠. 안 입을 때는 이렇게 스웨터도 입고. 부모랑 세일러복 사러 갔을 때 졸업식 때까지 입을 수 있는 큰 사이즈를 주문한 기억이 나네요.

—— 집에서는 기모노를 입었나요?

가와사키: 저는 기모노를 입은 기억은 없어요.

—— 음식은 거의 일본 음식을 드셨나요?

가와사키: 예, 그래요.

미나미: 저희는 집에서 김치를 만들어 먹었어요. 그밖에는 보통 일본 음식이죠. 밥, 미소시루, 장아찌. 그리고 생선은 많이 먹었어요. 싸고 많이 있었으니까. 장어도.

가와사키: 고등어. 특히 싸고 많았으니까.

미나미: 제 경우에는 청어 알을 많이 먹었어요. 양동이에 가득 담아 사와서는 거기에 식초나 설탕을 넣고 만든. 일 년 내내 식탁엔 항상 그게 올라왔죠. 그만큼 생선은 맘껏 먹었어요.

—— 방어진에서 살 때 어디서 살았는지?

가와사키: 저는 방어리. 세관 가까이에 있었어요.

미나미: 저희집도 방어리. 가와사키 상네랑 가까웠어요. 우린 어릴 적 친구 사이예요. 이 사람 남동생과 제가 동급생이었어요. 부모들끼리도 서로 잘 알고 지냈어요.

―― 가와사키 상은 형제가 몇인가요?

가와사키: 오형제 중 제가 둘째지요.

―― 집에 서로 놀러 가기도 했었나요?

가와사키: 옛날에는 남자 여자가 서로 어울려 놀지는 않았어요. 남녀칠 세부동석이라는 가르침이 있었어요.

미나미: 제가 마산에 있는 지금으로 치면 중학교에 다니게 되면서 기숙사에 들어갔어요. 그때 사감 선생님이 여자 남자가 한 방에 있으면 임신하니까 그런 일은 절대 하지 말 것이라는 말을 듣고 너무 무서웠던 기억이 있어요.

가와사키: 이 지도에 보면 히나세에 있던 '사이넨지'라는 절의 포교소가 방어진에 두 군데 있었어요.

미나미: 저희 집에서 그 포교소에 곧잘 희사를 해서 거기 스님에게 돈 1전 달라고 졸라서 곧잘 받아낸 기억이 있어요.

―― 마을 한가운데 있었나요?

가와사키: 한가운데라기보다 조금 지대가 높은 곳에 있었지요. 제가 기억하는 절은 새 건물이라. 다다미도 새거고.

―― 당시 방어진에 술집이 많았다고 들었는데요.

미나미: 있었어요.

가와사키: 보통 술집이 아니라 대개 여자들이 있는 유곽이 있었어요.

미나미: 제 친구 중에 한 학년 어린 여자애가 유곽에서 살았어요. 그래서 그 집엘 가면 집 모양이 이상하게 생긴 데다 긴 복도가 있고 남자들이 드나들고 하던 기억이 나요. 유곽 골목이라는 데가 있었어요.

가와사키: 국가 방침으로 그런 데는 한 곳에 모아두었죠.

—— 그곳에서 일하는 여자들은 한국인이었나요?

가와사키: 예, 한국인. 경영은 일본인이 경영을 하고요.

—— 전쟁이 끝나고 일본으로 철수해 갈 때의 기억은 있나요?

가와사키: 그때는 한국 사람과 말을 할 수도 없었어요. 아주 살벌했지
요. 하지만 개중에는 친절한 한국 사람도 있어서 우리 앞집에
살던 한국 사람이 그때는 쌀이 모두 배급제였는데 우리 집에
쌀이 없었어요. 그때 우리 막내 동생이 생후 8개월 된 아기라
어머니 젖을 먹어야 하는데 젖이 잘 안 나왔어요. 그때 앞집
사람이 그 사정을 알고 방어진에서 히나세까지 4일 정도 걸리
는데 젖이 안 나오면 큰일이니까 없는 쌀을 구해 와서 쌀을 빻
아서 가지고 왔어요. 그래서 그걸 아기에게 죽을 쑤어 먹이라
고 가지고 온 거죠. 그래서 작년에 한국에 갔을 때 그 사람들
을 찾아서, 물론 그때 부모님은 돌아가셨지만 그 자제분들을
찾아 인사를 드렸어요.

—— 그런데도 한국 아이들과 논 기억은 없는 거네요.

가와사키: 맞아요. 바로 옆에 살았는데도 왜 그랬는지. 4, 5미터 정도의
도로가 있었고 그 앞에 한국 사람이 살았는데, 왜 어울려 안
놀았는지 기억에 없네요. 그 사람은 한국인 학교에 다녔고 말
도 별로 나눈 기억이 없어요.

—— 일본으로 철수할 때 탄 배는 어땠나요?

가와사키: 제 경우에는 3, 4가족이 함께 어선을 빌려서 갔어요. 그렇게
큰 배는 아니었는데, 저희가 아이들 5명, 아버지, 어머니가 있

었고 다른 가족들과 함께 비좁은 공간에서 함께 있어야 했죠. 계절이 여름이라 춥지 않아서 갑판에서 자기도 했죠. 방어진에서 일본으로 돌아오는 길에 세토나이카이가 있어요. 그 세토나이카이에 미군이 비행기에서 엄청나게 기뢰를 터뜨렸어요. 밤에는 못 달리고 그 기뢰를 피해가며 전진했어요. 방어진에서 돌아가는 길에 폭탄을 맞아 죽은 사람도 있었어요.

—— 방어진에 살다가 히나세로 철수해 간 사람들이 얼마나 될까요?

가와사키: 50가구는 됐지 싶어요. 한 가구당 5인 가족이라고 쳐도….

시청 직원: 54가구입니다.

—— 히나세에 돌아와도 살 집이 없었지요?

미나미: 저희는 돌아올 때 배는 팔았지만 네 채 있는 집은 그대로 두고 와야 했죠. 우리는 태양어업에서 내준 큰 배를 얻어 타고 돌아왔어요. 보통이면 3박 4일 정도면 됐을 걸 바람이 불고 비가 오고 해서 배가 출항을 못했어요. 출항을 해서 겨우 쓰시마에 정박할 수 있었는데 그것도 태풍으로 배가 고장 나기도 하고. 쓰시마에서 시모노세키까지 해류에 흘러흘러 갔어요. 시모노세키에 도착해 보니 다른 배들도 기뢰에 당해 돛이며 뭐며 다 부서지고. 시모노세키에서 기뢰를 피해가며 밤에만 흘러흘러 가다 히로시마에 도착했어요. 그때 도미잡이 배들이 많이 있었지만 살려달라고 해도 아무도 도움의 손길을 주지 않았어요. 돌아오는 데 2주일 정도 걸렸어요. 저희는 세 가구 정도가 같이 배를 타고 탈출했어요. 그때 뱃멀미란 정말 상

상할 수 없을 만큼 한계에 달했었어요.

가와사키: 지금과 달리 배 엔진이 고장나는 건 당연한 일이었어요. 기름 질도 안 좋고.

미나미: 그래서 저는 지금까지 배 타는 걸 싫어했어요. 그런데 최근에 시모노세키에서 부산항까지 3시간 만에 가는 배가 생겨서 지금은 그걸 타고 가는 게 좋아요.

—— 이후 세월이 흘러 어른이 된 후 방어진에 다시 가게 된 건 언제쯤인가요?

미나미: 저희들이 가장 빨리 갔었어요. 그때가 아마 박대통령 부인이 시해당한 해였던 거 같아요. 그래서 주위에서 지금 한국 사정이 가장 안 좋을 때니까 지금 가면 위험하다고 말렸지요. 저랑 제 친구들이 조선에서 그렇게 우리가 오래 살았는데 그 정도 위험쯤이야 하며 뿌리치고 저 포함해서 7명의 친구들이 가장 먼저 방어진을 방문했지요. 그때는 아무것도 없이 여권 하나 가지고 잘 때도 없으면 없는 대로 일산 모래사장에서 자면 된다며, 그런 마음으로 방어진을 찾아갔어요. 도착해서 보니 옛날 친구가 살던 집터에 커다란 집이 하나 생겨 있길래 갔더니 러브호텔이더라구요. 남자 3명, 여자 4명 동급생이 같이 갔었는데 방 두 개 빌려서 잤었지요. 그리고 그 다음날 바로 경찰서에서 출두 명령이 떨어져서 갔더니 일본 정부에서 시켜서 왔냐는 등 여러 가지 조사를 받았지만, 방어진 소학교 동급생 중에 꽤 출세한 사람이 있어서 그 친구가 와서 우리를 꺼내 주었어요. 그래서 2박 3일 정도 머무르는 동안 친구들을 찾았지

요. 그리고 우리가 머물던 호텔까지 친구가 찾아와서 같이 밥도 먹고 옛날 얘기도 하고 그랬지요. 이후 일곱 번 정도 방어진을 찾았어요. 또 제가 60살 되던 해인데 여기 정장町長이 한국을 방문하는 행사를 만들어서 사람들을 모집했어요. 10명 정도 모집되었는데 그때 저도 지원해서 저희 남편과 함께 방문했어요. 그리고 제 친구 중에서 꽤 출세한 친구가 있어서 그 친구 중재로 방어진 지역 유지나 고위 인사들을 이쪽에 초대도 하고 교류를 하게 되었지요.

—— 가와사키 상은 언제 처음 한국을 방문하셨어요?

가와사키: 미나미 상이 처음 방문하고 나서 5년 정도 뒤였던가. 그 때 방문했을 때 방어진에 같이 살던 한국인 친구가 방어진 소학교 출신 명부 같은 걸 보고 제게 연락을 해 왔어요. 그 친구하고는 어렸을 때 별로 친했던 기억이 없는데, 한국 방문 때 만나고 나서는 그 친구랑 매달 전화를 할 만큼 친해졌지요. 그 이후에 히나세 쵸가 방어진 사람들을 초청하는 행사를 벌였는데 그 친구도 그때 히나세를 방문했지요.

—— 저희들이 작년과 올해 울산 방어진 현지 조사를 나갔었는데 오늘 히나세에 와 보니 방어진과 히나세의 정경이 많이 닮은 느낌이 나네요. 어떠세요?

미나미: 맞아요. 저도 순간순간 그런 느낌을 받아요. 저는 정말 방어진을 잊지 못해요. 너무 그리운 곳이에요. 제가 헤엄치던 해변에 옛날에 멸치를 잡아 잔뜩 말리던 곳이 있었어요. 그 햇볕에 살짝 말린 멸치가 참 맛있었어요. 슬쩍 훔쳐서 먹곤 했던 기억이

나네요. 환경이 너무 좋았고 먹을 것도 많았어요.

—— 가와사키 상도 방어진에서 15년 간 생활하셨는데, 혹시 이런 부분은 한국 문화와 일본 문화가 서로 영향을 미쳐서 본래와 다른 모습으로 변했다거나 하는 점이 있을까요?

가와사키: 저희 아버지는 집에서는 쌀장사를 했지만 방어진 조선소에서 일했어요. 배 만드는 기술을 가지고 있었으니까요. 배 설계도도 자신이 그리고 목선 만드는 기술도 있었지요. 어느 날 저희 삼 형제와 아버지가 산책을 하고 있는데 같은 방어진 조선소에서 일하고 있는 한국인이 배 수리를 하고 있는 걸 목격했어요. 그때 아버지가 그 한국 분 기술이 미숙한 걸 보고 아버지가 함께 그 사람과 배를 같이 수리해 주셨어요. 덕분에 저희 형제가 한 시간 이상이나 기다려야 했지요. 그때 한국 사람들도 방어진 조선소에서 꽤 많이 일하고 있었지만 기술은 아무래도 일본 사람들보다 떨어지기 쉬웠죠.

—— 한국 사람들과 가족끼리 교류한다든지 하는 일은?

가와사키·미나미: 별로 없었던 것 같아요.

가와사키: 그런데 저보다 두 살 위 형이 있었어요. 형이 소학교 6학년 때쯤인 것 같은데 형 친구 중에 한국인 학생이 있었는데 일요일에 그 집에 초대를 받았어요. 그때 나도 데려가 달라고 부탁해서 일본인 친구 3, 4명이 함께 놀러 갔었는데 그때 한국인 가족이 굉장히 음식도 많이 차리고 대접을 잘 받아서 그때 참 맛있게 먹은 기억이 나요.

—— 일본인으로 한국인들의 이런 모습은 참 특이하네, 라고 느낀

일제강점기 울산 방어진 사람들의 삶과 문화

부분이 있었나요?

가와사키: 한국에 있을 때 장례식을 봤어요. 상여를 메고 아이고 아이고 울며 가다 서다 하는 그런 장례 의식을 본 게 많이 인상적이었어요.

미나미: 그리고 결혼식 때도 닭다리를 끈으로 묶어서 신부가 천으로 얼굴을 가리고 절을 하거나 하는 모습을 어렸을 때 자주 본 기억이 나요.

―― 그러면 방어진에 살던 일본인들은 일본식 장례나 결혼 의식을 그대로 지켰던 거군요?

가와사키·미나미: 예, 거의 그렇죠.

―― 그러면 사람이 죽으면 일본식으로 화장을 해서 유골을 유골함에 보관한다든지 했겠군요. 그럼 일본에 철수해 갔을 때 선조들의 유골을 가지고 돌아갔겠네요?

가와사키: 예, 가지고 갔어요. 저희 할아버지가 1940년에 방어진에서 돌아가셨어요. 그 당시 방어진에도 화장하는 곳이 있었어요. 거기서 화장을 하고 유골만 집에 모셨어요. 보통은 일본에서는 묘지를 마련하고 유골을 묻지만. 묘지는 일본에 마련하고 싶었는지 거기까지는 확실하지 않지만 유골을 집에 모셔두다가 일본에 돌아올 때 가지고 왔어요.

―― 일본인의 결혼식은? 옷도 기모노를.

가와사키·미나미: 예, 완전히 일본식으로. 뭐든 일본식으로.

―― 일본인들의 전통 의례가 여러 가지 있잖아요. 어린이의 경우에는 해마다 탄고노셋쿠가 있고, 모모노셋쿠가 있고 탄생 1주

년 때 오미야마이리도 있고. 그런 걸 방어진에 살면서도 잘 지
켰나요?

미나미: 예, 그랬어요. 절에 부탁해서 의례도 지내고. 그때 절 스님도
히나세에 있던 절의 스님의 아들이 방어진에 가서 절을 세운
거죠.

가와사키: 사람이 죽으면 절에 알려서 의식을 치르고.

—— 그리고 이건 신앙에 관련한 것인데요. 한국에는 마을에 따라
그 마을을 지키는 신령스러운 나무가 있는데, 방어진에도 그
런 게 있었던가요?

가와사키·미나미: 신목에 관한 기억은 없네요.

미나미: 그래도 종교로 치자면 정토진종이 가장 많았어요.

가와사키: 그리고 진언종이었죠. 또 교회가 하나 있었어요. 방어진에.
기독교인지 가톨릭인지는 모르겠지만.

미나미: 저도 최근에 한국에 가서 교회 십자가가 많이 있는 거에 놀랐
어요.

—— 방어진에 신사가 있었나요?

미나미: 예, 있었어요. 군대 징용 갈 때 그 신사에 모여 출발을 하고 가
족들과 이별을 했어요.

—— 그 신사의 제신은?

미나미: 에비스신이었어요. 어촌이었으니까요. 어렸을 때 학교 친구랑
갔어요. 그때는 한자가 '蛙子'라는 한자를 써서 "개구리 아기?"
라고 이상하게 생각했던 기억이 나요. 그 신사는 우리 어렸을
적 기억에는 정말 훌륭한 건물이고 계단도 많이 길었는데.

요전에 가서 보니 작은 건물이데요. 계단도 짧아지고.

—— 신사에는 자주 가셨나요?

미나미: 예, 전쟁 때 소집 명령을 받으면 모두 신사에 모여 출병하는 병사들을 보냈죠. 일장기 깃발을 흔들며 무사히 돌아올 것을 기도했죠. 신사에는 커다란 고래 뼈가 있었어요. 거기에 신사 도리이가 있었구요.

가와사키: 십 년 전에 한국에 갔을 때 에비스 신사에 있던 고래 뼈가 등대 쪽으로 옮겨져 있는 걸 봤어요.

미나미: 그 도리이 근처에서 출병하는 군인들을 마중했죠. 재향군인회나 부인회 같은 사람들도 모두 나와 환송했죠. 이 신사는 마을 사람들의 집회 장소였어요. 기념일이라든지 큰 행사가 있으면 항상 여기서 모였죠. 그러니까 우리들한테는 가장 가보고 싶은 곳이에요. 그 근처에 태양어업의 통조림 공장이 있었어요.

—— 지금은 없어졌지요?

가와사키: 작년에 그 근처를 지났는데 그 비슷한 흔적도 없었어요. 20몇 년 전에 갔을 때만 해도 에비스 신사가 있었어요.

미나미: 지금은 신사가 아니라 일반 민가로 변해서 민간인이 살고 있지만요.

—— 가족이 그 신사로 새해 참배도 가시곤 했나요?

가와사키·미나미: 예.

가와사키: 저희 아버지는 몇 번이나 전쟁에 출병을 했었어요.

미나미: 옛날에 청일전쟁, 러일전쟁, 전쟁이 많았으니까요.

—— 그럼 전쟁이 일어날 때마다 출병을 하신 거군요?

가와사키: 예, 맞아요. 또 나중에 들은 건데 전쟁에 가는 사람도 그 지구
에서 뛰어난 사람만 뽑아서 보냈대요. 왜냐하면 전쟁에 나가
서 실수를 하면 안 되니까 뛰어난 사람만 뽑아서 보냈던 거죠.
제 기억만으로도 3번이나 전쟁에 나갔어요. 집에 사진이 있지
만 침략행위를 나타내는 사진인데 싫어서 안 가지고 왔어요.

미나미: 우리 남편도 제가 한국에 간다고 하면, 너희들은 한국에 가서
한국 사람들을 그렇게 괴롭혀 놓고 그런 소릴 하냐고 해요. 하
지만 내 생각에는 그건 국가와 국가 간의 일이고 나는 거기에
친구가 있고 전쟁과는 상관없이 사이좋게 지냈는데 당신 하
는 말을 납득할 수 없다고 했죠. 남편도 한번 나를 따라 한국
가서는 한국을 무척 마음에 들어 했어요.

—— 미나미 상 직업이 있으셨어요?

미나미: 저는 스무 살에 결혼해서 아이 셋을 낳고 키우다 서른 살 때
부터 생명보험에 들어가서 영업직을 47년 간 했어요. 2년 전에
그만두었어요.

—— 가와사키 상의 일은?

가와사키: 저는 샐러리맨.

—— 방어진에서 히나세로 돌아왔을 때 혹시 히나세 사람들이 여
러분들을 이상한 눈으로 보거나 하지는 않았나요?

가와사키: 그런 건 별로 없었어요. 단지 '저 사람은 조선에서 돌아온 사
람이야'라는 얘기는 했지만 차별 같은 건 없었어요.

미나미: 그래도 어렸을 때는 여기 애들과 잘 못 어울렸던 것 같아요.

가와사키: 예, 그건 역시 히나세에서 자라고 큰 아이들과 달라서 동창생이 없으니 아무래도 그 안에 쉽게 끼어들 수 없었지요.

미나미: 그래서 우리 애들은 "엄마는 왜 동창생이 없어?"라고 묻곤 했지요.

가와사키: 미나미 상은 여기 돌아와서 일본 학교에 잠시 다닌 적이 있지만 저는 여기 학교에 다닌 적이 없어요. 학창 시절 경험은 한국에서가 끝이었죠.

—— 예, 한국에서 중학교까지 다니다 여기 돌아와서는 학교에 들어가지 않은 거군요. 그럼 방어진에 살던 사람들끼리 여기서 마을을 따로 만들어 살았다든지 하는 일은 없었나요?

가와사키: 그런 건 없었어요. 인구도 적었고.

미나미: 히나세 아니면 거의 오사카나 코베.

가와사키: 히나세에는 방어진에서 돌아와 살던 사람이 꽤 있었으니까요. 동네를 걷다보면 방어진에서 살던 사람들을 꽤 만날 수 있었어요. 그러면 인사도 나누고.

—— 그러면 히나세에 살던 사람들이 많이 방어진에 갔고 또 그 사람들이 히나세로 돌아와서는 히나세에 정착해 살거나 오사카나 코베에 나가 살았던 거군요.

가와사키: 방어진에 살던 사람들은 서일본 사람들이 많았어요. 야마구치, 시모노세키, 카가와 현 사람들이.

미나미: 역시 대부분 바다 일을 하는 사람들이었어요.

가와사키: 그래도 역시 히나세 사람들이 제일 많았어요. 여기 명부를 보면 알겠지만.

―― 오랜 시간 정말 감사합니다.

미나미: 우리는 방어진에서 살아서 정말 좋았다고 생각하는 사람이고

뭐든 도울 일이 있으면 언제든 연락 주세요.

가와사키: 저희들에게 방어진은 고향 같은 곳이에요.

사진 자료로 본
방어진 사람들의 삶과 문화

사진제공_

울산동구문화원, 이치규(울산 방어진)

가와사키 지츠오, 미나미 도모에(일본 히나세)

昭和十八年二月　第三十三回第四高等科　第二十三回国民学校第二修了記念

尋常第二十六回高等科第十六回卒業記念

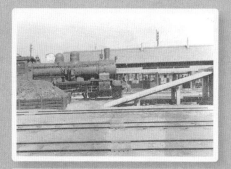

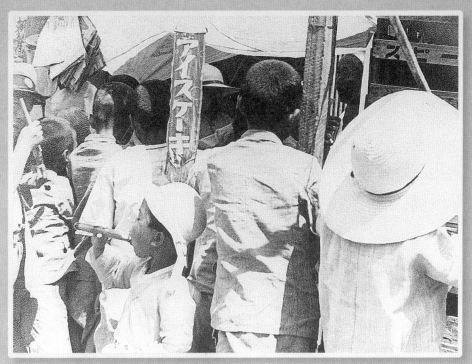

回甲紀念
元月
初六日

方魚津公立身景高等小学校　昭和12年4月入学

校長　府下文家光生　　中一学年禮任　石井信子　光生

No.	氏名	旧姓	郵便番号	住所	電話番号
1					
2					
3	大橋 利名	藤本	9701-02		
4					
5					
6					
7			七田 〒860		
8					
9			9701-02		
10			渕江 〒785		
11			渕本		
12			〒768		
13			渕本 9701-32		
14					
15					
16					
17					
18					
19					
20					
21			村 9722-26		
22	安田 幸幸	山張			

氏名	旧姓	郵便番号	住所	電話番号
			父は方魚津小学校の校長先生では　名氏	
		9701-32		
		〒457		
		〒476		
		〒999-01		
		〒223-01		
		〒652		
		9701-02		
		〒382		
			父は方魚津小学校の校長	
			父は組頭（くりこ）異澄	
田口 逸			死亡（岡山県日玉所の人）	
藍相犬三郎			死亡　　鎚辻甲人	

氏名	旧姓	郵便番号	住所	電話番号
			韓国人の同級生	
朴 玉子	男		6年生送届た　卒業写真に写っている。父は栗の仲買人　教名は日本名	
智 智子	女			
金 キセン	女			
金 ジンサン	男			
金 泰吉	男		高等科の時届た　気ばぜらしく力持、俗名は橋太郎	
金 英吉			海に潜って栗など栗をつかんで来る	
松本 武			松本は日本名	

No.		年　月　日

方魚津小学校　同級生
1937～1945

小
- 朴 玉子
- 金 キセン
- 金 ジンサン
- 金 鐄籠
- 金 泰吉
- 金 英吉（金秀吉）

2003. 8. 7

No.		年　月　日

日本國 在住 方魚津小学校　同級生
1937～1945

教師　藤本 雄 先生
　　　川崎 寛雄
　　　宮本 衛
　　　南 康雄
　　　村上 アサ子
　　　岩田 洋子
　　　渕本 澄江
　　　今川 タツ子
　　　法水 慶子

死亡　橋本 利夫　　死亡　七田 久江
〃　　岡本 一正　　〃　　磯本 敏栄
〃　　磯本 正教　　〃　　渕本 文江
〃　　藏相 犬三郎
〃　　石川 栄一　　　　　山張 華子
　　　　　　　　　　　　渡邊 智子
　　　樋口 正男

2003. 8. 7
日本國

賞狀

尋常科第三學年

川崎實雄

身體強健操行善良學業優秀

右ハ頭書ニ依リ之ヲ賞ス

昭和十五年三月二十五日

方魚津公立尋常高等小學校

尋常科第三學年

川崎實雄

級長ヲ命ス

本學期間第三學級

昭和十四年八月二十八日

方魚津公立尋常高等小學校

朝鮮總督府

姓ニ旧姓　　　　　　　　　　H9.3.23 再調査

方魚津尋常高等小学校　第一学年　石井信子先生

昭和12年

1937年